Die Eifel

Sabine Doering-Manteuffel

DIE EIFEL

Geschichte einer Landschaft

Campus Verlag
Frankfurt/New York

Gedruckt mit Unterstützung des Landschaftsverbandes Rheinland

Die Deutsche Bibliothek – CIP-Einheitsaufnahme

Doering-Manteuffel, Sabine:
Die Eifel : Geschichte einer Landschaft / Sabine Doering-Manteuffel. – Frankfurt/Main ; New York : Campus Verlag, 1995
ISBN 3-593-35356-3

Umschlaggestaltung: Atelier Warminski, Büdigen
Umschlagmotiv: Eifellandschaft – Tal bei Abenden –, Fritz von Wille 1922,
Eigentum der Kreisverwaltung Daun
Satz: Fotosatz L. Huhn, Maintal
Druck und Bindung: Friedrich Pustet, Regensburg
Gedruckt auf säurefreiem und chlorfrei gebleichtem Papier.
Printed in Germany

Für Peter Tschohl,
den Freund und weltoffenen Gelehrten,
zum 60. Geburtstag in tiefer Dankbarkeit

INHALT

»Ein frommer alter Junggeselle ging einmal an Allerheiligen und Allerseelen nicht dem Weg nach Carlshausen nach, sondern durch das Wiesental Wolpert. Als man ihn nachher fragte, weshalb er nicht dem Weg nachgegangen sei, sagte er, der sei so voller armer Seelen besetzt gewesen, daß man nicht durchgekommen sei.«

Matthias Zender, *Volkssagen der Westeifel*, Bonn 1935

PROLOG

ABSEITS DES GROSSEN STROMS

Wer sich mit der Eifel befaßt, begegnet einem seltsamen Phänomen. Aus der Ferne betrachtet handelt es sich um einen Landstrich, der kaum der Beachtung wert erscheint, ein windgeplagtes, durch Spätfröste bedrohtes und niederschlagreiches Mittelgebirge an der Grenze zu Luxemburg und Belgien. Von Süden her erscheint es gleichsam im Schatten der lebensfrohen und lichten Moseldörfer gelegen. An der Ostseite, wo das Rheintal zwischen Koblenz und Köln entlangführt, herrscht reges Handelstreiben und steht in scharfem Kontrast zu den gewerbearmen Höhenzügen. Die nördliche Abdachung des Gebirgsblocks geht allmählich in die Börde über mit ihrem fruchtbaren Acker- und Grünland; am Niederrhein sind die Bauernwirtschaften groß und bilden einen krassen Gegensatz zum sprichwörtlich »hungrigen Boden« mit den unverkennbar kleinbäuerlichen Strukturen, die bis auf den heutigen Tag das Siedlungsbild des Eifelraumes prägen. Auch der Montanindustrie bei Eschweiler und Aachen hat die Eifel nichts Gleichwertiges entgegenzusetzen. Im Westen schließlich laden weder das Hohe Venn, eines der wenigen erhaltenen europäischen Hochmoore, noch die ausgedehnten, bisweilen dunklen Ardenner Wälder zu der Annahme ein, daß in ihrer unmittelbaren Nachbarschaft ein Zentrum kulturellen Lebens zu finden sei.

Aus der Nähe erschließt sich das Mittelgebirge ebenso schwer. Ganz gleich von welcher Seite der Besucher in die Region hineinkommt, er ist alsbald von einer sonderbaren Stille umgeben, die von der Landschaft, den Dörfern und Kleinstädten und deren Bewohnerschaft ausgeht. Der preußische Gendarm aus Clara Viebigs Roman *Das Weiberdorf* machte bereits vor hundert Jahren seinen Fremdheitsgefühlen mit den Worten Luft: »Lausenest, diese Eifel, reineweg nischt los, am besten, man verschliefe die janze Zeit.«[1] Auf den ersten Blick ist man geneigt, ihm recht zu geben.

Doch wer die Zeugen und Zeugnisse der Vergangenheit dieses Landes befragt und erforscht, der stößt auf bemerkenswerte Funde und wird bald den Eindruck gewinnen, daß die Lebensader der Eifel in historischer Tiefe pulsiert. Dabei muß man gar nicht die Absicht verfolgen, die verborgenen Qualitäten und Schönheiten dieser spröden Gegend ans Licht zu bringen, sondern es genügt, der Tatsache nachzuspüren, daß es sich um ein altes Kulturland handelt, dessen Bewohner keineswegs immer nur als Zuschauer am Rande der Geschichte gestanden haben.

Bis zu den Tagen der Französischen Revolution beherrschten weltliche und geistliche Mächte die vielen Territorien des Eifelraumes und entfalteten in Klöstern, Burgen und Schlössern einen Lebensstil, der sich durchaus mit zeitgenössischen Ansprüchen andernorts messen konnte. Seit dem hohen Mittelalter hatten überall im Land Reitwerke die Wirtschaft befördert, denn Eisenerze, Holzkohle und Wasserkraft standen in ausreichendem Maße zur Verfügung, und zudem waren die Tuchmacher des Monschauer Landes auf der Leipziger Messe ebenso vertreten wie auf den Märkten von Paris. Handel und Gewerbe blühten, und die Eifel kann, was die frühe Neuzeit betrifft, als ein innovativer Wirtschaftsraum angesehen werden. Doch bereits nach 1772, als die letzte große Hungersnot des 18. Jahrhunderts die Bewohner der Höhenzüge links des Rheins erfaßte, machten sich erste Anzeichen des Wandels bemerkbar, der im Verlauf des 19. Jahrhunderts zu großen Existenzproblemen führte; die Bevölkerung wuchs, die Absatzmärkte brachen zusammen, die Brennenergieressourcen gingen zu Ende, die Infrastruktur erwies sich als unzureichend, die Landwirtschaft stieß an ihre Produktivitätsgrenzen. Ein Heer von Experten suchte verzweifelt nach Ersatzgewerben, nach Ausweichfrüchten sowie einem Milch- und Arbeitsvieh, das besser an den erhöhten Bedarf der kleinbäuerlichen Wirtschaft angepaßt war als der alte Landschlag. »Was zunächst nur die besonders sensiblen Beobachter des Zeitgeschehens bewegt hatte, wurde allmählich zur Erfahrung vieler Menschen, und selbst in den entlegenen Regionen, in denen die Kräfte des Beharrens noch übermächtig waren, begann man die Unausweichlichkeit tiefgreifender Veränderungen zu ahnen.«[2]

Die Umwälzungen erfaßten alle Bereiche, bedingten sich gegenseitig, entfalteten eine eigene Dynamik und setzten die Lebensformen der alten Zeit einer Fülle von andrängenden, verwirrend neuen Einflüssen aus. Krisen und Katastrophen folgten nach. Auf der Grundlage eines mächtigen volksfrommen Katholizismus, der sich oftmals unterhalb der Kirchendoktrin bewegte, breitete sich ein religiös fundierter Fortschrittsskeptizismus aus und schuf ein bemerkenswertes Traditionsbewußtsein, obwohl doch die Region ihren Bewohnern nur noch wenig Lebensqualität bieten konnte. Das Festhalten am Althergebrachten spielte bei den Eiflern trotz wachsender Armut eine besondere Rolle und fand seinen Ausdruck etwa in der Beharrlichkeit, mit welcher die Bauern über hundert Jahre hinweg, vom Beginn der Preußenzeit bis 1914, inneren und äußeren Widerstand gegen den Ansturm der Modernisierung leisteten: »Es sind Menschen von dumpfer, düsterer Leidenschaftlichkeit, dieses Volk der vulkanischen Berge.«[3] So lautete die einhellige Bilanz von Generationen von Sachverständigen, Verwaltungsbeamten und Schulmeistern, deren Instrumente oftmals versagt hatten und denen das kulturelle Verhalten der Eifeler Bauern ständig neue Rätsel aufgab.

Als sich in den Zeiten größter Knappheit erstmals die Alternative bot, nach Übersee auszuwandern, verließen viele ihre Heimat. Zwischen 1840 und 1914 gingen insgesamt rund 160 000 Menschen fort, entweder nach Nordamerika oder in die Industriereviere an Rhein und Ruhr. Die Verhältnisse pendelten sich zwar im ausgehenden 19. Jahrhundert wieder auf einem stabilen, wenngleich auch niedrigen Status ein, aber an der Schwelle zum Ersten Weltkrieg wurde Gewißheit, daß die verbliebenen 345 000 Eifler einen Restraum bewohnten, ein Hinterland ohne spezifische Gesamtkultur, das von den Industriezentren abhängig geworden war.

Nach vielen Jahrzehnten der Not und den leidvollen Erfahrungen, welche die beiden Kriege im westlichen Grenzland hinterlassen haben, erwacht in der Eifel heute ein neues Selbstbewußtsein. Die eigenwillige Landschaft mit ihrer geschichtsträchtigen Substanz im Herzen Europas lockt Naturfreunde und Reisende an, die die vergessene Region und ihren kulturellen Charme wiederentdecken.

KAPITEL 1

DIE KONTUREN DES SIEDLUNGSRAUMS

Lage, Boden und Klima

Nördlich der Mosel und westlich des Rheins liegt ein flachwelliges Bergland, die Eifel. Sie ist ein Teil des Rheinischen Schiefergebirges. An manchen Stellen ist die Landschaft durch Täler stark zerschnitten, die Höhenunterschiede innerhalb des Mittelgebirgsblocks sind beträchtlich. Während die nordöstliche Rheineifel auf rund 200 Metern Höhe liegt, erreicht die westliche Hocheifel Höhen bis zu 750 Meter. Im Norden senkt sich das Hochland zur Niederrheinischen Tiefebene allmählich ab. Nach Westen hin schließen sich die Ardennen an, die ebenfalls ein Teil des Rheinischen Schiefergebirges darstellen. Da die Ardennen nicht durch eine scharfe Trennlinie von der Eifel geschieden werden können, ist das Problem der Eifel-Ardennen-Grenze vielfach diskutiert worden. Remaclus Förster sprach sich bereits im Jahre 1900 in einer geographischen Abhandlung gegen eine künstliche und bloß für touristische Zwecke geschaffene Gebirgskreation mit Namen *Eifel* aus, gegen eine »Kolossaltafelreihe mit der Inschrift ›Hie Eifel – Hie Ardennen!‹«.[4] Doch obwohl eine markante Scheidelinie, wie sie nach Süden gegen den Hunsrück hin die Mosel bietet, fehlt, gibt es ein ganzes Bündel von geologischen, landschaftlichen, klimatischen, botanischen, sprachlichen, kulturellen und politischen Erscheinungen, die zusammengenommen einen Grenzsaum westlich der Kalkeifel erkennen lassen.

Das nordwestlich gelegene Hohe Venn ist geologisch älter als die Eifel und bildet ein eigenes Gesteinsmassiv aus kambrischem Quarzit und Tonschiefer, deren Wasserundurchlässigkeit zur Hochmoorbildung führten.[5] Die Torfschicht des Venns hat eine Stärke von bis zu zehn Metern und wurde noch im 19. Jahrhundert als Brennmaterial abgebaut. Atlantische Winde und hohe Niederschlagsmengen bis zu 1350mm pro Jahr schaffen ein rauhes und unwirtliches Klima.

Der Untergrund, die Zusammensetzung des Bodens und das Landschaftsbild der Eifel werden in einer von Nordost nach Südwest streichenden Zone zwischen Zülpich und Trier durch insgesamt acht Kalkmulden gebildet, nämlich die Sötenicher, die Blankenheimer, die Dollendorfer, die Hillesheimer, die Gerolsteiner, die Salmerwald-, die Schneifel- und die Prümer Mulde. Die Mulden enthalten Quarzite, Kalk und Mergel, Dolomite, Bundsandsteine, tertiäre Basalte und quartäre Sedimente wie Kalktuff. Zwischen diesen Mulden erheben sich jeweils Geländesättel aus Tonschiefer und Grauwacke, die über keinen Grundwasserhorizont verfügen. Auf der Tonschieferunterlage liegen lehmige bis sandig-lehmige Böden.

Im Tertiär, vor rund 34-42 Millionen Jahren, setzte im Gebiet der heutigen Eifel ein reger Vulkanismus ein, wobei besonders »im Zentrum des Hocheifel-Vulkangebietes die Kruste schrotschußartig durchsiebt wurde«.[6] Dabei handelte es sich um einen Geländestreifen, der zwischen den heutigen Ortschaften Ulmen und Adenau und östlich davon liegt. Die tertiären Vulkane hinterließen keine Lavaströme, sondern vielmehr Basaltkuppen, die häufig mit Tuffringen umsäumt und heute stark abgetragen sind, sowie Basaltgänge, welche einen Durchmesser bis zu einhundert Metern erreichen können. Bislang wurden in diesem Gebiet dreihundertdreißig Stellen registriert, an denen Basalte und Basalttuffe vorkommen.[7]

Das zweite langgestreckte Vulkanfeld zwischen Bad Bertrich im Südosten und Ormont im Nordwesten »bestimmt mit etwa 100 Tuff- und Schlackenkuppen und über 50 Maarkesseln, von denen 8 mit Wasser gefüllt sind, das Landschaftsbild der Westeifel.«[8] Diese quartären Vulkane haben ein Alter zwischen 10 000 und 600 000 Jahren, wobei die Maare die jüngste vulkanische Tätigkeit in der Eifel bezeugen: das Pulvermaar (Fläche: 36 ha, Tiefe: 74 m) entstand ca 8100 v. Chr., das Weinfelder Maar (Fläche: 16.8 ha, Tiefe: 53 m) um 8500 v. Chr. Der Vulkanismus kann in der Eifel noch nicht als endgültig erloschen angesehen werden, denn unter dem Westeifeler Vulkanfeld ist der Erdmantel verschoben.[9]

Bei der Eifel handelt es sich also um einen Gebirgsblock, der durch eine variantenreiche Binnengliederung charakterisiert ist. Doch der

Abb. 1: Die Maarseen prägen bis heute das Bild der Vulkaneifel – diese Aufnahme zeigt das Schalkenmehrener Maar um das Jahr 1900.

Vielfalt liegt Gemeinsames zugrunde, das für die Ausprägung der eifelländischen Ökonomie, des Landbaus und der Viehwirtschaft, aber ebenso für die Gewerbe und die Verkehrsverhältnisse stark bestimmend wurde. Die Eifel besteht aus vier Arealen, die wegen ihrer Höhe, ihrer Oberflächengestalt, ihrer Wasser- und Gefällsverhältnisse, ihres Klimas und ihrer Böden Ungunstlagen sind. In drei weiteren Zonen sind die Bedingungen besser.[10]

1. *Die westliche Eifel* (belgisch-luxemburgisches Grenzgebiet): Sie besteht aus zwei Hochflächen, dem 500 Meter hoch gelegenen Islek und der sogenannten Schneifel, die ca. 600 Meter hoch liegt. Im Norden bildet die Rureifel, dic in das Hohe Venn übergeht, den Abschluß der westlichen Eifel. Die höchste Erhebung ist der »Schwarze Mann« mit 697 Metern. Die Böden sind schwer, sie sind lehmig oder sandig-lehmig.

2. *Die Kalkeifel und die Kyllburger Waldeifel*
   Die nördliche Kalkeifel hat durchschnittlich eine Höhe von 500-550 Metern. In den Kalkmulden liegen ertragreichere Flächen aus Muschelkalk und Keuper, in den kalkfreien Zonen sind die Böden hin-

gegen steinig und schlecht, sie neigen zur Staunässe. Im Norden senkt sich das Gebiet durch den Münstereifeler Wald und die Mechernicher Voreifel ab. Die Kyllburger Waldeifel schließt südlich an die Kalkeifel auf derselben Höhenstufe an. Der Schiefer und der Sandsteinuntergrund bedingten den Waldreichtum.

3. *Die Moseleifel und die Hocheifel*
   Östlich der Waldeifel und entlang dem Südrand des Gebirgsblocks liegt auf ca. 400 Metern Höhe die Moseleifel. Tief eingeschnittene Täler, Basaltkuppen und die im nordwestlichen Teil gelegenen Maare bestimmen das Landschaftsbild. Das Gebiet um die Maare wird auch Vulkaneifel genannt. Tonige Verwitterungsböden auf Schiefer und Grauwacke mit geringem Nährstoffwert und durch Staunässe bedingte hohe Bodenazidität prägen den Untergrund. Das höchste Gebiet der östlichen Eifel ist die Hocheifel, die nordöstlich von Kalk- und Moseleifel liegt. Die Rumpfflächen, auf denen Basaltkuppen emporragen, haben eine Höhe von ca. 500-600 Metern. Mit der Hohen Acht (747m) befindet sich in dieser Zone die höchste Erhebung der gesamten Eifel. Im Nordosten bestimmen stark eingeschnittene Flußtäler das Bild. Basaltige Tuffböden kommen im Bereich des tertiären Vulkanfeldes häufig vor.

4. *Die Ahreifel und die Rheineifel*
   Die Ahreifel, auch Oberahr genannt, ist eine etwa 400 Meter hohe Fläche oberhalb des Flußtales der Ahr. Auf der Oberahr finden sich sehr schlechte Grauwacke- und Tonschieferböden. Die Rheineifel ist der terrassenförmig abdachende Nordostteil der Eifel mit einer Höhe von 200-350 Metern. Zu diesem Teil der Eifel gehört auch das Laacher Vulkangebiet. Die höheren Lagen bestehen aus Grauwacke- und Tonschieferuntergrund mit lehmigen Böden, die aber allmählich in die Lößböden und den Gehängeschutt der nordöstlichen Voreifellandschaft übergehen.

Die anbaubegünstigten Zonen liegen in den südwestlich und südöstlich absinkenden Außensäumen der Eifel. Es handelt sich um das Bitburger Gutland, das Maifeld und die Wittlicher Senke. Das Gutland liegt am Südwestrand der Eifel, der Untergrund besteht aus Muschelkalk und Keuper, auf dem als Verwitterungsprodukt kalkarme und flachgründige Lehmböden liegen. Auf Keuper kommen allerdings

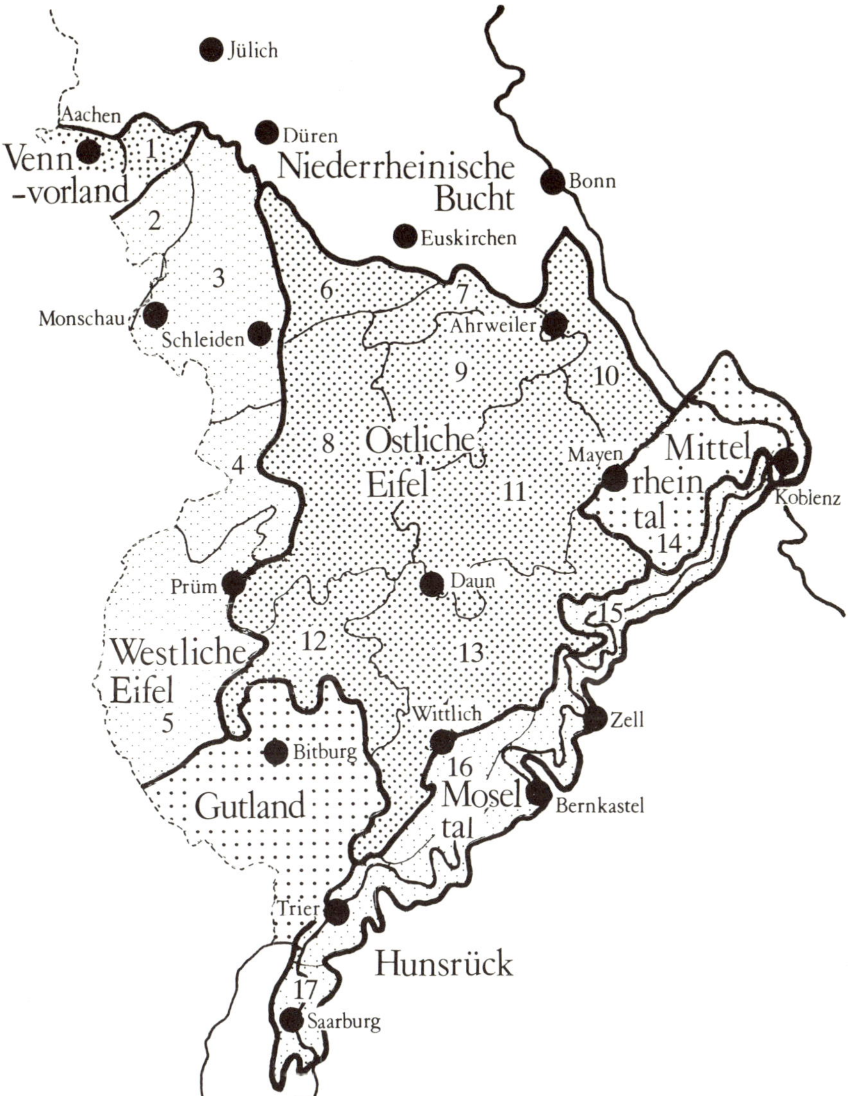

1 Venn-Flußfläche	*7 Münstereifeler Wald*	*13 Moseleifel*
2 Hohes Venn	*8 Kalkeifel*	*14 Mittelrheinisches Becken*
3 Rur-Eifel	*9 Ahreifel*	*15 Moseltal*
4 Westliche Hocheifel	*10 Rheineifel*	*16 Wittlicher Senke*
5 Islek	*11 Hocheifel*	*17 Unteres Saartal*
6 Mechernicher Voreifel	*12 Kyllburger Waldeifel*	

Abb. 2: Schematische Darstellung der naturräumlichen Gliederung der Eifel

vielfach auch »kalte, steife Tonböden« vor, die wasserundurchlässig sind und als sogenannter »fauler Boden« besser für den Obst- als für den Ackerbau geeignet sind.[11] Nach Süden hin fällt das Gelände ab, die höchsten Stellen liegen auf 300-400 Metern Höhe. Das Maifeld liegt im Südosten des Eifelplateaus. Es ist ein Teil des Mittelrheinischen Beckens und hat fruchtbare Löß- und Bimsböden. Die Wittlicher Senke schließt südlich mit nur 150- 200 Metern Höhe an die Moseleifel und führt ebenfalls fruchtbare Löß- und Lehmböden.

In der Eifel regnet es viel. Und es ist dabei nur ein geringer Trost, daß die Niederschlagsmengen von West nach Ost und Südost abnehmen.[12] Für die hohen Niederschläge zwischen rund zwölfhundert und siebenhundert Millimetern pro Jahr sorgen regenreiche, atlantische Winde aus Südwest bis West. Hinzu kommt, daß in den höheren Lagen an bis zu zweihundertfünfzig Tagen im Jahr der Himmel grau ist und es etwa zweihundert Tage regnet oder schneit.[13] In Schneifelforsthaus herrscht durchschnittlich an 82 Tagen Nebel.

Die östliche Eifel bildet das Regenschattengebiet der Westeifel, die Hauptniederschläge fallen dort im Sommer. Kyllburger Waldeifel und Kalkeifel weisen Niederschläge zwischen 700-800 mm auf, die Ahr- und Rheineifel zwischen 600- 700 mm und schließlich die Wittlicher Senke und das Mittelrheinische Becken rund 600 mm.

Die östliche Eifel ist häufiger als die westliche Eifel von sommerlichen Hagelunwettern betroffen, die hier zehn- bis zwanzigmal während eines Sommers niedergehen und erhebliche Ernteschäden verursachen können.

Die Wasserscheide zwischen Mosel, Rhein und Maas liegt im Gebiet des Losheimer Grabens beim Weißen Stein auf 689,5 Metern. Zur Mosel hin entwässern die Kyll, die Lieser, die Alf und die Salm, der Ueßbach, die Elz und der deutsch- luxemburgische Grenzfluß Sauer, zum Rhein fließen die Nette, der Brohlbach, der Vinxtbach sowie die Erft und die Ahr, die in der Kalkeifel entspringen, zur Maas entwässert die Rur mit ihren Seitentälern der Urft und der Olef. In den Quellgebieten und den stark gewundenen Oberläufen der Flüsse finden sich häufig Wiesentäler, die bei heftigen Regenfällen überschwemmt werden. Die Unterläufe vor allem der zur Mosel hin entwässernden Flüsse sind durch tiefe Kerbtäler gekennzeichnet. Kein einziger der Wasserläufe in der Region ist schiffbar.

In der Eifel regnet es nicht nur viel, es ist auch kalt dort. Für die

Westeifel wurden bereits seit dem ausgehenden 19. Jahrhundert Temperaturreihen aufgestellt sowie Windrichtungs- und Lufttemperaturmessungen vorgenommen. Auf der Station Hollerath wurde zwischen 1881 und 1895 eine Jahresdurchschnittstemperatur von 6,79 Grad, bei Schneifelforsthaus 5,84 Grad und in Bitburg 8,00 Grad gemessen. Die Sommer gelten als mäßigwarm, die Winter als kalt.

Die ersten Jahrzehnte des 19. Jahrhunderts fielen generell in eine Kälteperiode, die von der historischen Klimaforschung »Kleine Eiszeit« genannt wird. Zwischen der spätmittelalterlichen Klimawende um die fünfte Dekade des 13. Jahrhunderts und der Mitte des 19. Jahrhunderts lagen die Durchschnittstemperaturen in Europa etwa um ein Grad Celsius tiefer als heute. Der Winter 1829/30 ging als Eiswinter in die Klimageschichte des Jahrhunderts ein, im Dezember und im Januar herrschte vielerorten Dauerfrost; so auch im Kreise Monschau, wo der Bürgermeister bereits im Jahre 1827 ungewöhnliche Fröste von bis zu Minus zwanzig Grad Celsius notiert hatte. Die Kühle hielt mit Unterbrechungen bis etwa 1860 an.

Im Sommer liegen in der Westeifel die Durchschnittstemperaturen derzeit zwischen 13,5 und 16 Grad, im Winter zwischen -2,0 und 0,0 Grad. Für den Acker- und Pflanzenbau besonders bedrohlich sind die Spätfröste, die bis in den Juli anhalten können und öfters Schäden an der Kartoffelernte verursachen. In schneereichen Wintern dauert die geschlossene Schneedecke bis zu 90 Tagen an.

Die östliche Eifel ist insgesamt durch ihre Lage als Regenschattengebiet etwas milder. In der Hocheifel hält sich die geschlossene Schneedecke bis zu 50 Tagen. In den begünstigten Zonen steigt die Sommermitteltemperatur graduell bis auf 16-17 Grad an. Die Temperaturunterschiede haben Einfluß auf die Vegetationszeiten. Während die Winterroggenernte an Rhein und Mosel Ende Juli eingebracht werden kann, geschieht dies in den Ungunstlagen der Eifel erst Mitte August. Die Aussaat von Hafer und Roggen findet zumeist zehn Tage bis drei Wochen später statt als in den Tallagen von Rhein und Mosel. Da in Spätfrostgebieten generell die frühe Blüte des Wintergetreides gefährdet ist, baute man in der Eifel traditionell häufig Sommergetreide an, das allerdings bis zu einem Drittel niedrigere Erträge als die Wintersaat einbrachte. Der Körnerbau ist in Mittelgebirgslagen stets der Gefahr mäßiger Ernten ausgesetzt, da mit sinkenden Temperaturen die Massebildung ausbleibt. In den benachbarten Landschaften des Niederrheins und der Börde hat etwa der Hafer fast doppelt so viele Tage bis zur Gelbreife zur Verfügung wie in der Eifel.

Bodenschätze

Die Eifel verfügt über verschiedene Bodenschätze. Aus dem Tertiär stammen die meisten Blei-Zink-Vererzungen, nämlich die gangartigen Vorkommen um Bleialf in der Westeifel, um Mechernich und Bleibuir in der Nordeifel sowie die Galmei- und Brauneisensteinvorkommen des Aachen-Stolberger Raumes, hinzu kommen die variszischen Erzlagerstätten der Osteifel. Schwerspat tritt im Kreis Mayen und in der Hocheifel auf, in der Umgebung von Speicher in der Südeifel finden sich tertiäre Tone. Abbaufähiges Baumaterial ist der Schiefer, der in Kaisersesch, Kaifenheim, Mayen und Bassenheim zu Dachschiefer verarbeitet wird; im Bereich der Vulkanfelder finden sich Basalte, Lava, Tuffstein, Bims sowie Traß. Die tertiären Basalte sind wegen ihrer Sprödigkeit nur für den Straßen- und Wegebau zu verwenden. Bereits in römischer Zeit wurde die jüngere Lava der südöstlichen Eifel zu Mühlsteinen verarbeitet und exportiert: bei Grabungsarbeiten im Paartal bei Dasing nahe Augsburg stieß man 1993 auf Fragmente von Eifeler Basaltmühlsteinen aus römischer Zeit, die sich unweit einer bajuwarischen Wassermühle befanden.[14] Im Mittelalter setzte sich die Mühlsteinfabrikation fort. In zahlreichen Gruben im Gebiet um Mayen wird auch heute noch Lava abgebaut, die im Haus- und Kirchenbau Verwendung findet. Der Tuff von Bell, Ettringen und Weibern wurde in älterer Zeit vornehmlich als Backofenstein gebraucht. Er wird aber auch wegen seiner guten Formbarkeit als Fassadenstein für den Kirchenbau genutzt. Im Kreis Daun wird Sandstein abgebaut.

Im Ahr- und Brohltal, im Laacher Vulkangebiet sowie in der Westeifel befinden sich in der Umgebung der Vulkane viele Hydrogenkarbonat-Mineralwasserquellen. Da es sich bis auf die zwischen 30 und 35 Grad Celsius warmen Quellen im unteren Ahrgebiet zumeist um kalte Quellen zwischen 7,9 und 11,9 Grad Celsius handelt, können sie kaum als Heilbadequellen genutzt werden. Eine Ausnahme bildet die wärmste Quelle der Westeifel, die 32 Grad Celsius warme Bergquelle in Bad Bertrich. Häufiger sind sie jedoch als Heiltrinkquellen zu finden, wie die zwischen 1855 und 1860 erbohrten Quellen in Bad Neuenahr, oder sie werden als Tafelwässer auf Flaschen gezogen und verkauft. Viele Quellen waren bereits von alters her wegen ihrer Heilkraft bekannt, so der Tönissteiner Sprudel, der im Jahre 1701 eine marmorne Einfassung erhielt: »Das Wasser wird nicht nur in der Umgegend häufig getrunken, sondern auch in großen Quantitäten versendet und dessen Gebrauch von den Ärzten bei mancherlei Krankheiten, besonders bei Magenschwäche, Schleimfluß, Skropheln, Hysterie u.s.w. empfohlen.«

Der in der Nähe gelegene Heilbrunnen, eine Salzquelle, brachte den Bewohnern einen Zusatzverdienst ein: »Im Jahre 1741 trieben die Einwohner von Brohl einen Handel mit dem Wasser aus dieser Quelle und setzten jährlich gegen 50 000 Krüge davon ab.«[15] Allein in der Gegend um Daun finden sich rund fünfhundert Quellen, von denen allerdings nur ein geringer Teil wirtschaftlich genutzt wird. Neben den in Wasser gelösten Säuerlingen gibt es an einigen Stellen auch trockene Gasaustritte.

Wirtschaft auf kargem Land

Obwohl die einzelnen Landschaften der Eifel sehr unterschiedliche natürliche Produktionsbedingungen infolge ihres tektonischen Aufbaus, der Wasserspeicherfähigkeit des Bodens, ihrer Oberflächengestalt und Bodenqualität sowie der Klimawerte aufweisen, herrschen doch weitgehend Ungunstlagen vor. Niedrige Jahresmitteltemperaturen, starke atlantische Winde, viel Regen und Schnee, lehmige bis tonige, kalte und nährstoffarme Verwitterungsböden im Bereich der Schiefer- und Grauwackezone, ein fehlender Grundwasserhorizont und starke Gefälls- und Hanglagen bestimmen das Bild einer unfruchtbaren Region. In über 500 Metern Höhe ist der Ackerbau in der Eifel generell nur begrenzt zu betreiben. Daß Schwankungen der Bodenverhältnisse auch innerhalb einzelner Gemarkungen deutlich ins Gewicht fallen, erschwert die Landwirtschaft zusätzlich. Hinsichtlich der Klimawerte bilden die Schneifel, die Höhenlagen der Westeifel und die östliche Hocheifel »das bei weitem rauheste und unwirtlichste Wettergeschehen des gesamten nordwestlichen Schiefergebirgsflügels«.[16] Die Vegetationsperioden betragen hier etwa 130-140 Tage, in den Gunstlagen hingegen 160-170 Tage – also fast einen Monat länger.

Der Pollenbestand der Maarmoore gibt wichtige Aufschlüsse über die postglaziale Entwicklung der Eifeler Pflanzendecke. Demnach entstand vor rund 10 000 Jahren zunächst ein Kiefer-Birken-Bewuchs, der langsam über Kiefer-Hasel-Bestände in Laubwaldbestände überging. Der Rotbuchenwald wurde in der Eifel etwa ab 500 v. Chr. heimisch. Der natürliche Bewuchs der Eifel bestand bis zum Mittelalter aus zum Teil mit Eichen durchsetzten Buchenwaldgesellschaften, die allerdings schon zu Beginn des 19. Jahrhunderts weitgehend abgeholzt waren. Nach deren Ausholzung und dem Verbiß durch eine zu ausgedehnte Waldmast von Nutztieren blieben steinige Ödlandflächen, Heide, Besenginster und Wacholder zurück. Diese Wacholderbestände wurden seit dem 19. Jahrhundert durch Fichtenkulturen zurückgedrängt und sind heute zum Teil nur noch in speziellen Schutzgebieten erhalten.[17]

Spuren der Geschichte

In den fernen Tagen des ersten vorchristlichen Jahrhunderts, als die Römer ihre Herrschaftsgebiete nördlich der Alpen immer weiter ausdehnten, geriet auch der Eifelraum unter ihre Verwaltung. Sie verdrängten die ackerbautreibenden Treverer und gründeten 15 v. Chr. die Colonia Augusta Treverorum, das heutige Trier. Trier, die Hauptstadt der Provinz Gallia Belgica, strahlte weit in das Gebiet der Eifel aus, weil die Römer alsbald mit dem Bau von Fernstraßen begannen, welche Trier mit den nordöstlichen Garnisonen und Stadtgründungen am Rhein einerseits und mit Mainz, Paris und Lyon sowie dem Maas- und Schelderaum andererseits verbanden. Das Netz durchzog das gesamte Hochland, und entlang seiner Routen entstanden Siedlungen und Landhäuser. Ein bedeutendes Zeugnis ländlicher Baukunst ist die im 19. Jahrhundert ausgegrabene Risalitvilla Otrang bei Fließem – ein Landhaus, dessen Bau im zweiten Jahrhundert begonnen wurde. Mit seiner Luxusausstattung aus etlichen Wohnräumen, Hallen und Bädern dokumentiert es das Leben eines vornehmen »Eifelrömers«. Kunstvolle Tiermosaikfußböden sowie eine weitverzweigte Hypo-

Abb. 3: Die rekonstruierte Villa Otrang dokumentiert das Leben eines vornehmen Eifelrömers. Sie kann heute besichtigt werden.

kaustanlage, die den gesamten Wohnbau erwärmte, bezeugen einen gehobenen Lebenstil. Das Klima war zur damaligen Zeit wärmer als heute, und so lebte es sich in diesem Haus gewiß nicht schlecht.

Mit dem Einfall der Franken im vierten nachchristlichen Jahrhundert begann eine Zeit, in der das provinzialrömische Gepräge stetig auseinanderbrach. Allmählich wurde das einst vielbefahrene römische Straßennetz überwuchert, über das die Franken zwar noch in den Eifelraum eingedrungen waren, es aber nicht mehr für Handels- und Verwaltungszwecke nutzten. Die mächtigen Aquäduktanlagen, die das Wasser aus der Eifel nach Köln transportiert hatten, zerfielen. Im ländlichen Hausbau dürften die sorgfältig behauenen Steine der Aquädukte eine neue Verwendung gefunden haben. Als Ackerbauern nutzten die Franken den Vulkanboden, als Viehzüchter trieben sie die Schweine in die reichlich vorhandenen Eichenwälder zur Eichelmast. Sie rodeten weitere Waldflächen, um neue Siedlungen zu errichten. Die Eifelorte mit den Suffixen -ingen, -heim, und -dorf stammen zumeist aus dieser vorkarolingischen Periode. Mit dem Bau einer Monumentalpfalz bei den Ruinen eines römischen Militärbades im Jahre 790 und der prunkvollen Krönung des Frankenkönigs Karls zum römischen Kaiser am Weihnachtstag des Jahres 800 erhielt die Eifel nun wieder Anschluß an ein europäisches Machtzentrum, von dem aus die sogenannte »karolingische Renaissance«, d.h. die Förderung von Kunst und Bildung, ihren Ausgang nahm. Und allmählich machte sich auch die Christianisierung der Region bemerkbar, die für Trier bereits im 3. Jahrhundert belegt ist. Im Mittelalter wurden zahlreiche bedeutende und wohlhabende Klöster im Eifelraum gegründet. Bis zur Französischen Revolution stellten sie neben den Burgen und Schlössern die Zentren des geistigen Lebens dar. Die Mönche wirkten entscheidend am Ausbau des Landes mit, indem sie weitere Flächen rodeten und das Eisengewerbe förderten. Bis ins ausgehende 18. Jahrhundert hinein waren von großer Bedeutung die Zisterzienserabtei Himmerod im Tal der Salm und das Zisterzienserkloster Mariawald im Kermeter, das Augustinerkloster Springiersbach am Kondelwald, die Prämonstratenserabtei Steinfeld, die Benediktinerabteien

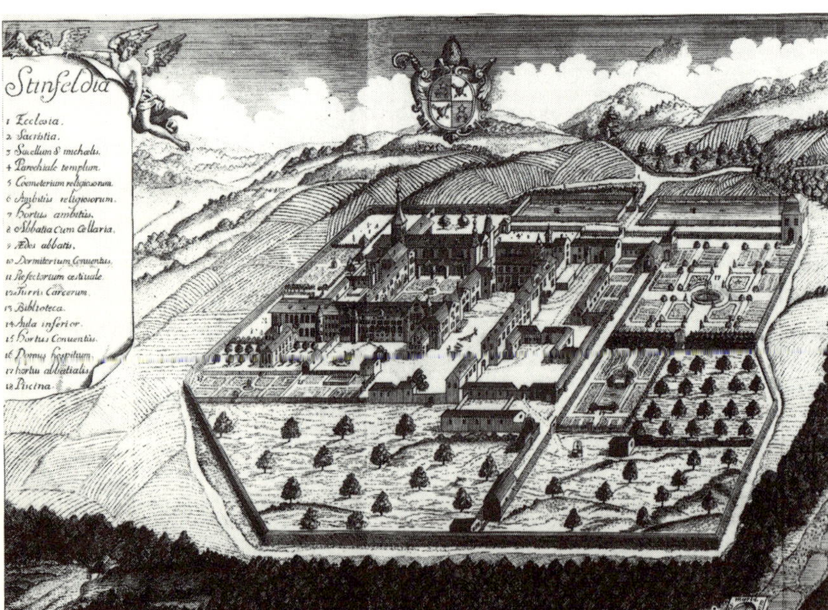

Abb. 4: Das Kloster Steinfeld war im 18. Jahrhundert eine imposante Anlage mit einem großen Garten und vielen Wirtschaftsgebäuden.

Echternach, Prüm, Stavelot-Malmedy, Kornelimünster und Maria Laach sowie die Jesuitenkollegien in Münstereifel und Blankenheim.

Die Eifel war seit dem 16. Jahrhundert immer wieder Schauplatz und Aufmarschgebiet kriegerischer Auseinandersetzungen. Sie blieb vom Dreißigjährigen Krieg genausowenig verschont wie von den Plünderungen durch die Soldaten Ludwigs XIV. Sowohl der spanische Erbfolgekrieg fand im Eifelraum statt als auch der Durchmarsch napoleonischer Truppen auf dem Weg über den Rhein nach Osten. Auch im 20. Jahrhundert wurde die Eifel von beiden Kriegen schwer in Mitleidenschaft gezogen – die Ardennenschlacht vom Winter 1944/45 hinterließ in Teilen der Westeifel verbrannte Erde.

Siedlungsmuster

Der steigende Wohlstand in den kurzen Friedenszeiten des 18. Jahrhunderts bewirkte einen gewissen Ausbau der Kleinstädte und die Entstehung einiger bemerkenswerter architektonischer Zeugnisse bürgerlich-städtischer und adliger Wohnkultur, wie etwa das 1756 erbaute Rote Haus der Tuchmacherfamilie Scheibler in Monschau sowie diverser Bürgerhäuser in Düren, Blankenheim oder Münstereifel. In dieser Zeit entstand auch die reich ausgestattete Schloßanlage des Grafen von Blankenheim, die eine bedeutende Handschriftenbibliothek beherbergte.

Den Schritt hin zur barocken Residenzstadt mit vielfältigen militärischen, gewerblichen und repräsentativen Funktionen bis hin zur Ansiedlung der Verwaltung, wie ihn etwa Bonn oder Koblenz vollzogen hatten, ist jedoch im Eifelraum nirgendwo zu erkennen. Stattdessen stagnierte das Städtewesen, wobei die Unzugänglichkeit der Landschaft und die Entfernung von den Metropolen eine wichtige Rolle spielten. Das hatte freilich Auswirkungen auf das geistige Leben und den Lebensstandard der Eifelbevölkerung, da neue Ideen und Moden bzw. technische Erfindungen auf dem Lande kaum zirkulierten.

Neben dem bürgerlichen und gewerblichen Leben in den Städten und der klösterlichen Existenz in oftmals großer Abgeschiedenheit wurde der Eifelraum durch eine körnerbautreibende Bevölkerung bewirtschaftet und besiedelt, die im Norden dem ripuarisch-niederdeutschen, im Süden dem moselfränkisch-mitteldeutschen Sprachraum zuzuordnen ist.[18] Die Siedlungsformen des Eifelraums sind heterogen, da größere Straßendörfer ebenso vorkommen wie Haufendörfer, Weiler und Streusiedlungen. Der Gesamteindruck ist einer der kleinräumigen Zersplitterung.

Die Hausformen geben ein relativ einheitliches Bild ab. Südlich der Wasserscheide im Einzugsgebiet der Flußläufe von Our, Sauer, Kyll, Salm und Lieser bis hinab zur Mosel herrschte seit ca. 1800 das sogenannte Trierer Haus vor, welches das ältere einraumtiefe Haus ablöste und zur mitteldeutschen Hausformengruppe zählt. Im Nordwesten der Eifel dominiert der Venntyp, der vor allem im Monschauer Land von windabweisenden Hecken umschlossen ist, in der Nordeifel und der Ahreifel überwiegen kleine Gehöfte.

Politik und Konfession

Die politische Struktur des gesamten Eifelraums am Ende des Ancien régime bestand, wie das Hermann Aubin pointiert beschrieben hat, aus »einem Wirrwarr von weltlichen und geistlichen Herrschaften, kleinerem Dynastenbesitz und Fetzen der größeren Nachbarterritorien, Herrschaften unter zwei Herren und solchen, die eigentlich niemandem gehörten«. Die Eifel blieb, so Aubin weiter »abseits der staatsbildenden Bestrebungen seit dem 13. Jahrhundert liegen. Die Bemühungen der Nachbarn um Machtzuwachs lassen nach, je mehr sie in die Eifel eindringen. Die Eifel bot zu wenig Anreize und zu viele Hemmnisse. Deshalb ist ihre politische Organisation auf der Stufe der kleinen Lokalgewalten des Hochmittelalters gleichsam versteinert.«[19]

Dieses »Wirrwarr« hatte freilich Kontur. Vor der französischen Eroberung wurde der Eifelraum von vier politischen Mächten beherrscht: von den geistlichen Kurstaaten Trier und Köln, und weltlichen Herzogtümern Luxemburg und Jülich. Dann aber gab es Enklaven und viele kleine Gebiete einzelner Dynastien und Reichsritterschaften, die zwischen den größeren Territorien eingekeilt waren, wobei im ausgehenden 18. Jahrhundert die Besitzungen der Grafen von Blankenheim mit Manderscheid, Gerolstein, Jünkerath, Kall, Neuerburg, Bettingen, Kronenburg und Dollendorf umfangreicher waren als die aller anderen Eifelgeschlechter. Das Herzogtum Luxemburg und damit Teile der Südwesteifel wie das Bitburger Gutland wurde von Wien aus verwaltet, der Kurstaat Trier mit der kurfürstlichen Residenz in Trier dehnte sich von der Mosel nordwestlich bis zur Wasserscheide des Losheimer Grabens und nordöstlich in einem breiten Streifen über das Maifeld bis zum Rhein aus. Der Kurstaat Köln reichte über die Residenzstadt Bonn in die Voreifel und keilförmig in die Ahreifel hinein, das Herzogtum Jülich hatte verstreute Besitzungen am Rhein und zusammenhängende Gebiete südlich von Düren und Aachen bis in das Quellgebiet von Urft und Olef und an den nördlichen Rand der Grafschaft Blankenheim.

Die Bevölkerung der Eifelterritorien des Ancien régime war größtenteils katholisch, da die Reformation nur wenige Spuren hinterlassen hatte und im ausgehenden 16. Jahrhundert durch eine starke Gegenreformation, zum Teil auf Betreiben Münstereifeler Jesuiten, zurückgedrängt worden war. Der Trierer Kurfürst Johann von der Leyen hatte den Reformationsversuch der Trierer Bürgerschaft bereits im Jahre 1559 mit Hilfe der niederländisch-spanischen Regierung unterbunden und die Protestanten zur Auswanderung gezwungen. Im Kölner Bistumskrieg von 1583 hatte die katholische Partei gesiegt, den zum Protestantismus übergetretenen Erzbischof Gebhard Truchseß von Waldburg vertrieben und durch den Katholiken Ernst von Bayern ersetzt, und Jülich und Berg fielen schließlich im Jülich-Klevischen Erbfolgestreit 1614 durch den Xantener Teilungsvertrag an das katholische Haus Pfalz-Neuburg.[20] Dennoch gab es an den nördlichen Randlagen der Eifel protestantische Enklaven, wobei diese zumeist den gewerbetreibenden Kreisen zuzurechnen sind. Sie verteilten sich vor allem auf die Tuchmacherstadt Monschau und das Umland der Messingstadt Stolberg, auf die Stadt und das Umland von Aachen, wo im 16. und frühen 17. Jahrhundert wegen der dort herrschenden Religionsfreiheit ein reicher Zuwandererstrom aus den Niederlanden anhielt, und auf einzelne Orte der ehemaligen Grafschaft Manderscheid-Schleiden. Der Anteil der Protestanten an der Eifelbevölkerung blieb dennoch seither verschwindend gering, und selbst im ehemaligen Kreis Schleiden waren 1925 nur 1,8% der Bevölkerung evangelisch.[21] Konfessionell stellt sich die Eifel somit als ein weitgehend homogener katholischer Raum dar, der sich in zwei Diözesen einteilt.

Verkehrswege

Durch das fast gänzliche Fehlen von Fernstraßen in Ost-West-Richtung, deren Ausbau an den tiefen Kerbtälern der Eifelflüsse scheiterte, mangelte es nach der Römerzeit an einer Anbindung an die Rheinschiene. Doch auch in Nord-Süd-Richtung waren die Wegeverhältnisse schlecht und beruhten auf den Resten des alten römischen Straßennetzes. Vergleicht man einmal den Zustand der Fernverkehrswege, die um 1500 die Eifel durchliefen, mit dem Straßennetz des ausgehenden 18. Jahrhunderts, so werden keine qualitativen Veränderungen sichtbar, vielmehr wird deutlich, daß die großen Verkehrsadern, welche die Wirtschaftsräume verkoppelten, an der Schwelle zur Franzosenzeit um die Eifel herum verliefen und diesen Gebirgsblock weitestgehend mieden.[22] Daraus allein jedoch die Ursachen von Rückständigkeit abzuleiten, wäre allerdings vorschnell.

So verwirrend vielfältig die Binnengliederung des Eifelraumes hinsichtlich seiner territorialen Einflußbereiche, seiner sprachlichen Zusammensetzung und seiner Dorfstrukturen auch scheinen mag, so verbindend wirkten auf den linksrheinischen Höhenzügen die konfessionelle Organisation, die ungünstigen natürlichen Produktionsbedingungen, die Unerschlossenheit der Landschaft und die allgemeine Stagnation des Städtewesens. Die Vielzahl der trennenden Linien und dynastischen Grenzen hatte eine Entfaltung der Wirtschaft des nordwestlichen Blocks des Rheinischen Schiefergebirges erschwert. An der Schwelle zum 19. Jahrhundert bestanden in der Eifel äußerst ungünstige Startbedingungen, um mit den künftigen Entwicklungen Schritt halten zu können. Als im Jahre 1794 französische Revolutionstruppen die linksrheinischen Lande eroberten und die alte Territorialordnung vollstandig aufhoben, brach nicht nur für das kulturelle, sondern auch für das Wirtschaftsleben der betroffenen Gebiete eine neue Epoche an.

KAPITEL 2

DIE FRANZOSENZEIT ALS EPOCHENZÄSUR

Die Jahre der französischen Verwaltung 1794-1814

Die alte Territorialordnung der linksrheinischen Lande, mithin auch der Eifel, wurde durch die nachrevolutionäre französische Expansionspolitik vollständig aufgehoben, die eine Ausdehnung Frankreichs bis an die von ihr beanspruchten »natürlichen Grenzen«, die Alpen, die Pyrenäen und den Rhein, vorsah. Die Besetzung der Rheinlande markiert deshalb einen epochalen Einschnitt in der Geschichte der Region.[23]

Erste Kämpfe der Revolutionsarmee in Belgien gegen die Österreicher 1792 brachten den Franzosen zunächst eine Niederlage ein. Doch unter General Adame Philippe Custine (1740-1793) wurden im September und Oktober 1792 Speyer und Mainz besetzt, Charles-François Dumouriez (1739-1823) eroberte im November durch den Sieg bei Jemappes die österreichischen Niederlande, wurde aber zu Beginn des Jahres 1793 bei Meerwinden in Belgien geschlagen. Die Preußen gewannen im Juli 1793 Mainz zurück. Französische Truppen erstürmten noch im selben Jahr die Weißenburger Linien und besetzten die Pfalz.

General Jean-Baptiste Jourdan (1762-1833) schlug am 26. Juni 1794 die Österreicher bei Fleurus und nahm Belgien und die angrenzenden Rheinlande ein. Der Vormarsch französischer Verbände wurde im Süden zwar durch Preußen, Österreicher und Reichstruppen gebremst, im Norden hingegen konnten die Stellungen an Maas und Rur nicht länger gehalten werden. Im Juli 1794 marschierten die Franzosen in den Kurstaat Trier ein.

Besetzung des Landes

Im Jahre 1772 gab es in Trier 40 Stellen allein für die Kanoniker des Domkapitels[24], und daß es dort, wie in anderen katholischen Städten auch, »von Kutten und Soutanen schwarz gewesen sein muß«[25], ist wohl keine Übertreibung. Der Reisende Philipp Wilhelm Gercken bemerkte jedenfalls, von Koblenz kommend, zuallererst die vielen geistlichen und adligen Höfe in der Stadt »und eine gute Anzahl Klöster.«[26] Neben dem *Clergé primaire* befand sich am Orte »die ganze Schar der niederen Geistlichkeit, ... kurz alles, was nicht zum Kapitel gehörte, sondern hauptsächlich für den Chordienst und zur Verrichtung anderer geistlicher Funktionen angestellt war.«[27] Anfang August 1794 wurde Trier von einer hektischen Betriebsamkeit erfaßt, weil eine Reihe von hohen Herrn und ein Teil der Geistlichkeit ihr Hab und Gut hinunter zur Mosel brachten, um es noch rechtzeitig vor dem Einrücken der Armee flußabwärts nach Koblenz zu verschiffen. Aufzeichnungen des katholischen Buchhändlers und entschiedenen Revolutionsgegners Ludwig Müller hielten die Ereignisse des Tages fest, an dem die Stadt eingenommen wurde:

»Am 8. August morgens 8 Uhr ging eine Prozession von St. Gervasius in alle Pfarrkirchen mit sieben weichwachsernen Kerzen ... Diesen Mittag vor 3 Uhr fing das Schießen an, man hörte es deutlich unter dem Lärm in den Gassen. Jetzt gab es Lärm über Lärm in Trier, alles lief durcheinander ... Nach drei Uhr kamen schon drei Wagen voll Blessirte, viele brachten sie auch zu Fuß blessirt, darnach kamen bei 17 blessirte Husaren, darnach auch einige Patrioten; schier alles sah wie Ecce homo aus, von einigen konnte man das geronnene Blut handvoll nehmen ... Am 9. August um 1/2 6 Uhr ging unser ganzer Stadtrat schwarz gekleidet schon an das Neutor, um die Franzosen zu empfangen.«

Müller beschreibt des weiteren einige Überfälle auf Trierer Bürger, denen unter anderem goldene Sackuhren durch französische Reiter geraubt wurden, und er berichtet zudem über Ausschreitungen und Exzesse: »Am 19. August wurden schon überall Hausmöbel auf französische Wagen geladen und in Frankreich geführt ... , sogar haben sie den noch im Haus befindlichen Dienstmägden die Bettung weggenommen.« Doch auch die Bürger trugen mit ihrem Verhalten zu den Wirren in der Stadt bei:

»Die (etwa 1100) Kranken im Palastspital – (sie waren meistens von Herzen gesund und nur mit der Krätze behaftet) – haben gegen den 20. Juli und hernach groß Unheil in den nah anstoßenden Gärten angestellt, brachen Löcher unten aufm Boden durch die Mauern, stiegen in die Gärten und nahmen alles vorfindige Gemüse, sogar das unzeitige, und brachen den Leuten die Bäume ... Am 25. Juli sind in den Agnetergarten im Palastgarten wieder 18 eingebrochen, wo die Nönnger die Glocken läuten müssen, daß Leute zu Hülfe kamen. Folgende Nachten sind sie wieder teils in die Stadtgärten, teils über die Stadtmauer in die dasige Gärten gangen und taten ganze Felder Grundbirnen und Bohnen aus. Am 29. wurde von der französischen Wacht nach ihnen geschossen. Abends gegen 11 Uhr, das ich selbst in unserem Garten gesehen, wo sie sich wieder über die Mauer in den Palastgarten gemacht und in ihr Spital geloffen.«[28]

Streifcorps der französischen Armee zogen in den Wochen darauf plündernd durch die Städte und übers Land: »Auf allen Dörfern haben die Herren Pastör entlaufen müssen. Den Bauern wurde auch alles, sogar das Gemüs im Feld, genommen.«[29] Viele Kirchen wurden zu Magazinen für Kriegsmaterial oder zu Unterkünften für die Mannschaften umgewandelt, deren sakrale Ausstattungen verschleppt oder zerstört. Der *Aachener Zuschauer* berichtete in seiner Ausgabe vom 8. September 1794 über Geldtransporte, die aus Belgien und aus der Pfalz in Paris eingetroffen seien: es wurde für gewiß angesehen, daß man bald auch aus dem trierischen Land Bargeld und andere Wertsachen an Frankreich liefern müsse.

Im Herbst des Jahres 1794 rückten französische Truppen weiter in die Freie Reichsstadt Köln, in die kurkölnische Residenz Bonn, in Koblenz und in das niederrheinische Kleve ein. Damit war die Eroberung der linksrheinischen Gebiete vollzogen, die alte Territorialordnung für immer aufgehoben. Mit der Besetzung durch französisches Militär begann eine Zeit umfassender Veränderungen im politischen, administrativen und religiösen Leben der Städte und Dörfer zwischen Mosel, Maas und Rhein.

Über den völkerrechtlichen Status der Rheinlande wurde bald nach der Besetzung verhandelt. Im Frieden zu Basel, am 5. April 1795, billigte Preußen bereits die Abtretung des linken Rheinufers an Frankreich. Im Frieden von Campo Formio (1797) wurde erstmals der Verzicht offen erklärt. Der auf dem Rastatter Kongreß (1797-1799) am 17. Januar 1798 geforderten Anerkennung des Rheins als Frankreichs Ostgrenze stimmte die Reichsdeputation schließlich am 11. März 1798 weitgehend zu. Im Frieden von Lunéville (9. Februar 1801) wurde die Abtretung der linksrheinischen Gebiete endgültig beschlossen und durch den Reichsdeputationshauptschluß vom 25. Februar 1803 festgeschrieben. Im Rahmen eines Entschädigungsplanes erhielten die ehemals in den alten Territorien, nach ihrer Flucht nun aber östlich des Rheines ansässigen Fürsten entweder Auszahlungen oder Ländereien rechts des Rheines, die aus Mitteln der Einziehung kleinerer geistlicher und weltlicher Territorien entnommen wurden.

In den ersten Jahren der französischen Besetzung des Gebietes zwischen Mosel, Maas und Rhein organisierten teils das Militär, teils überkommene Verwaltungseinrichtungen das öffentliche Leben, ehe sich ab 1798 die Konturen der neuen Ordnung deutlich abzeichneten, die durch einige Präfekten, wie Graf Adrien Lezay-Marnésia in Koblenz, vorangetrieben wurde. Die Neugliederung der Verwaltung beseitigte die alten Territorialgrenzen. Präfekturen in Luxemburg (Département des Forêts), Trier (Département de la Sarre), Mainz (Département du Mont-Tonnerre), Koblenz (Département de Rhin-et-Moselle), Aachen (Département de la Roër) und Lüttich (Département de l'Ourthe) sowie die Untergliederungen der Départements in Arrondissements, Cantone, Mairien und Communen schufen gemeinsam die Grundlage für eine zentralisierte Verwaltung, die sich freilich nicht über Nacht vollzog. Französisch wurde Amtssprache.

Revolutionsecho

Die Ideale der Französischen Revolution wurden auch unter der rheinischen Bürgerschaft heftig diskutiert. Die politische Rezeption hatte jedoch zumeist nur die rheinischen Städte erfaßt, in der Eifel hingegen wenig in Bewegung gesetzt. Erwogen die engagierten Befürworter, die zumeist den gebildeten Schichten und der städtischen Handwerkerschaft entstammten, auch das Für und Wider einer eigenständigen Republik nach französischem Vorbild unter Abschaffung der alten Privilegienherrschaft, blieb es auf dem Lande weitgehend ruhig. Eine Ausnahme lediglich der Bauernaufstand in Luxemburg, im Islek und im Ösling, der unter der Bezeichnung »Klöppelkrieg« in die Eifelgeschichte eingegangen ist. Dort hatten sich im Herbst 1798 wehrhafte Bauern in ihrer Verzweiflung wegen der zunehmenden Steuerlast, aber vor allem wegen der allgemeinen Wehrpflicht zusammengerottet, um mit Knüppeln, Säbeln und Heugabeln gegen die Besatzer vorzugehen. Die Revolte wurde rasch blutig niedergeschlagen, die Rädelsführer nach Luxemburg geführt und bereits im Frühjahr 1799 enthauptet oder erschossen.[30]

In Trier entbrannte hingegen unter den Anhängern der Aufklärung, die zum Teil auch den Klerus, den Adel und das Stadtbürgertum beeinflußt hatte, eine lebhafte Diskussion um die Ziele einer neuen Gesellschaftsordnung.[31] Auch die Kreise um die Mainzer Klubisten Johann Georg Forster und Anton Joseph Dorsch, um den jungen Koblenzer Republikaner Joseph Görres, um Bonner, Kölner und Aachener Gesinnungsgenossen verschafften sich zwar in zahlreichen Flugschriften und Aufrufen Gehör, fanden aber wenig Anhängerschaft beim Landvolk der Eifeler Höhenlagen. Nur wenige zeitgenössische Nachrichten sprechen von der Bildung politischer Klubs in den Landstädten, die von der Ausstrahlung rheinischer Aufklärer, etwa von Eulogius Schneider[32], der an der Bonner Universität Philosophie unterrichtete, oder von Kölner Gesellschaftszirkeln erreicht wurden:

»Privatnachrichten aus der Eifel geben zu erkennen, daß zu Kommern, einem herzoglich Arenbergischen Dorfe, die Bauern auch schon anfangen, Klubs zu halten und über ihre Beschwerden gemeinschaftlich beratschlagen ... Es bestätigt sich, daß nicht allein zu Kommern, sondern auch in mehreren umliegenden teils kurkölnischen, teils jülichschen Oertern, als zu Zülpich, Kuchenheim, Meckenheim usw. der französische Freiheitsdünkel große Fortschritte mache; die Bauern versammeln sich und verabreden in ihren Klubs; schon verachten sie ihre Pfarrer, spotten öffentlich über Religionsausübungen, drohen ihren Vorgesetzten und wollen nach dem französischen Fuße ihren Herrschaften nichts mehr zahlen.«[33]

In einem anderen Bericht ist außerdem die Rede von einem »Winkeladvocat Roth, der sich in der Eifel herumtrieb und politische Reden hielt«, weil ihn der Kölner Kurfürst Maximilian Franz festgesetzt haben soll.[34] Die Realität holte die Klubisten und aufgeklärten Zeitgenossen bald ein: »Unzufriedenheit machte sich wohl ... bei den ehemaligen ›Jakobinern‹ über die Unterdrückung der Freiheit, in der ganzen Bevölkerung über die wachsenden militärischen Anforderungen, die Konskription und Einziehung der jungen Männer für die Armee des Kaisers geltend, aber im ganzen hat man sich in Erkenntnis der sozialen Errungenschaften und der neuen wirtschaftlichen Möglichkeiten mit der Lage abgefunden, war man weitgehend zu einem Zusammenwirken mit den Franzosen bereit.«[35]

In den Akten wird häufig betont, in welch hohem Maße die Bevölkerung an der Wiederherstellung von Friedensverhältnissen interessiert war. War auch der *Esprit Public* nicht prinzipiell gegen Frankreich und seine Vertreter im Lande gerichtet[36], so machte sich doch Unmut vor allem wegen der Requisitionen von einheimischen landwirtschaftlichen Produkten oder von ungeheuren Mengen Hornvieh für den Unterhalt der französischen Armee breit. Am 5. Ventôse an III (23. Februar 1795) beschwerte sich die Bezirksverwaltung in Bonn bei der Aachener Zentralverwaltung über die Forderung, täglich hundert Stück Hornvieh aus dem Umland an das Militär abzugeben:

»Notre agriculture sera ruinée sans ressource, si cette réquisition ne cessera au plus tôt que sera au moins remise à un tiers. Citoyens, si le Rhin sera le boulevard de la France et Paris notre métropole, quel avantage lui résulterait, si les gardiens de ce boulevard seraient les habitants d'un désert, lâches et énervés d'esprit et de corps par la misère!«*[37]

Unruhe stifteten nicht nur die Armee im Lande, sondern auch andere Kräfte, die als Folgen des Krieges in Erscheinung traten: in der Südeifel machten marodierende Horden und Räuberbanden das Land unsicher. Vor allem die berüchtigte Moselbande, die zwischen Bad Bertrich, Wittlich und Trier Pferdediebstähle, Brandschatzungen an Mühlen und Gehöften, Erpressungen und Morde beging, versetzte die Bevölkerung in Angst und Schrecken. Entstanden war sie aus den Kriegswirren, in deren Verlauf sie der französischen Armee Pferde entwendet und diese dann veräußert hatte. Sie war Teil eines sich stetig straffer organisierenden Netzes von Verbrechern, das in den unzugänglichen Waldgebieten der Moselberge Unterschlupf fand und von dort aus keineswegs bloß sozialrebellisch motivierte Überfälle plante und ausführte.[38] Die bäuerliche Bevölkerung der Eifel erlebte den Ausgang des 18. Jahrhunderts als eine gefahrvolle Zeit, in der Plünderungen an der Tagesordnung waren und die Ernährungsgrundlage durch die Abgaben an die Armee ins Wanken geriet.

* Unsere Landwirtschaft wird ohne Einnahmequellen zugrunde gehen, wenn diese Beschlagnahmung nicht so bald wie möglich mindestens um ein Drittel reduziert wird. Bürger, wenn der Rhein der Boulevard Frankreichs wird und Paris unsere Hauptstadt, welcher Vorteil ergäbe sich daraus, wenn die Hüter dieses Boulevards die Bewohner einer Wüste sein werden, die durch das Elend an Geist und Körper kraftlos und ermattet sind!

Säkularisation

Von großer Bedeutung für die Zerschlagung der alten Ordnung war die Einziehung des Landbesitzes von Adel und Klerus. Das Säkularisationsgesetz vom Juni 1802 schuf durch die Aufhebung der Klöster und Klostergüter die Grundlage für eine neue Wirtschafts- und Gesellschaftsordnung.

Der Niedergang der Eifelklöster läßt sich am Beispiel der Zisterzienserabtei Himmerod im Tal der Salm, deren Stiftungsurkunde durch den Erzbischof von Trier auf das Jahr 1138 datiert ist, eindrücklich zeigen. Er kündigte sich auch hier mit dem Einmarsch französischer Truppen an. Bereits Anfang August 1794 floh der Himmeroder Konvent unter Abt Anselm von Pidoll in das Tochterkloster Heisterbach südöstlich von Bonn. Ein Jahr später kehrten die Mönche in die Abtei zurück und lebten dort sieben Jahre zusammen mit französischen Soldaten, die in Himmerod einquartiert waren und in den kommenden Jahren den Lebensunterhalt der Patres aufzehrten; was schließlich zur Verarmung des Klosters führte.

Am 9. Juni 1802, anderthalb Jahre nach dem Frieden von Lunéville, trat das französische Säkularisationsgesetz in Kraft, nach dem alle kirchlichen Güter und Stiftungen der Verwaltung der Präfektur unterstellt wurden. Die Zisterzienser mußten Himmerod verlassen: »Am Räumungstag, dem 26. Juli, sangen die Mönche zum letzten Mal in der Barockkirche Vesper und Salve Regina.«[39] 1803 wurde das Klosteranwesen in Trier öffentlich versteigert. Dies bedeutete die Zerstörung der Abtei: »Der Hüttenbesitzer Karl Wendel erwarb es für 40 000 Franken. Obwohl laut Kaufvertrag jede Beschädigung der angesteigerten Güter vor Zahlung der vollen Kaufsumme verboten war, betrieb Wendel nach Zahlung der zweiten Rate (Ende Juli 1804) den Abbruch der Barockkirche ... Zunächst deckte man Kupferdach und Dachstuhl ab. Als die Sache im Frühjahr bekannt wurde, entzog sich Wendel der Verantwortung durch Flucht. Am 31. Oktober 1805 schrieb die Regierung das Domänengut Himmerod erneut zum Verkauf aus. Der neue Besitzer, der Trierer Handelsmann Karl Anton Bernasco, setzte skrupellos den Abbruch fort.«[40]

Es war kein Zufall, daß Wendel zuallererst das Kupferdach abreißen ließ. Die Kupferpreise auf dem Amsterdamer und Trontheimer Markt, nach denen sich der aktuelle Handelswert richtete, waren in jenen Jah-

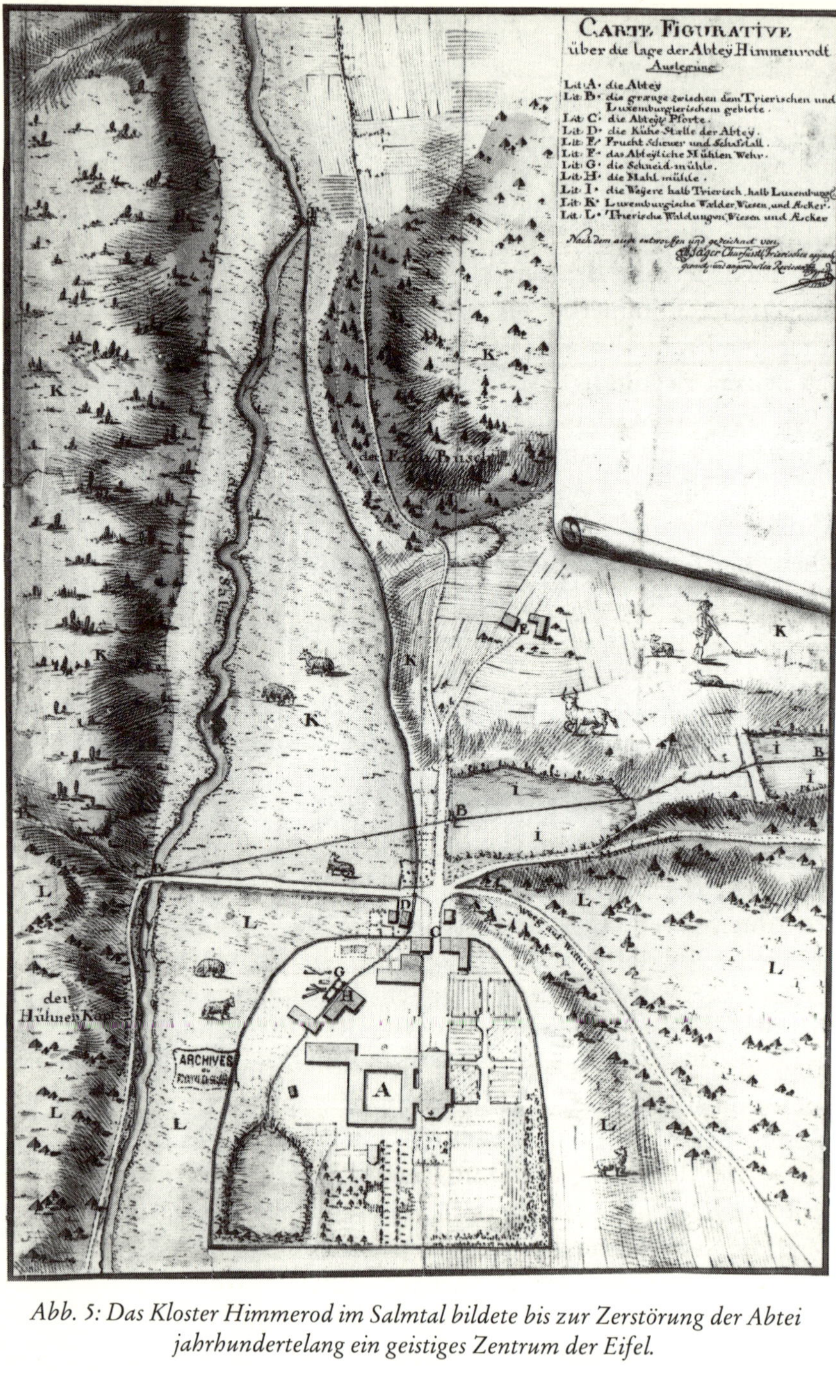

Abb. 5: Das Kloster Himmerod im Salmtal bildete bis zur Zerstörung der Abtei jahrhundertelang ein geistiges Zentrum der Eifel.

ren sprunghaft gestiegen, so daß der Gewinn und Verkauf von Altkupfer höchst lukrativ war.[41] Anschließend verkam das Kloster zur Ruine. Der französische Ingenieurgeograph Boucher kennzeichnete 1811 auf Blatt 179 der Kartenaufnahme der Rheinlande die Lokalität ›Himmeroth‹ bereits als ›Abbaye ruinée‹. Erst über hundert Jahre später, nämlich 1919, kaufte der Zisterzienserorden die Anlage von Reichsgraf Ottokar von Kesselstatt zurück, dessen Vorfahren sie 1816 erworben hatten. Der Wiederaufbau nahm einige Jahrzehnte in Anspruch und wurde erst in unseren Tagen abgeschlossen.

Dem 1126 gegründete Prämonstratenserkloster Steinfeld bei Kall widerfuhr ein ähnliches Schicksal. Die Abtei wurde 1802 ebenfalls aufgehoben, die Kirche wurde Pfarrkirche, die Gebäude verkauft, die Bibliothek verbrannt und die Ausstattung, bestehend aus Altären, Statuen und Kreuzigungsgruppen, vernichtet oder verschleppt. 1844 richtete der preußische Staat in dem Anwesen eine Erziehungsanstalt ein, seit 1923 sind Basilika und Kloster in Händen der Salvatorianer.[42]

Der katholische Kultus sollte schon in der ersten Phase der Umgestaltung vollständig beseitigt werden, in den 1790er Jahren häuften sich die französischen Verordnungen bezüglich der Abschaffung von Prozessionen und kirchlichen Festen. Zwar hatte der letzte Trierer Kurfürst Clemens Wenzeslaus bereits eine ganze Reihe von Bestimmungen zur Einschränkung des Prozessionswesens und der Festlichkeiten an Sonn- und Feiertagen erlassen, dabei ging es aber um moralische und politische Zügelung, nicht um eine grundsätzliche Ablehnung jeglicher Frömmigkeitsrituale. Eine »Tendenz zur Entsakralisierung des Alltags in der Verminderung der Fest- und Feiertage und in der rigorosen Einschränkung von Prozessionen und Wallfahrten«[43] gab es im ausgehenden 18. Jahrhundert in einigen katholischen Staaten. Dabei standen vorwiegend Disziplinarmaßnahmen zur Lenkung der vielen Menschen im Vordergrund, welche die Wallfahrten besuchten – in Aachen fanden sich Zehntausende zur weithin berühmten Heiligtumsfahrt ein, und die Stadt Trier verzeichnete aus religiösem Anlaß pro Jahr bis zu dreißigtausend Besucher. Zudem ging es um die Aufrechterhaltung einer ›sittlich angemessenen‹ Lebensführung der Untertanen. 1789 mußte der Kurfürst jedoch dem Druck der Trierer Bürgerschaft nachgeben und das Prozessionsverbot zurückziehen.[44]

In der Verbreitung einer weltlichen Festordnung tat sich besonders der Regierungskommissar Franz Joseph Rudler hervor, der seit 1798 mit dem Aufbau einer Zivilverwaltung der vier rheinischen Départements betraut war. Von ihm stammten die meisten einschlägigen Dekrete, mittels derer die seit dem dritten Revolutionsjahr in Frankreich gefeierten Nationalfeste auch in den Cantonen der neuen Départements ab März 1798 eingeführt wurden. Es waren dies: das Fest der Republikgründung, das Fest der Eheleute, das Fest der Erkenntlichkeit (gegenüber den Errungenschaften der Revolution), das Fest der Landwirtschaft, das Fest der Jugend, das Fest der Freiheit und das Fest der Alten.[45]

Die republikanischen Feste waren voller Symbole, in denen sich der Enthusiasmus der Revolutionstage ausdrückte. Folgt man zeitgenössischen französischen Berichten, so wurden die Feste von den Bürgern im eigenen Lande begeistert gefeiert, hingegen fand die Bevölkerung der linksrheinischen Gebiete zu diesen neuen, zentraldirigistisch verordneten Feierfreuden keinen rechten Zugang. Die Chroniken wiesen sie im Gegenteil oft als inhaltsleere Spektakel aus: »Jeder Schüler trug ein Nationalfähnlein, womit manchmal einer dem anderen um die Ohren strich und allerhand Possen trieb ... «[46] In Aachen errichtete man zum Nationalfest der Erkenntlichkeit eine Pyramide mit Inschriften zur Verherrlichung der Revolution, doch der Chronist schrieb: »Fernere Ceremonien will ich ihrer Nichtswertigkeit halber übergehen.«[47] In Köln setzte die Munizipalverwaltung zum selben Anlaß im Mai 1798 einen Republikaner, »der im Kampfe fürs Vaterland das rechte Bein verloren hatte, in einen Triumphwagen«[48] und ließ ihn durch die Stadt ziehen. In Trier fanden sich »8 Buben, die 150 Schritt weit laufen mußten. Auf beiden Seiten saßen der Präsident und andere obrigkeitliche Personen auf Bänken.«[49] Mit der Durchsetzung dieser Feste tat sich die Zivilverwaltung auf dem Lande und in den Landstädten noch schwerer als in Aachen oder Köln, denn auch das Aufstellen der Freiheitsgöttin in Lebensgröße in Trier oder die flammenden Reden gegen das »überflussige Hofgeschmeiß« oder »faule, lüderliche Klostergespenster«[50] konnten die Bevölkerung nicht davon abhalten, Prozessionen und Wallfahrten im Verborgenen durchzuführen – etwa die Hagelprozessionen im Trierer Land, die mancherorten nun, anstatt über die Hauptwege, über abseits liegende Ackerwege geführt wurden.[51]

Geschwind gedichtete Festlieder mit republikanischem Inhalt sollten die Bevölkerung auf die Ziele der neuen Gesellschaft einstimmen; sie wurden auf Anweisung der Zentralverwaltung gedruckt und verbreitet. Zu zweifelhaftem Ruhm gelangte dabei etwa Johann Jacob

Abb. 6: Prozessionen durch die Feldflur waren auch noch im 20. Jahrhundert in der Eifel, wie hier im Kreis Daun, üblich.

Stammel aus Trier (1769-1845), ein ehemaliger Pfarrer und Bibliotheksverwalter, der später am Kreisgericht in Prüm beschäftigt war.[52] Aus seiner Feder stammten eine Reihe von Reden, Hymnen und Oden an die Freiheit und die Revolution. Seine Verse zeichneten sich weniger durch ihre Singbarkeit oder gar künstlerische Qualität als vielmehr durch eine euphorische Begeisterung aus, wie beispielsweise sein »Hymnus gesungen auf das Jahrgedächtnis der Einsetzung der oberen Gewalten im Département de la Sarre am 19. Januar«:

»Heut jauchzet wonnetrunken
Mein freies Vaterland:
Es lag in Nacht versunken,
Am schweren Sklavenband.

Da riß die schwarze Wolke:
Des Thrones Pfeiler sank.-
Dem großen Frankenvolke
Der wärmste Kindesdank!«

Und auch der Präsident des Ziviltribunals des Départements de la Sarre, Wilhelm Gand, dichtete auf die Hinrichtung des Königs folgendes Lied mit dem Titel »Fluch auf souveraine Verbrecher«:

»Fluch den gekrönten Ungeheuern!
Die wollusttrunken in Palästen,
Erpressend überspannte Steuern,
Mit feilen Dirnen sich vom Volksschweiß mästen!

Fluch denen! die eidbrüchig in der Wuth
Zahllose treue Menschen tödten,
Und mit dem rauchenden unschuld'gen Blut
Dann lächelnd den gelähmten Zepter löthen!

Fluch denen, die nach Willkür Menschenrechte kränken,
Und über das Gesetz sich weit erhaben denken;
Die glauben in despot'scher Raserei,
Daß sie nicht für das Volk, das Volk für sie dasei;
Die Unterthanen nur für kriechende Gestalten,
Nur des Ertretens werth, für Erdenwürmer halten!

Der Blitz verfolge das Gezücht Wüstlinge
So, wie der Knab im Sommer Schmetterlinge,
Und schlendre diese Brut der Menschheit zur Wohlthat
Der Hölle dar, die sie nur ausgespien hat!«[53]

Doch die vielen Versuche, einen schnellen Bewußtseinswandel herbeizuführen, scheiterten. Trotz aller Verbote und trotz des Bildersturms, dem Kreuzwege und andere Zeichen christlicher Tradition zum Opfer fielen, lebte die Frömmigkeit auf dem Lande fort: »Der erste Schock hatte sich rasch gelegt, und bald wagten es die Frommen, die altgewohnten Bekundungen des Glaubens wieder aufzunehmen und fortzuführen, nicht zuletzt aus Trotz und in Opposition gegenüber der antikirchlichen Besatzungsmacht.«[54]

Das bäuerliche Prozessionswesen, das aus einem großen Einzugsgebiet vom Hunsrück bis an den Niederrhein nach Trier orientiert war, ließ sich nicht durch Verbots-Dekrete unterdrücken. Aus dem Kölner Umland stand im Jahre 1798 wiederum eine Pilgerschaft vor den Toren Triers, die nach St. Mathias wollte. Und auch auf dem Lande »sah man viele traurige Prozessionen, ein Dorf folgte dem anderen mit Kreuz und Fahne wegen der Viehseuche.«[55]

Nach dem Konkordat am 15. Juli 1801 und der Aussöhnung Napoleons mit der katholischen Kirche trat mit dem französischen Kultusgesetz am 8. April 1802 in den neuen Départements eine Beruhigung der Lage ein. Vier katholische Feiertage wurden unter der Woche wieder gestattet: Weihnachten, Neujahrstag, Ostermontag und Mariä

Himmelfahrt. Zentrale Diözesanbehörden durften wieder gebildet werden, und in Trier wurde der aus Augsburg zurückgeholte Heilige Rock ausgestellt, zu dem im Jahre 1810 rund 200 000 Menschen in die Stadt pilgerten[56]. Allerdings hatte die politische Machtstellung des Klerus im alten Kurfürstentum in der Franzosenzeit ihr Ende gefunden. Bisweilen verband sich im frühen 19. Jahrhundert auch traditionelles mit neuem Festbrauchtum, wie etwa das Aufstellen öffentlicher Maibäume mit dem republikanischen, die bürgerlichen Rechte symbolisierenden Freiheitsbaum.[57]

Nicht nur die Klosteranwesen, auch die Schlösser und Burgen der Region standen zum Verkauf. So versteigerten die Franzosen u.a. die Burg Reifferscheid im Département de la Sarre, Arrondissement Prüm, Canton Reifferscheid. Auch hier waren die Nachfolger des Adels Handwerker, Bauern und bürgerliche Schichten: »Der Schmiedemeister Edmund Haas erstand sie für 2000 frs. Sein Auftraggeber war der Bauer Matthias Huy aus Büschem. Später erwarb sie der Gerichtsvollzieher Johann Hinderscheid. Dann erwarb sie der Schieferdecker Matthias Urhahn aus Reifferscheid und schließlich der Zimmermann Johann Matthias Bongard.«[58] Unter preußischer Herrschaft kaufte Fürst Leopold von Salm-Reifferscheid-Krautheim die Ruine für 4500 Mark zurück.

Daß diese Veräußerungen gewöhnliche Bürger zu Besitzern von Klöstern und Burgen machten, war eine Begleiterscheinung eines bedeutsamen ökonomischen und administrativen Vorgangs, nämlich der Aufhebung der in den alten Territorien herrschenden feudalen Obereigentumsrechte: »Für den rheinischen Bauernstand bedeutete die Beseitigung der Leibeigenschaft wenig, da es davon kaum noch Reste gegeben hatte, dagegen mußte ihm ... die durch Gesetz von 1804 ermöglichte Ablösung der Grundrenten und sonstiger Reallasten, die Einführung der Steuergleichheit, die Abschaffung des Zehnten, die freie Verfügung über den Grundbesitz von großem Nutzen sein.«[59] Allerdings ging mangels Kapitals ein Teil des Grundbesitzes in nichtbäuerliche Hand über und schuf somit neue Pachtverhältnisse; trotz dieser neuerlichen Abhängigkeiten setzte die Loslösung an den Grundfesten der Feudalordnung an und zerschlug damit einen entscheidenden Machtfaktor.

Handel und Gewerbe

Doch nicht nur für die bäuerliche, sondern auch für die gewerbetreibende Bevölkerung ergaben sich mit der neuen Ordnung große Veränderungen, die zunächst durchaus von Vorteil waren, vor allem für die Eisen-, Kupfer- und Messingwarenhersteller der Nordeifel.

Im Jahre 1800 unterzeichnete Isaac Prym, Messingfabrikant und Kupfermeister auf dem Dollartshammer am Unterlauf der Vicht, einem der bedeutendsten Kupferhöfe der Nordeifel, gemeinsam mit anderen Messingfabrikanten aus der Gegend um Stolberg einen Handelsvertrag mit dem Pariser Haus Pierre Saillard l'ainé über die Lieferung von 19 080 Bund Messingdraht:

»Nous soussignés fabriquans de fil de laiton de Stolberg et le Citoyen Saillard l'ainé négociant à Paris, représenté par son fondé de pouvoir, le Citoyen Valois, aussi soussigné tous reunis à notre Comité de Commerce, avoir arretté ce qui suit ...«*[60]

Es folgen längere Aufzeichnungen der zu liefernden Ware und der Bedingungen, unter denen die Lieferungen erbracht werden mußten. Der Vertrag wurde über den Zeitraum eines Jahres abgeschlossen, in dem der Draht in Paris vorzuliegen hatte, und er sollte am 1. Messidor des 9. Revolutionsjahres, am Samstag, dem 20. Juni 1801, um ein weiteres Jahr verlängert werden.

Frankreich war nach dem Rastatter Kongreß sogar zum Hauptabsatzgebiet für die Stolberger Kupfer- und Messingwaren geworden; die Stolberger Händler hatten sich auf Grund eines älteren Corpus merkantile wiederum geeinigt, nur einen Markt mit festen Preisen zu beliefern, um sich nicht gegenseitig unterbieten zu müssen. Da die vorangegangenen Jahrzehnte durch eine eher schwache Konjunktur geprägt waren und der Krieg den Handel erschwert hatte, kam die Öffnung des französischen Binnenmarktes den Nordeifeler Fabrikanten und Händlern entgegen. Die Söhne der Messingfabrikanten wurden zur Ausbildung in Kaufmannskontore der Seinemetropole geschickt, und nicht selten unterhielten Stolberger Familien Nieder-

* Wir unterzeichneten Stolberger Messingdrahtfabrikanten und der Bürger Saillard l'ainé, Händler in Paris, vertreten durch seinen Bevollmächtigten, den unterzeichneten Bürger Valois, alle zusammengeschlossen in unserem Handelsausschuß, haben folgendes festgelegt ...

lassungen ihrer Firmen in Paris. Die Verhängung der Kontinentalsperre am 21. November 1806 gegen England schaltete zudem eine wichtige Konkurrenz aus, was unter den metallgewerbetreibenden Schichten zu einer profranzösischen Stimmung führte.

Außer dem Eisengewerbe spielte die Tuchfabrikation für den Monschauer Raum eine wichtige Rolle, der die Entwicklung allerdings weniger entgegenkam. Durch die Deklaration des Rheines als Zollgrenze und dem damit einhergehenden Verlust rechtsrheinischer Märkte sowie durch die binnenfranzösische Konkurrenz, war sie schon während der Franzosenzeit stark im Niedergang begriffen und kam danach völlig zum Erliegen.

Neben der Verschiebung der Märkte hatte die französische Geldpolitik auf die Wirtschaft der neueroberten Gebiete einen nachhaltigen Einfluß, vor allem durch die Einführung des Papiergeldes.[61] Ludwig Müller berichtete in seinen Tagebuchaufzeichnungen vom August 1794 von geradezu schockhaften Reaktionen der Trierer Bürger auf die Papierwährung der Assignaten:

»Itzt ging ein Herzwehe an für die Handelsleute, alles wurde von den Franzosen mit Papier bezahlt ... Am 18. August wurde durch den Stadtzehnder verkündigt, daß die Bürger die Assignaten annehmen und die Waren den Soldaten im gewöhnlichen Preis geben sollten ... Den Wollenwebern wurde die Wolle, den Lauer das Leder weggenommen. Alles ging herum wie halb tot und wegen dem eingeführten Papiergeld arbeitete niemand. Am 20., 21. und 22. August haben die Schatzungen müssen in Gold, nicht in Papier geliefert werden.«[62]

Doch starkes Mißtrauen brachten nicht nur die Händler und Bürger der linksrheinischen Gebiete dem Papiergeld als neuem Zahlungsmittel entgegen, selbst in Frankreich hatten die Assignaten, die durch den Wert der konfiszierten Güter gedeckt werden sollten, bereits große Probleme aufgeworfen, da die Pariser Bankiers und Händler ebenso skeptisch gegenüber der neuen Währung eingestellt waren wie die Bevölkerung, welche die Auswirkungen direkt zu spüren bekam: »In sozialer Hinsicht hatte das Assignatengeld mannigfaltige Folgen. Die Volksklassen, die Opfer der Inflation, erfuhren eine Verschlechterung ihrer Lebensbedingungen. Die Kaufkraft der Gesellen und Arbeiter, die in Papier ausbezahlt wurden, sank. In Straßburg waren im Februar 1792 die Assignaten zu fünf Livres nur drei Livres wert. Überdies wurden sie von den Bäckern, Fleischern und Wirten nicht angenommen. Außerdem führte das Verschwinden des Metallgeldes dazu, daß die landwirtschaftlichen Produzenten den Märkten fern blieben, um nicht in Papier bezahlt zu werden. Die Preise stiegen.«[63]

Die französische Staatskasse stand ab 1790 auf recht tönernen Füßen, nämlich auf Schuldscheinen auf die noch unversteigerten Nationalgüter, auf fiskalischen Einkünften und auf den Abgaben der eroberten Gebiete. Mitglieder der Pariser Hochfinanz, wie der Bankier Gabriel Julien Ouvrard[64], bemängelten das Ausbleiben einer differenzierten Finanzwirtschaft, die mittels eines Kreditwesens das Volksvermögen zu nutzen verstanden hätte. In den hinzuerworbenen Gebieten mußte die Währung zwangsweise gestützt werden.[65]

Mancher Händler, wie Gustav Isaac Wilhelm Prym aus Stolberg (1783-1832), zog dann auch rasch seine Konsequenzen aus der französischen Finanzpolitik, wie es in den Prymschen Familienbriefen überliefert ist: »Unser Urgroßvater ... erkannte zeitig genug Napoleons Schicksal und gewann aus der Assignaten-Wirtschaft die Überzeugung, daß er sein Kapital nur retten konnte, wenn er es in Land anlegte. So kaufte er Wälder und Felder. Als der Zusammenbruch kam, blieben von den 120 Kupfermeistern nur noch 21 ... «[66] Einigen wenigen Familien gelang es zwar auf diese Weise, ihren späteren bürgerlichen Wohlstand in einer finanzpolitisch schwierigen Zeit zu begründen, zunächst aber sorgten die Assignaten unter den Händlern und Bürgern für Verwirrung.

Gemeinwesen

An die Stelle der feudalzeitlichen Aufsplitterung des Gebietes in kirchliche und adelige Herrschaften trat nun eine stufenweise zentralisierte, rationalisierte und bürokratisierte Ordnung des Gemeinwesens. Die fünf napoleonischen Gesetzbücher, der *Code civil*, der *Code de procédure civile*, der *Code de commerce*, der *Code d'instruction criminelle* und der *Code pénal* regelten fortan öffentliches und privates Recht. Sie sollten bis zum Jahre 1900 Gültigkeit behalten.

Viele der dort formulierten Rechtsgrundsätze wurden zur Voraussetzung einer bürgerlichen Gesellschaftsordnung, wie etwa die Strafjustiz, die rechtskräftig verurteilte Kriminelle durch einen Gefängnisaufenthalt zu angepaßten Staatsbürgern erziehen wollte.[67] Anstatt der zuvor in den linksrheinischen Territorien praktizierten Züchtigungs- und Todesstrafen, durch die ein Landesherr die Verfügungsgewalt über jeden seiner Untertanen demonstrieren konnte, bestimmten nun Arbeit und Ordnung das Leben der Gefangenen. Mit dieser Aufgabe war der Justizapparat allerdings zunächst überfordert. Am Ende des Jahres 1812 gab es allein im Département de la Roër 27 Gefängnisse, die zumeist unter Überfüllung litten. *Das maison d'arrêt* der Stadt Aachen verzeichnete im vierten Quartal bei einer Kapazität von 100 Personen 237 Eingänge.

Landesherr und Kirche wurden nun durch ein vereinheitlichendes Staatswesen ersetzt, das die Gleichheit aller Bürger vor dem Gesetz herstellen sollte. Freilich war dieses Ziel in den Protektionsgebieten noch langsamer zu erreichen als im Kernland, wo die Schreckensherrschaft Robespierres bis Juli 1794, wo soziale Unruhen und die Hungersnot des Sommers 1802 sowie die fortwährenden napoleonischen Kriege mit ihren monetären und bevölkerungspolitischen Auswirkungen die Verwirklichung der Revolutionsideale verhinderten. Erst seit dem Konsulat (1800 - 1804) und nach der Krönung Napoleons zum Kaiser (18. Mai 1804) hatte sich die Lage im Lande beruhigt. In der nachjakobinischen Zeit verblaßten die Ziele der Revolution, um deren Durchsetzung man sich auch mittels Symbolen, wie etwa des Pflanzens von Freiheitsbäumen, mit mäßigem Erfolg in den besetzten Gebieten bemüht hatte, und machten der Einrichtung einer straff hierarchisch organisierten, loyalen Beamtenschaft Platz.

Zu dieser gehörten auch die Lehrer. Das napoleonische Schulgesetz vom 11. Floréal an X (1. Mai 1802) beseitigte die geistliche Schulaufsicht und übertrug sie Organen des Staates. Durch das Fehlen einer allgemeinen Schulpflicht kam es jedoch nicht zu einer Hebung des Bildungsniveaus auf dem Lande, weil die Bauern ihre Kinder von den nach französischem Vorbild geschaffenen Elementarschulen fernhielten. Über den Alphabetisierungsgrad in den vier rheinischen Départements liegen nur vage Schätzungen auf der Grundlage von Unterschriftenlisten zum Konsulat vor.[68] In der Eifel gab es lediglich ein einziges Vollgymnasium in Münstereifel. Die alten rheinischen Universitäten wurden aufgehoben und zum Teil durch Fachschulen ersetzt.

Infolgedessen war das Bildungsgefälle zwischen Stadt und Land erheblich; während etwa das Kölner Stadtbürgertum je nach Interessenlage entweder zur französischen *Gazette de Cologne*, zur *Reichsoberpostamtszeitung*, zum *Staatsboten* oder zum *Nouvelliste politique d'Allemagne* griff, war die des Lesens unkundige Landbevölkerung von solchen gedruckten Informationsquellen weitgehend abgeschnitten.

Trotz vieler Ungereimtheiten, Mängel und hoher Belastungen blieb für die weitere Entwicklung der Region allerdings entscheidend, daß die Grundlagen der staatsbürgerlichen Gleichheit, nämlich das Steuerwesen, die Realteilung des Bodens, die Ämterfähigkeit eines jeden Bürgers, die Konfessions- und die Gewerbefreiheit durch die Franzosen geschaffen worden waren. Das Armen-, Gesundheits- und Fürsorgewesen gelangte zudem in die öffentliche Hand. Nicht jede dieser Veränderungen brachte auf lange Sicht eine Verbesserung der Zustände: die Realteilung des Bodens, in welcher der Grundsatz der Egalität zum Tragen kam, führte zur fortwährenden Zersplitterung des bäuerlichen Grundbesitzes mit fatalen Folgen für die Nachkommen.

Kartierung

Zur Eroberungspraxis der napoleonischen Ära gehörte eine gründliche militärgeographische Erschließung der hinzugewonnenen Gebiete in Form einer *Topographie complette*.[69] Sie wurde in den neuen Départements durch französische Ingenieurgeographen aus dem Pariser Dépôt de la Guerre unter der Leitung von Oberst Jean Joseph Tranchot ab Frühjahr 1802 aufgenommen.[70] Aus dieser Landesaufnahme ging ein höchst aufschlußreiches Quellenmaterial hervor. Zwar gab es schon vor den auf Triangulationsmessungen beruhenden Karten des *Dépôt de la Guerre* Kartenwerke und Kataster, wie die Straßenkarten der Kurfürstlich-Trierischen Verwaltung von 1786 oder das Maria-Theresien-Kataster, doch waren diese für militärische und wirtschaftliche Zwecke wegen ihrer Ungenauigkeiten nicht zu verwenden.[71]

Mit Pferden und Packwagen zogen die Vermessungsingenieure auf das Land, um ihre Arbeit unter recht widrigen Umständen durchzuführen. Dabei ging es nicht nur um die Topographie allein, sondern vielmehr auch um die wirtschaftliche Nutzbarkeit der eroberten Gebiete, deren Eckdaten durch *Cahiers Statistiques*, die jeweils nach Mairien eingeteilt waren, genau erfaßt werden sollten. Diese Aufzeichnungen sollten nach Abschluß der Landesaufnahme den Karten beigefügt werden. Das ehrgeizige Projekt einer Gesamterhebung blieb jedoch in den Anfängen stecken, da die Sprache eine entscheidende Barriere bildete: »Beaucoup de ces maires ne parlent pas français et on doit aller chercher leurs secrétaires ou des interprêts.«*[72]

So lautete etwa die Klage des Oberst Rousseau an Tranchot, der zudem keine militärische Aufgabe darin sah, die Zahl der Kühe und Schweine auf den Dörfern zu ermitteln. Rousseau befürchtete zu Recht, daß solche Daten, die nach dem Gewährsleuteprinzip erhoben wurden, nur eingeschränkt Auskunft über die wirklichen Verhältnisse gaben. Nicht nur administrative Hemmnisse, sondern auch Geldnöte standen dem Unternehmen im Wege, eine Zeitlang wurde es sogar aus privaten Mitteln der Ingenieure finanziert. Tranchot und seine Mitarbeiter mußten überdies immer wieder auf neues, vollständig ungeschultes Hilfspersonal aus den Garnisonen des jeweiligen Départements zurückgreifen, wodurch sich der Fortgang der Meßarbeiten verzögerte. Schließlich beschwerte sich Napoleon über den seiner Ansicht nach falsch gewählten Maßstab der neuen Karten.

Die Arbeiten wurden durch vielerlei Faktoren behindert, sodaß der Plan einer kompletten Kartierung der linksrheinischen Lande mit erläuternden Beiheften am Ende der napoleonischen Ära bloß unvollständig und lückenhaft ausgeführt war. Die Aufnahmen waren 1814 zu drei Vierteln fertig geworden, als Tranchot mit dem Material nach Paris gerufen wurde, um dort die Reinzeichnungen anzufertigen.

Nach der Niederlage Napoleons wurden die 321 fertigen Meßtischblätter an Preußen übergeben, Kopien von ihnen blieben in Paris. Als die Gesellschaft für Rheinische Geschichte im Jahre 1930 auf der Grundlage der Tranchotkarten das Sammelwerk »Wald-, Kultur- und Siedlungskarte der Rheinprovinz 1801-1820« publizierte, ging sein Herausgeber Kuphal so weit zu bemerken, »daß wir in diesen Karten den Grund und Boden vor uns sehen, auf dem sich die rheinische Geschichte des Mittelalters abgespielt hat.« Sie zeigten »das Antlitz der Rheinprovinz vor den industriellen Umwälzungen des 19. Jahrhunderts.«[73] Einige wenige Handelsstraßen durchquerten die dünn besie-

* Viele dieser Bürgermeister sprechen nicht Französisch, und man muß ihre Sekretäre oder Übersetzer heranziehen.

delte Landschaft der Eifeler Höhenlagen, auch die Folgen der Abholzung der Eifelwälder sind auf den Karten als Heide- und Ödland deutlich auszumachen. Die Täler der Eifelflüsse waren zum großen Teil noch sumpfig, und die schon damals stark parzellierten und ringförmig um die Ortschaften gelegenen Ackerflächen nahmen relativ große Flächen ein, da es sich häufig um Grenzböden handelte.

Das Ende der Franzosenherrschaft im Rheinland kündigte sich mit der Völkerschlacht bei Leipzig (Oktober 1813) und dem darauffolgenden Rückzug der französischen Armee nach Westen an. Das rechtsrheinische Deutschland war Ende 1813 bis auf einige Festungen frei; General Blücher überschritt in der Neujahrsnacht bei Kaub den Rhein und schob sich über die Saar, die Mosel und die Maas vor bis an Marne und Aube, wo er den rechten Flügel der Hauptarmee erfaßte. Napoleon dankte am 6. April 1814 in Fontainebleau ab. Ziel der folgenden Verhandlungen war die Rückführung Frankreichs in die Grenzen von 1792. Im Frieden von Paris verblieben das Elsaß und Landau bei Frankreich, ebenso das Saargebiet mit Saarbrücken und Saarlouis. Vom 1. November 1814 bis 25. Mai 1815 beriet der Wiener Kongreß über die politische Neuordnung Europas. Mit der Unterzeichnung der Schlußakte des Kongresses am 9. Juni 1815 wurden die linksrheinischen Lande nördlich der Nahe, und damit sowohl das ehemalige Herzogtum Jülich und das Herzogtum Berg, als auch Kurtrier und Kurköln, von Frankreich gelöst. Nachdem bis 1819 noch einige Gebietskorrekturen vorgenommen worden waren, war schließlich der gesamte Eifelraum, einschließlich seiner altluxemburger Territorien, ein Teil Preußens geworden.

Für die Bevölkerung zwischen Maas, Rhein und Mosel brach wieder eine neue Zeit heran.

KAPITEL 3

SPANNUNGEN ZWISCHEN ALTEN UND NEUEN VERHÄLTNISSEN

Die neue politische Ordnung ließ sich freilich nicht über Nacht durchsetzen. Der Handlungsspielraum der Administration war zunächst durch die verwaltungsmäßigen, weltanschaulichen und ökonomischen Bedingungen begrenzt, die sich entweder unmittelbar zuvor in der Franzosenzeit entfaltet hatten oder ein Relikt der alten Ständegesellschaft darstellten. Dabei handelte es sich vor allem um drei Kräfte, von denen strukturbestimmende Wirkungen ausgingen: das waren, erstens, die in der napoleonischen Zeit eingerichtete Zentralverwaltung, zweitens, die katholische Kirche als zwar unterlegene aber doch überall gegenwärtige Repräsentantin der alten vorrevolutionären Mächte einschließlich des Widerstandspotentials, das den verschiedenen Organisationsformen und auch den ideellen Grundlagen der Volksfrömmigkeit innelag, und drittens, die Marktsituation, die das wirtschaftliche Gefüge für die Gewerbe verändert hatte. Es lohnt sich daher, den Status dieser drei Kräfte, deren Zusammenspiel und deren Bedeutung für die Bevölkerung herauszustellen und damit zugleich noch einmal auf die Zeit vor dem Wiener Kongreß einzugehen.

Verwaltung

Verwaltungsmäßige Ordnung und lokale Ungeregeltheiten bestimmten gleichermaßen das Erbe der napoleonischen Zeit. Wie in den präindustriellen Kriegen allerorts üblich, hatten die Franzosen auch die linksrheinischen Lande mit dauerhaften Requisitionen und Einquartierungen belastet. Im September 1797 schrieben die weltlichen Direktorien der kurtrierischen Landstände in einer Dringlichkeitsnote an die Mittelkommission:

»Ihnen ist bekannt, wie sehr unser unglückliches Vaterland durch die ... französischen Ausleerungsagenten, durch die ungeheuren Kontributionen, durch die unzähligen Requisitionen an Vieh und sonstigen Naturalien, durch die Raubsucht einzelner französischer Verwaltungsglieder, durch die Verheerung der Gebäulichkeiten, Felder, Weinberge, Wiesen und Waldungen, durch die fast gänzliche Stockung des Acker- und Weinbaues, durch die Leblosigkeit des Handels und Gewerbes, durch die allgemein herrschende Viehseuche, durch die zahllosen Einquartierungen, durch die kostspieligen Unterhaltungen der Tafeln der Hauptquartiere, kurz durch alle Zweige des Kriegselends von seinem ehemaligen Wohlstande auf den äußersten Grad der Erschöpfung und Dürftigkeit hingesunken ist ...«[74]

Aber trotz der Kriegseinwirkungen, die eine vorübergehende Versorgungskrise heraufbeschworen hatten, schuf das neu eingerichtete Verwaltungsnetz den Grundstein für einen umfassenden gesellschaftlichen Wandel. Der setzte an der Basis an, und zwar sowohl bei den einzelnen Menschen als auch bei den Familien – hier gezielt bei der Kindererziehung –, aber ebenso auch bei den lokalen Einheiten, auf der Ebene des Dorfes. Die Effekte dieser Entwicklung blieben nicht aus, denn in dem Maße, wie der Untertan der alten Ständegesellschaft zum Administré und Citoyen des egalisierten Staatswesens avancierte, sich also emanzipierte, konnte er seine Ausdruckschancen verbessern, indem er eine qualifizierte Ausbildung erhielt, an der auch die Preußen sehr interessiert waren. Da »das Individuum für die strukturelle Koordination der Sozialordnung funktionswichtig wird,«[75] löste sich in diesem Prozeß zunehmend auch die soziale Bindung an die Familie und die Dorfgemeinschaft auf.

Diesem Umschichtungsdruck war die ländliche Gesellschaft der Eifel seit der Franzosenzeit unvermittelt ausgesetzt. Es handelte sich weder um eine behutsame und schrittweise Veränderung noch um einen spontanen, revolutionären Akt, sondern um eine zentraldirigistische Maßnahme in Folge einer Eroberung. Die Loslösung der Ämter und Mandate von Landesherrn und Kirche sowie ihre Übergabe in die öffentliche Hand bereiteten den Boden für die Selbstfindung des einzelnen. Doch der Preis war hoch, denn nun war jedermann als Arbeitskraft abrufbar für Tätigkeiten, die keiner sozialen Verankerung mehr bedurften. Gerade wegen seiner Nivellierungstendenz lief dieser Zentralismus der vorrevolutionären bäuerlichen Lebenspraxis zuwider, die sich den Wirkungen der Bürokratisierung des Gemeinwesens mit all ihren Zwangsläufigkeiten nur schwer widersetzen konnte. Schon früh wurde hier der Grundstein für die Transformation der Arbeitswelt gelegt, indem der Gedanke des sozialen und ökonomischen Aufstiegs eine gewisse Rolle zu spielen begann. Mit der Zeit stellten sich unweigerlich Krisen der traditionellen Regelungsmechanismen im lokalen Leben ein. Mehr und mehr wurden soziale Aufgaben, die früher Angelegenheit des Dorfes waren und von einem nach traditionellen Regeln festgeschriebenen Personenkreis ausgeführt wurden, von Behörden kontrolliert und übernommen. Deutlich wurde das an der stetig schwindenden Rolle der Nachbarschaft bei Kindstaufe, Hochzeit und Tod, bei der Ernte und beim Hausbau.[76]

Wenngleich es auch innerhalb der Eifel recht verschiedene Formen von Hilfeleistungen gab, war es doch allerorts üblich, daß die Angehörigen eines Verstorbenen durch die Nachbarschaft unterstützt wurden. Die Nachbarn nahmen unmittelbaren Anteil am Los der Betroffenen durch ihre Anwesenheit im Sterbezimmer, durch die Totenwache, durch das Waschen des Toten, das Nähen des Totenmantels, das Einsargen und Sargtragen, das Todansagen und Grabmachen. Bereits im ausgehenden 18. Jahrhundert wurde die Totenwache mit Erlassen wie der »Kurtrierischen Trauerordnung«[77] reglementiert, denen sich die Bevölkerung allerdings noch häufig entzog, indem sie die alte Praxis einfach beibehielt.[78] Doch keimte hier erstmals die Vision einer funktionalen, von Zweckmäßigkeiten durchdrungenen Gesellschaft auf. Im Verlaufe des 19. Jahrhunderts konzentrierte sich die Sterbfallhilfe zunehmend auf eine einzige Person, etwa auf den Küster, bzw. einzelne Dienste fielen ganz weg, andere wurden auf symbolische Handlungen reduziert oder blieben als erstarrtes Ritual erhalten, wurden im Laufe des 19. Jahrhunderts von Vereinen übernommen oder durch kommerzielle Unternehmen ausgeführt. Um 1930 schließlich »wird deutlich, wie schon seit einiger Zeit neben die ursprüngliche traditionsbestimmte Welt eine neue von der Persönlichkeit, ihren Fähigkeiten und Eigenschaften bestimmte tritt. Nicht jedem Menschen kann aufgegeben sein, eine Leiche herzurichten, wie es bei der nachbarschaftlichen Ordnung der Fall ist, sondern *eine dafür geeignete Frau, wer das Herz dazu hat* oder *wer es über sich bringt*, übernimmt die Arbeit von Fall zu Fall oder ein für allemal.«[79]

Und schließlich entstand sogar im Zuge der Bürokratisierung der Gesellschaft eine »Herrschaft der formalistischen Unpersönlichkeit«, in der die Pflichterfüllung des Beamten vor der persönlichen Zuwendung rangierte.[80] Dieser Zug war der alten, vorrevolutionären ländlichen Welt fremd. Nun setzte ein irreversibler Prozeß der Durchdringung der Gesellschaft mit Verwaltungsstellen ein und damit geriet die Organisation des Alltagslebens zunehmend aus dem Blickfeld der einfachen Bevölkerung. Dieser Vorgang wirkte irritierend, und die Reaktionen der Bauern waren dementsprechend vielfältig. In den frühen Tagen der Protoindustrialisierung formierte sich unter ihnen ein inneres Unbehagen, bisweilen sogar schon eine greifbare lokale Widerspenstigkeit gegen das moderne Denken, in dem der Wunsch, daß alles beim Alten bliebe, zum stillen Boykott gegen die neuen Landesherrn führte: Der Zentralismus und die Bürokratisierung bargen in sich die Tendenz, die Regelung sozialer Angelegenheiten aus dem unmittelbaren Wirkungskreis der Dorfbevölkerung herauszulösen. Das blieb nicht ohne Folgen auf das Vertrauensverhältnis zwischen dem Staat und seinen Beamten auf der einen und der unfreiwillig in dieses gesellschaftliche Konstrukt einbezogenen bäuerlichen Schichten auf der anderen Seite.

Kirche

Die rheinische Historiographie wird nicht müde zu betonen, wie gelassen die Landbevölkerung sowohl auf die Eingliederung in den französischen Staat, als auch auf die Beschlüsse des Wiener Kongresses reagiert habe. Sie konnte dies deshalb tun, weil die katholische Kirche auf dem Lande, trotz massiver Eingriffe der neuen Landesherrn, im Gegensatz zu den Beamten unmittelbaren Anteil an der Lebensführung der bäuerlichen Bevölkerung nahm, wie etwa im Falle der Prozessionen gegen die Viehseuche. In einer Zeit, in der sich die politische Perspektive auf den gesellschaftlichen Fortschritt richtete, schuf sich die Landgeistlichkeit mit traditionsgebundenen Konzepten lokalen Einfluß. Dieser Zugriff gelangte im Verlaufe der Industrialisierung zu einiger Bedeutung, da er deren Tempo und Ausrichtung mitbestimmte, denn in dem Versuch, an überkommenen Sozialpraktiken festzuhalten, die zwangsläufig mit dem politisch-gesellschaftlichen Aufbau der alten Ständegesellschaft verbunden waren, entstand auf subtile Weise ein fortschrittshemmender Faktor.

Gerade weil die katholische Kirche in der alten Gesellschaft zugleich sinnstiftende und organisatorische Aufgaben übernahm, fragt sich, ob sie nicht über eine Epochenschwelle hinaus im eigentlichen Sinne des Wortes ›im Dorf geblieben war‹. Zwar waren die Klöster als theologische, religiöse und ökonomische Zentren zerstört, aber in den Pfarrkirchen oder deren Filialen wurde die Sonntagsmesse weiterhin gefeiert. Viele, trotz kurfürstlicher und revolutionärer Zucht zurückgedrängte Wallfahrten waren erhalten geblieben; zahlreiche Prozessionen an Fest- und Feiertagen fanden statt; kanonisierte und volkskanonisierte Heilige wie die Heilige Genoveva oder der Heilige Hermann-Joseph wurden weiterhin verehrt. Kurz: traditionelle Kulte aus kirchenoffiziellen und volksfrommen Elementen hatten überlebt, die zwar nicht mehr im barocken Ausmaß, aber doch vielgestaltig und an vielen Orten aufrechterhalten wurden. »Weil es sich im Ritual ... und in der gegenständlichen Symbolik um eine ›sinnhafte‹ Bildung unterhalb der Allianz von Sprache und Herrschaftsnormen handelt, gab es hier einen begrenzten Freiraum für die Unterdrückten, um ihre Lebensentwürfe, ihre Lebensformen und ihre Lebenswünsche ins Symbol zu fassen.«[81]

Hier mögen die Gründe für die traditionelle Bindekraft des volksfrommen Katholizismus der Region zu suchen sein. Doch selbst als die gesellschaftlichen Schranken gegen Adel und Klerus wegfielen, und man sich nicht mehr gegen unterdrückende Herrschaftssysteme abgrenzen mußte, konnte die Bevölkerung nicht von heute auf morgen ohne ihre eigenen Sinnstiftungsprogramme auskommen. Daher erscheint es plausibel, wie Alfred Lorenzer es mit Blick auf eine andere Modernisierungsphase angesprochen hat, daß die Kirchen als lokale Symbole im Besitz aller blieben, obwohl sie als religiöse Bedeutungsträger zunehmend an öffentlichem Einfluß verloren.[82]

Die seelsorgerische Tätigkeit konnte inmitten eines auf Ordnung, Gerechtigkeit und Modernisierung ausgerichteten Staates soziale Felder besetzen, die dieser augenscheinlich nicht auszufüllen imstande war. Sie nahm sich Bedürfnissen an, die zum einen traditionsbestimmt waren, zum anderen sich auf lokaler Ebene erst artikulierten. Die Franzosen hingegen brachen mit den Traditionen und lieferten nur unzureichenden Ersatz, indem sie die lokale Orientierung durch einen administrativen Universalismus austauschten. Die lebensbegleitende Fürsorge der Landgeistlichen spielte bei der Befriedigung der genannten Bedürfnisse die Hauptrolle; das eröffnete ihnen Einflußsphären, von denen der Staat abgeschnitten war.

Die Verwicklungen um den Kronenburger Pfarrer Johann Joseph Dederichs (1750-1821) zeigen, unter welch bisweilen recht widrigen Umständen die Landgeistlichen ihr Amt wahrnahmen und wie eine religiöse Kontinuität über die Franzosenzeit hinweg gewährleistet wurde.

Dederichs weigerte sich als Inhaber der Pfarrstelle in Ormont, den Eid auf die zivilrechtliche Stellung des Klerus zu leisten und ging daraufhin in den ›Untergrund‹, das heißt nach Kerschenbach, von wo aus er heimlich seine Pfarrei weiterbetreute. 1799 bemühte er sich erfolgreich um die vakante Pfarrstelle in Kronenburg, die kommissarisch von einem vereidigten Augustinerpater verwaltet wurde. Aus Angst vor behördlicher Verfolgung erschien Dederichs jedoch nicht in Kronenburg, sondern versuchte weiterhin von Kerschenbach aus zu pastorieren. Das Pfarrhaus in Kronenburg war zudem baufällig und unbewohnbar, der dazugehörende Stall in den Kriegswirren geplündert. Wegen seines Fernbleibens verklagten ihn im Jahre 1802 zwei Sendschöffen in Köln, da die Kronenburger »sparsam mit Messen und Predigten abgespeist worden« seien, es sei zwar kein Sterbefall ohne Sakramente vorgekommen, aber »der christliche Unterricht der Jugend ist dahin«. Weil die Alten, Schwachen und Kranken des Dorfes nicht in die Nachbarkirchen gehen könnten, hätten sie Gewissensbisse. Außerdem steige die Feuergefahr an, während die Pfarrkinder andernorts die Messe besuchen würden und dann niemand im Dorf sei. Dederichs solle durch sein Kommen zeigen, »daß ihm an unserm Seelenheil etwas gelegen ist«.[83]

Vom Generalvikariatsverwalter in Köln wurde Dederichs aufgefordert, sich unverzüglich nach Kronenburg zu begeben. 1803 kam er der Order nach. Im Orte ließen ihn die französischen Behörden unbehelligt arbeiten. 1811 sorgte er dafür, daß das von den Franzosen in Lüttich versteigerte Pfarrwittum durch seine eigenen Schöffen ersteigert wurde und so im Besitz der Gemeinde blieb: »Als Preußen die Erbschaft der Franzosen antrat, wurde derjenige Teil des Witthums, der dem Fiscus noch nicht bezahlt war, der Gemeinde ohne Zahlung überlassen ...«[84]

Hier gelang die Absicherung lokaler Machtbereiche durch den örtlichen Klerus ohne allzugroßes Aufsehen. Die französische Verwaltung glaubte, durch die Vereidigung auf die Zivilkonstitution ein genügend mächtiges Instrument zur Kontrolle der Pfarrer in den Händen zu halten. Auf lokaler Ebene hat sich jedoch die Kirche mit der Bevölkerung verbündet, nicht die Beamtenschaft.

Es ist natürlich nicht zu übersehen, daß zwar das Tätigkeitsfeld der Landpfarrer erhalten blieb, dies aber eine vergleichsweise schwache Stellung des Klerus gegenüber der ehemals starken Macht der Klöster bedeutete. Die Franzosen hatten durch die Säkularisation die wichtigste Bindung der Bevölkerung an die Kirche zu zerstören versucht. Abteien wie Himmerod, Steinfeld oder Springiersbach hatten durch viele Jahrhunderte hindurch das wirtschaftliche und kulturelle Milieu geprägt. Diese Prägung erstreckte sich bis auf die Gewohnheiten und bis in das Gefühlsleben der Landbewohner. Hier gab es emotionale Bindungen an die Kirche, die, wie das Beispiel der Zisterzienserabtei Himmerod zeigt, über die Franzosenzeit hinweg auch dann noch erhalten blieben, wenn die Mönche vertrieben und die Abteikirchen demontiert worden waren.

George Duby hebt in seiner Studie über die Zisterzienser hervor, mit welcher Entschlossenheit gerade dieser Orden wirtschaftlichen und religiösen Einfluß ausübte. Er spricht von der »Kunst« der Ordensmänner, sich in besonders abgelegenen Gebieten erfolgreich durchzusetzen.[85] In der Tat strukturierte seit dem 12. Jahrhundert ein strenges Regelwerk und der Primat der Arbeit den Alltag der Mönche von Himmerod im engen Tal der Salm. Bis in die Tage der französischen Eroberung hinein waren die umliegenden Dörfer von der Ausstrahlungskraft der Abtei erfaßt worden. Auf den Tranchotkarten sind die Spuren der Natur- und Kulturbeherrschung der Flußlandschaft, wie sie im Mittelalter begonnen wurde, im gesamten Umfeld des Klosters auszumachen und hinterlassen den trügerischen Eindruck eines unverrückbaren Wirtschafts- und Siedlungsgefüges. Um 1800 war die Abtei noch der Mittelpunkt des Salmtales und seiner Höhenzüge, und bis heute wird im Geschichtsbild der Zisterzienser großer Wert auf die gefühlsmäßige Bindung gelegt, welche die Bewohner der umliegenden

Dörfer an das Kloster gehabt haben sollen, so zum Beispiel in der Abhandlung »Wie die Eifelabtei im Volksgemüt weiterlebte«. Dort findet der Leser eine Weissagung, die der Bevölkerung in den Mund gelegt ist: »Wenn Birken auf den Klostermauern grünen, kehren die Mönche ins Salmtal zurück.«[86]

Und lokale Traditionsträger, wie die 1929 verstorbenen Brüder Zils, beide Gastwirte aus Himmerod, hielten die Erinnerung ihrer Großeltern an die Zeit vor der Zerstörung des Klosters bis weit in unser Jahrhundert hinein in Erzählungen wach: »Wenn gegen zwölf Uhr in stiller Nacht die acht Glocken der Kirche das Weihnachtsfest einläuteten und die Bewohner der Umgebung zur mitternächtlichen Feier riefen, dann eilten die Gläubigen mit ihren Blendlaternen nach Himmerod. Punkt zwölf ertönte die Orgel, und unter feierlichem Präludium zog der Abt mit dem Konvent in Prozession aus der Gnadenkapelle in das lichterstrahlte Gotteshaus zur Mitternachtsmesse.«[87]

Wenngleich die alte Zeit hier in einem erstarrten Bild festgehalten wird, so läßt sich daraus doch ersehen, daß die Bevölkerung infolge der Zerstörung des Klosters einen Verlust erlitten hatte, der zu nostalgischen Gefühlen verleitete.

Würde man die Macht der Kirche um das Jahr 1815 allerdings am Zustand ihrer Gottes- und Pfarrhäuser messen, so entstünde ein trügerischer Eindruck, denn viele Pfarrkirchen waren nicht erst durch die Wirren und Umtriebe der Franzosenzeit zerstört, vielmehr schon früher vom Feuer beschädigt worden oder nach Stürmen zerfallen. Bereits während des 18. Jahrhunderts häuften sich die Berichte über beschädigte Kirchen und über marode, feuchte und daher unbewohnbare Pfarrhäuser.

In die Pfarrkirche von Niederadenau schlug im Juni 1711 der Blitz ein, dem darauffolgenden Brand fielen verschiedene Gebäudeteile und drei Glocken zum Opfer. Der 1779 geplante Neubau wurde nicht ausgeführt, noch dreißig Jahre später stand das Schiff ohne Dach, 1801 schließlich fiel das Langhaus mit Gewölbe ein; es wurde im Jahr darauf bloß provisorisch restauriert.[88] 1787 stürzte der Turm der Nikolauskirche in Nürburg herab und wurde nicht wieder aufgerichtet. In Berndorf bei Hillesheim schlug »am 19.7 1748 der Blitz in den Turm ein, ein Mann wurde erschlagen, der Turm brannte aus, eine Glocke wurde beschädigt, die andere zerschmolzen, das Schiff beschädigt ... Erst 1820 ist wiederum die Rede von nötigen Arbeiten an der Kirche«.[89]

Es gäbe im gesamten Berichtsgebiet eine große Zahl weiterer eingestürzter Bauten aufzulisten, zwischen deren Mauern provisorisch die Messe zelebriert wurde. Doch nicht nur die Kirchen waren durch höhere Gewalt in Mitleidenschaft gezogen, an der Mosel hatte etwa »die große Überschwemmung im Februar 1784 ... alle kleinen heiligen Häuschen, Crucifixe etc. in Trümmern zerschmissen ...«[90] Und an der Ahr sah es nicht viel anders aus. Noch 1864 schrieb Philipp Wirtgen über das Örtchen Laach: »An einem Hause hängt hier die Gemeindeglocke vor dem Fenster, da die Kapelle mit dem größten Theile des Dorfes durch die furchtbare Überschwemmung vom 21. Juli 1804 weggetrieben wurde.« An einer anderen Stelle, in Rech »wurden mehrere Häuser fortgeschwemmt, auch das steinerne Pfarrhaus, aus dessen Fenster der Pastor Meyer eben einigen seiner vom Tode bedrängten Nachbarn General-Absolution ertheilte. Seine Leiche fand man ein Jahr nachher, vollkommen unversehrt, im Schlamm bei Marienthal.«[91]

Dem äußeren Zustand der Gebäude entsprach auch ein innerer Zustand der Kultpraxis. Was die Sonntagsmesse anbelangte, so waren die Reformbemühungen des letzten Kölner Kurfürsten Max Franz nicht bis in die Landpfarreien durchgedrungen. Aus dem östlichen Teil der Erzdiözese Köln hieß es mahnend in einem Visitationsbericht aus dem Jahre 1799:

»Zwar singt man in den meisten Kirchen wohl auch Lieder in teutscher Sprache; allein es mangelt doch an guter Auswahl derselben; gewöhnlich sind sie ohne viel moralischen Inhalt, und der Styl ist dem gegenwärtigen Sprachgebrauche nicht mehr angemessen; und daher kömmts dann auch, daß man derley Lieder ohne Gefühl und Rührung absingt. Fast in den mehresten Kirchen sind die lateinischen Messen und Laudes und Vespern noch hergebracht, wobey außer den Chorsängern keiner beschäftigt ist, und erstere betäuben mit ihren kunstlosen Rufen beynahe das übrige Volk. Gewiß verdienen diese lateinischen Gesänge unter die mechanischen Andachtsübungen gezählt zu werden ... .«[92]

In einigen Pfarrkirchen war es in vollständiger Ermangelung von Gesangbüchern und einem weitverbreiteten Analphabetismus zur Gewohnheit geworden, selbstgedichtete Lieder des Pfarrers zu singen, da sich die Texte mit der Zeit verschlissen hatten, die Grundmelodien aber erhalten blieben. Die neuen Texte lösten allerdings noch im Dezember 1841 beim bischöflichen Ordinariat Klagen aus[93]:

»Es ist schon früher dahier bemerkt worden, daß Euer Hochwürden selbst mehrere Lieder verfasset, und auf vorgefundene Melodien hätten übertragen lassen, von welchen einige für nicht kirchlich genug und der Würde des katholischen Gottesdienstes nicht angemessen gehalten werden.«

Und im März 1846 heißt es in einem Bericht des Trierer Bischofs Wilhelm Arnoldi:

»In manchen Pfarrkirchen wird selbst an den höchsten Festen von dem gregorianischen Gesange Abstand genommen; in anderen überlassen es die Herren Pfarrer den Sängern, nach Willkür Texte und Melodien einzuführen, die nicht sehr kirchlich sind und am wenigsten beim allerheiligsten Opfer vorkommen sollten.«

Mag auch die Innigkeit der Zelebration unterschiedlich stark gewesen sein, bei den Wallfahrten mehr, bei der Teilnahme an der Messe weniger, so gibt es keinen Zweifel daran, daß unterhalb der Ziele des modernen Staates ein weiteres, die traditionelle Frömmigkeit betreffendes Orientierungsmuster wirksam blieb. Gemeint sind hier die vielerlei Spielarten der Glaubenspraxis, nicht nur der kirchenoffiziellen. Der Wunsch nach religiöser Kontinuität, der sich beispielsweise am Bedürfnis nach der Spende von Tauf- , Ehe- und Sterbesakramenten, also nach dem christlichen Lebenszyklus äußerte, verfestigte die überlieferten Ordnungen dort, wo der Zugriff der neuen, zunächst französischen, dann preußisch-protestantischen Beamten sie nicht erreichte.

»Die Frömmigkeitsgeschichte,« resümierte einst Gottfried Korff, »folgt einem eigenen Rhythmus, der keineswegs identisch mit der Politikgeschichte ist ... Das 19. Jahrhundert ist eine wichtige Phase in der Formierung neuer Frömmigkeitsstile, die einerseits durch die amtskirchliche Planung und Indoktrination ihren Zuschnitt erhalten, die aber andererseits noch von den Energien regionaler und lokaler Kulturüberlieferungen, von eingelebten Haltungen und lebensweltlich vorgeformten Ritualismen bestimmt sind.«[94]

Die Bedeutung sowohl der sinnstiftenden Rolle als auch der sozialbildenden Kraft der katholischen Kirche und der noch außerhalb ihres Zugriffs existierenden Glaubenspraxis kann an dieser Stelle nur angedeutet werden. Sie entfaltete bis zur Jahrhundertmitte höchst wirksame Mittel, die den Fortgang der Industrialisierung entscheidend mitprägten.

Wirtschaft

Die Lebensgrundlage der bäuerlichen Familie basierte ausschließlich auf den Erträgnissen aus der Landwirtschaft. Da Ackerbau und Viehzucht nur wenig Überschüsse produzierten, spielten Einkünfte aus überlokalen Märkten für die Bauernwirtschaften keine größere Rolle. Es gab zudem kaum Ansätze zur systematischen Verbesserung landwirtschaftlicher Produkte, obwohl französische Beamte die ersten waren, die sich um eine Hebung der Viehzucht bemühten. Der Wegfall der Abgaben steigerte den Besitzstand auch deshalb nicht, weil an ihre Stelle Requisitionen zur Ernährung der Armee getreten waren, die den Wohlstand im Lande, wie aus vielen Klageschriften hervorgeht, eher vermindert als befördert hatten.

Somit lebte der größte Teil der Bevölkerung der Eifel von der Subsistenzproduktion: Die Familie konsumierte nur das, was sie selbst erzeugte. Zur Ergänzung des Lebensunterhaltes praktizierte man den Naturaltausch. Im Einzugsgebiet der Tuchfabriken und des Eisengewerbes gab es neben der Landwirtschaft zusätzliche Einnahmequellen, wie im Monschauer Raum das Fuhrwerken:

> »Sie fahren in weite Ferne die Tuche, die in den Fabriken von Montjoie, Imgenbroich, Röttgen und Stolberg verarbeitet worden sind, sowie die Messingwaren der letztgenannten Stadt, das Blei von Stolberg und andere Gegenstände des Gewerbefleißes der Kantone Montjoie, Eschweiler und Gemünd, und man sieht ihre zweiräderigen Karren, deren Felgen nur vier Zoll breit sind, die fast immer nur mit einem Pferd bespannt sind, an den Ufern der Seine und der Donau und selbst an den Grenzen Italiens und der Türkei.«[95]

Was die Gewerbe betraf, so hatte nicht nur die Orientierung auf die französischen Märkte größere Veränderungen im Gefüge bewirkt. Bessere Rohstoffe – etwa Baumwolle –, die nicht beschafft werden konnten, und moderne Technik – etwa Hochofenanlagen –, für die das Kapital fehlte, bedrohten gerade die in der Eifel seit Jahrhunderten ansässige Tuch- und Eisenindustrie. Hinzu trat der immer spürbarer werdende Verlust an Brennenergie. Die Folgen kamen schon kurz nach der Franzosenzeit in den Blick und führten zu einschneidenden ökonomischen Krisen.

Neben der technischen Ausrüstung, dem Rohstoff- und Brennenergiemangel wurde in den Tagen der französischen Besatzung bereits deutlich, daß das Wegenetz im Inneren des Eifelplateaus in einem erbärmlichen Zustand war und den Austausch der Waren entscheidend behinderte. Eine Postkutschenfahrt am Südrand der Eifel von Koblenz nach Trier kam zu Beginn des 19. Jahrhunderts einer einzigen Tortur gleich. Der Reisende Philipp Wilhelm Gercken schilderte mit wenigen Worten, was er dort erlebt hatte:

»Von Koblenz nach Trier sind 24 Stunden. Man fährt des Morgens frühe mit der Post aus Koblenz den Tag und die Nacht durch, und kömmt den anderen Morgen gegen Mittag nach Trier. Die erste Station ist im Dorfe Polich, fünf Stunden, von da geht ein böser Weg über ein hohes Gebürge, so der Grüneberg und das Martertal genannt wird, wilde Gegenden, die vormals unsicher waren, nach der zwoten Station. Die ganze Gegend ist mager und schlecht ... Die besten Dörfer liegen an der Mosel, die der Weinbau reichlich nähret, die Landdörfer aber sind arm ...«[96]

Die Handelsrouten führten wegen der unzulänglichen Transportwege weitgehend an der Eifel vorbei. Es war bereits der französischen Verwaltung bewußt, daß die Erschließung nur durch eine gewisse Mobilität erreicht werden konnte, daß aber in der ganzen Region schlechte infrastrukturelle Voraussetzungen bestanden, was jeglichen Modernisierungswillen nachhaltig hemmte. Doch neben wirtschaftlichen Faktoren sollte auch die politisch-weltanschauliche Bindung nicht außer acht gelassen werden; jener zaghaften französischen Identität, deren Auswirkungen bis weit ins 19. Jahrhundert hinein spürbar bleiben sollten, wurde mit der Definition neuer politischer Grenzen ebenso wie der vormaligen Marktanbindung ein abruptes Ende bereitet.

Bereits kurz nach dem Wiener Kongreß mußte der preußische Staat erstmals zur Überbrückung von Versorgungsengpässen in der Eifel beitragen, denn im Winter 1817 herrschte nach den witterungsbedingten Ernteausfällen des Sommers 1816 eine schwere Hungersnot; Preußen stützte die Region mit Roggenlieferungen aus Pommern. In dieser Zeit bekam die Eifel den Beinamen »Preußisch-Sibirien«, was gleichbedeutend war mit schlechtem Klima, wirtschaftlicher Rückständigkeit und genereller Armut.

An der Schwelle zur Industrialisierung zeichnete sich bereits ab, daß dieser alte Wirtschaftsraum den Status eines rheinpreußischen Problemfalls erwerben würde.

KAPITEL 4

BRENNENERGIEN, ROHSTOFFE UND ABSATZMÄRKTE

Um die Wende vom 18. zum 19. Jahrhundert herrschte in einigen europäischen Landstrichen – und nicht zuletzt in der Eifel – eine bedrohliche Holzknappheit. Über lange Zeiträume hinweg waren Buchen- und Eichenwälder stetig ausgeholzt und die Lücken weder durch natürliche Verjüngung noch durch gezielte Bestockung ausgeglichen worden. Die unkontrollierte Ausbeutung dieses wichtigen Rohstoffes hatte weitreichende Folgen für das gesamte Wirtschaftsleben der betroffenen Gebiete, insbesondere in der nahen Umgebung von Eisen- und Silbervorkommen, deren Erze mit Hilfe von Holzkohle geschmolzen wurden. Zur Herstellung eines Kilogramms Eifeler Roheisens benötigte man im 18. Jahrhundert über drei Kilogramm Holzkohle.[97]

Der unverminderte Holzeinschlag führte überall dort zu einem gravierenden Verlust an Brennenergie, wo entweder die vorhandenen fossilen Brennstofflager unzureichend mächtig waren bzw. ganz fehlten, oder wo die Anlieferung von Ersatz aus ferner gelegenen Lagerstätten an den Schwächen der Infrastruktur scheiterte. Zu Beginn der Industrialisierung mangelte es der Eifel an einer der zentralen Voraussetzungen für eine Produktionssteigerung im Montangewerbe und für den zunehmenden Energiebedarf der im 18. Jahrhundert anwachsenden Bevölkerung, weil der Waldbestand seit dem Mittelalter in weiten Teilen verköhlert, durch Waldweidewirtschaft zerstört oder von den Territorialherren an größere Flecken und nahegelegene Städte verkauft worden war.

Holz fand in der vorindustriellen Zeit aber nicht nur als Energiequelle für Haushalt und Erzschmelze Verwendung, sondern war auch universeller Werkstoff für den Haus-, Wagen-, Geräte- , Möbel- und

Schiffbau sowie Hilfsstoff für die Herstellung von Glas und Pech. Aus Eichenrinde wurde zudem Gerberlohe gewonnen. Um das Jahr 1800 konnte der Bedarf an Bau- und Brennholz der Stadt Köln aus den umliegenden Wäldern bereits nicht mehr ausreichend gedeckt werden, deshalb brachten wuchtige, dreihundert Meter lange holländische Rheinflöße, die von vierhundert Männern gesteuert wurden, Stämme aus dem Schwarzwald und vom Oberrhein heran.[98] »Das Holz«, so Werner Sombart, »griff in alle Gebiete des Kulturdaseins hinein, war für alle Zweige des Wirtschaftslebens die Vorbedingung ihrer Blüte und bildete so sehr den allgemeinen Stoff aller Sachdinge, daß die Kultur vor dem 19. Jahrhundert ein ausgesprochen hölzernes Gepräge trägt ... .«[99]

Die seit dem Mittelalter stetig voranschreitende Abholzung der Eifelwälder schädigte auch den Ökokreislauf. Langfristig zog die Zerstörung des Baumbestandes unersetzbare Ausfälle im Artengefüge, eine Verringerung der Speicherkapazität des Bodens für Wasser- und Nährstoffe sowie erodierende Flächen nach sich. Dies bedeutete eine durch Humusverlust bedingte Minderung der Bodenbonität für den Acker- und Pflanzenbau.

Das Landschaftsbild der Eifel wandelte sich während des 19. Jahrhunderts einschneidend. Die einst zusammenhängenden Buchen-und Eichenwälder wurden zu devastierten Waldzonen. Neben steinigen Ödlandflächen blieben Heidegebiete mit Wacholderhecken und Besenginster zurück. Im Laufe des 19. Jahrhunderts entstand durch die Aufforstungskampagnen in den preußischen Staatsforsten ein für die Region untypischer Nadelholzbewuchs, der bis in die Gegenwart hinein großen Teilen der Landschaft ihren prägenden Charakter verleiht.

Denkschriften über den Holzmangel

Das unkontrollierte Aufbrauchen der Holzvorräte sowie das hohe Maß an Zerstörung nahm der Nationalökonom Eugen Huhn Mitte des 19. Jahrhunderts zum Anlaß für düstere Zukunftsprognosen. Er war mit den Zuständen in den preußischen Staatsforsten wohlvertraut und hatte 1848 eine Statistik des Regierungsbezirks Aachen vorgelegt. In seinem 1863 erschienenen *Handbuch der Volkswirthschaftslehre*

Abb. 7: Die abgeholzten Höhenzüge eigneten sich an einigen Stellen nur noch als karge Weide für das Kleinvieh.

und Volkswirthschaftspolitik legte er dar, daß die stetig anwachsende Bevölkerung einen steigenden Bedarf an Brennstoffen haben werde.[100] Huhn warnte vor einer Fortsetzung des Raubbaus an der Natur und prangerte in diesem Zusammenhang besonders das Verhalten der Landbevölkerung an, der er vorhielt, sorglos und unüberlegt mit den Waldungen umgegangen zu sein, in dem sie etwa für den Brennholzbedarf Bäume hoch oben absägen und den Stumpf verfaulen ließen.[101] Zur Eindämmung der Verschwendung schlug er deshalb weitreichende Eingriffe vor. Man solle billige Furnierhölzer verwenden, Schindeldächer und Blockhäuser verbieten sowie Geländer, Treppen, Brücken und Schiffe aus Eisen fertigen. Zudem sei es sinnvoll, Hölzer haltbarer zu machen, z.B. mit Ölfarbe zu bestreichen, auf den Dörfern Gemeinde- statt Einzelbacköfen einzurichten, die Naturalbesoldung in Holz abzuschaffen und schließlich Brennstoffsurrogate[102] (Braun- und Steinkohle, Torf) zu benutzen.

Obwohl seine Begeisterung für die »Surrogate« groß war, verkannte er jedoch nicht deren begrenztes Vorkommen; bei einem anhaltenden Abbau würden sie mit der Zeit ebenso unweigerlich zur Mangelware werden wie die Holzkohle. Weitere Krisen würden dann unvermeidbar sein: »Der ungeheure Reichthum an Steinkohlen und Eisen, womit die meisten Holzbedürfnisse ersetzt werden können, reicht zwar noch auf eine unübersehbare Reihe von Jahren aus, selbst wenn der Consum sich noch vervielfältigen würde; aber wenn auch viele andere Lager noch unentdeckt sind und dereinst zur Consumtion herangezogen werden können, so läßt sich doch der Zeitpunkt ermessen, wann diese Quellen abnehmen und versiegen werden, und ist es daher Pflicht einer guten Volkswirthschaft, die nie versiechende, sich immer aufs Neue ersetzende Quelle des Waldreichthums wohl zu erhalten und sich dieselbe für alle Zeiten zu sichern.«[103]

Mit der Modernisierung der Schmelzverfahren wurde der Rückweg in das Zeitalter der Holzkohle versperrt. Seit dem frühen 17. Jahrhundert war die Nutzung von Braun- und Steinkohle für die Erzschmelze bekannt[104], die ersten Hochöfen mit Koks wurden in Deutschland in den Jahren 1767 (Sulzbach/Saar) und 1789 (Oberschlesien)[105] angeblasen. Es dauerte zwar noch fast ein halbes Jahrhundert, bis die Steinkohle der Hauptenergieträger in der Eisenverarbeitung wurde, aber nach 1850 produzierten alle Hochöfen der neuen Montanzentren auf dieser Basis. Mehr noch, im Zuge des Industrialisierungsprozesses traten »Kohle, Gas, Eisen und Metallkonstruktionen ... an die Stelle von Wasserkraft, Holzkohle, Holz und Holzkonstruktionen.«[106] Damit wurden die Kosten gesenkt und die Qualität der Investitionsgüter systematisch verbessert.

Die Eifeler Hüttenmeister hegten jedoch aus verschiedenen Gründen Vorbehalte gegen die Nutzung dieser neuen Brennenergielieferanten. In einem Schreiben des Hüttenbesitzers Eberhard Hoesch aus Düren vom 7. Januar 1833 an seinen Verwandten Jeremias Hoesch kommt die skeptische Haltung gegenüber dessen Plan zum Ausdruck, auf dem Junkershammer im Vichttal einen »Hohenofen auf Koacks zu bauen«. Er nannte dafür eine ganze Reihe von Gründen: »Erstens fehlt es an Eysenstein. Wo soll dieser hergenommen werden? ... Die Holzkohlenoefen arbeiten selbst bey den jetzigen teureren Kohlen vortheilhafter als die Koacksöfen. In Hinsicht des Eysensteins würden diese Oefen der Concurenz des Koacksofen nicht weichen, besonders da erstere besseres Eysen liefern ... .«[107] Er wies eindringlich daraufhin, daß die einheimischen Erze zu wenig Eisenanteile hätten und häufig zuviel Galmei, und daher zum Verblasen mit Koks nicht geeignet seien. Die Probleme, welche die Nordeifeler Eisenfabrikanten bewegten, betrafen vor allem die Kapazitätsgrenzen der Eisenerzgruben, die Verschlechterung der Eisenqualität durch Koksschmelze und die Verteuerung der Produktion durch Koks sowie die für höhere Brenntemperaturen ungeeigneten einheimischen Erze. Daß die Nordeifeler Hüttenmeister auch weiterhin notgedrungen auf Holzkohle zurückgreifen mußten, führte sie unausweichlich in eine ökonomische Sackgasse.

Der schlechte Zustand der Forsten war seit längerem bekannt und hätte durch geeignete Maßnahmen durchaus verbessert werden können. Der Kölner Kurfürst Maximilian Franz mahnte seine Untertanen in einem Erlaß vom 16. Februar 1785 bei Strafe:

»Da bei dem immer mehr zunehmenden Holzmangel die genaue Aussicht auf die Erhaltung des noch vorhandenen Holzwachsthums nothwendig wird, so soll künftig keine Gemeinde noch irgendein Unterthan, ohne vorher erhaltene landesherrliche Erlaubniß, ... Waldungen ausrotten, ... ferner in Aecker und Wiesen umgewandelt werdende Waldgründe sollen mit neuen Stahlen auf Kosten der Frevler besetzt ... bis zum forstmäßigen Anwachsen der Pflanzung, davon keine Benutzung gestattet ... .«[108]

Eine vielzitierte Denkschrift des Kurtrierischen Forstamtes aus dem Jahre 1772 beschrieb die gängige Praxis unmißverständlich deutlich: »Es sei überhaupt in denen Waldungen gehauset worden, als wan das Holtz wie Salatt im Garten wachsen täte.«[109] Um die Mitte des 18. Jahrhunderts waren die Wälder der Vulkaneifel bereits so behauen worden, daß »fast keine bohnenstang mehr anzutreffen war.«[110]

Enquêten und amtliche Übersichten des frühen 19. Jahrhunderts, die als nüchterne Bestandsaufnahmen nichts beschönigten, offenbarten das Ausmaß der Zerstörung des Eifeler Waldbestandes. 1816 stellten die Landräte des Regierungsbezirkes Aachen nach einer Ortsbesichtigung fest, daß die größeren Holzungen der meisten Kreise der Nordeifel abgetrieben sind und aufgeforstet werden müssen.[111] Da die Eisenfabrikanten im gesamten Eifelraum Holz ankauften und über weite Entfernungen zu ihren Hütten transportieren ließen, war der Wald nicht nur in unmittelbarer Umgebung der Eisenhütten, sondern großflächig niedergelegt worden.

Abb. 8: Auf dem Bahnhof von Kyllburg wurden auch um 1930 noch etliche Festmeter Holz verladen – die Kuppen im Hintergrund sind fast kahl.

Zum Naturempfinden des Fabrikanten Gustav Isaac Prym

Mit dem Fortschritt der naturwissenschaftlichen Erkenntnisse über die Wechselwirkungen zwischen den Lebewesen und ihrer Umwelt schärfte sich der Blick des modernen Menschen für die Vorgänge in der Natur. Dennoch gehören Brennenergieprobleme und Ressourcenknappheit keineswegs der Vergangenheit an, sondern erzeugen im Zuge des weltweiten Bevölkerungswachstums immer neue Krisenherde. Mit Blick auf das Naturempfinden des ausgehenden 18. Jahrhunderts – der Epoche also, in der das Ausmaß der Schädigung des Eifeler Waldbestandes behördlicherseits deutlich artikuliert worden ist und der künftige Mangel vorauszusehen war –, läßt sich in der Bevölkerung eine Haltung ausmachen, die dieser Entwicklung keineswegs entgegentrat. Es wäre also zu kurz gegriffen, den sorglosen Verbrauch der Ressourcen bloß als ökonomische Blindheit zu begreifen. Vielmehr handelte es sich um die Auswirkungen einer wissenschaftlichen und theologischen Weltanschauung, auf deren Grundlage die natürliche und kulturelle Welt reflektiert wurde.

Die Lebensgewohnheiten und Wertvorstellungen maßgeblicher Nordeifeler Hüttenbesitzer, etwa des Stolberger Kupfermeisters Gustav Isaac Wilhelm Prym, waren von denselben Moden und Maximen geprägt wie die seiner Zeitgenossen. Als Prym 1832 auf dem Dollartshammer am Unterlauf der Vicht starb, hinterließ er nicht nur eine umfangreiche Bibliothek mit 819 Bänden und 318 Kupferstichen, darunter berühmte naturkundliche Schriften und literarische Werke seiner Zeit, sondern auch ein Treibhaus mit einem Bestand an 14 Zitronenbäumen, 15 Pomeranzenbäumen, 18 Kameliastauden, 4 Lorbeerbäumen, 376 Pflanzen in Kübeln und Töpfen, 146 Ananas, 140 Pflanzen verschiedenster Art und 75 Kakteen.[112] Man könnte ihn also für einen der Natur gegenüber aufgeschlossenen und bewußt mit ihr im Einklang lebenden Zeitgenossen halten und erwarten, daß ihm die Abholzung der Wälder gebührend Kopfzerbrechen bereitet haben dürfte, da die Zukunft der Eisenindustrie ja eng damit verbunden war. Doch war dem wirklich so? Das »Kistchen mit Papieren«, welches Gustav Isaacs Witwe Emilie Prym 1832 einem Notar wenige Tage nach dem Tode ihres Mannes vorlegte, enthielt rund dreißig Kaufakten. Diese offenbarten, daß der angesehene Messingfabrikant zu Lebzeiten zwar in Landbesitz, Wiesen und Gewerbegebäude investiert hatte; achtundvierzig Morgen Wald und eine größere Zahl liegender Güter gehörten obendrein bereits zum Erbe seines Vaters.[113] Sicher hat er sich auch mit den zunehmenden Problemen, die der Mangel an Holzkohle hervorrief, beschäftigt, seine Aufmerksamkeit galt aber jedenfalls, und darin war er ganz typisch für seine Epoche, mehr der Erhaltung des Besitzes als der Pflege des Waldes.

Die Naturbegeisterung seiner Zeit war, wie Wolf Lepenies einmal treffend bemerkte, lediglich »ein Bestandteil der Etikette«.[114] Sie berührte keineswegs den Raubbau an den Forsten, dem die Kupfermeister in entscheidendem Maße ihren Reichtum verdankten. Selbst als der Vater Isaac Prym seinem Sohn am 18. Mai 1798 nach Offenbach, wo Gustav Isaac bei Hofprediger Rödiger studierte, »dein rechenbuch, atlas und die betrachtungen vom Wald auf alle Tage des Jahres«[115] sandte, war dies kaum als mahnende Geste an den Nachkommen zu verstehen, den einheimischen Wald der zukünftigen Generation zu erhalten.

Die Pryms repräsentierten das gehobene Provinzbürgertum des ausgehenden 18. Jahrhunderts, und sie konnten sich in ihrer Vorliebe für die zivilisierte Natur auf einen der hervorragenden Naturgelehrten ihrer Zeit, den Grafen George-Louis Leclerc de Buffon, berufen, der die ursprüngliche, ungeformte Natur schlicht »scheußlich« nannte; erst in ihrer gebändigten Form zeige sie ihre Schönheit und Anmut.[116] Der Comte de Buffon war seit 1739 Verwalter des Königlich Botanischen Gartens in Paris gewesen, er hatte dort ein berühmtes Naturalienkabinett und Treibhäuser angelegt.[117] Von da entfaltete er eine breite Wirkung auf das interessierte Bildungspublikum, die weit über seine wissenschaftliche Bedeutung hinausging, denn er war, wie der Biograph William Irvine etwas ironisch schrieb, »a kind of cultural mastodon ... such a wonderful combination of artist, gentleman; and scientist ... .«[118] Aber derselbe Buffon war eben auch »ein großer Entrepreneur, der einen beträchtlichen Teil seines Vermögens dem Holzschlag und den Erlösen seiner Eisenwerke verdankte. Doch brauchte er seine unternehmerische Tätigkeit nicht mit schlechtem Gewissen zu betreiben: sie beruhten auf einer Nutzung der Natur, die Religion und Wissenschaft seiner Zeit nicht nur zuließen, sondern nachdrücklich förderten«.[119]

Seine Ideen und Anregungen gehörten als wichtiger Bestandteil zu jener »kalkulierten Sentimentalität«, in der die gebildeten Kreise ihre gesellschaftliche Stellung angemessen zum Ausdruck bringen konnten.[120] Dabei kam es darauf an, Nachahmungen der Natur zu schaffen, in denen sich ihre vielfältige Schönheit und Einfachheit ungeschnörkelt bündeln sollte; populär wurden etwa Tierstimmenimitationen in der Klaviermusik. Dieses ästhetische Konzept einer idealtypischen Naturnähe, die zur Zierde gereichte, fand indes nicht nur Anhänger. So beschwerte sich Joseph Haydn etwa 1801 lapidar über eine Passage in den »Jahreszeiten«: »Diese ganze stelle als eine Imitazion eines frosches ist nicht aus meiner feder geflossen; es wurde mir aufgedrungen diesen französischen Quark niederzuschreiben.«[121]

War das Provinzbürgertum auch von derartigen Kulturdebatten weit entfernt und brachte es seinen Status in der ästhetischen Rezeption modischer Vorlagen, wie der Kultivierung exotischer und edler Gewächse, zum Ausdruck, so galt sein Hauptinteresse doch weder der Gartenkunst noch der Waldwirtschaft, sondern dem Handel und dem Grundbesitz.

Strukturprobleme der Nordeifeler Hütten und Hämmer

Die Folgen des Brennenergie- und Ressourcenmangels waren sicher an vorderer Stelle der Grund für die Schließung vieler Eifeler Hütten. Gleichwohl ist die gesamte Misere der Montanindustrie nicht nur auf diese endogenen, sondern auch auf die Einwirkungen exogener Faktoren zurückzuführen. Die Übersicht zeigt die Konzentration der Hütten im Nordwesten der Eifel an den Fluß- bzw. Bachläufen von Rur, Vicht und Wehe, Olef und Urft. Die Nordeifel verfügte im Gegensatz zum südlichen Teil über eine bessere Verbindung nach Lüttich und Köln, zu jenen Städten, die seit dem Mittelalter wichtige Marktorte für den Vertrieb sowohl von Roheisen als auch von Fertigware bildeten. Im südlichen Teil des Landes verteilten sich die Hütten weitgehend im Dreieck zwischen Bitburg, Daun und Wittlich, also im Tal der Salm und entlang der Kyll. Standortfaktoren waren ein gleichmäßig hoher Wasserstand zum Antrieb der Hämmer, das Vorkommen von genügend eisenhaltigen Rot- oder Brauneisenerzen und ausreichende Waldbestände zur Gewinnung von Holzkohle. Ein Blick auf den Nordeifeler Raum vermag das zu veranschaulichen, denn dort durchlief die Eisenindustrie eine markantere Entwicklung als in der Südeifel, wo sich die Hütten zumeist im kirchlichen Besitz befanden.

Die Verhüttung von Eisenerzen und die Verarbeitung des Roheisens hat in der Nordeifel, etwa im Schleidener Tal, eine lange Tradition. Der älteste schriftliche Beleg des Tales, eine für die Hellenthaler Hütte erstellte Burgrechnung des Herrn von Arenberg, stammt aus dem Jahre 1418.[123] Im 15. und 16. Jahrhundert produzierten die Hütten und Hämmer zwischen Schleiden und Hellenthal entlang der Olef vielfach Kanonen und Kugeln und boten Geschützgießern ein Auskommen. Aber auch Dinge des täglichen Bedarfs, wie Räder und Achsen, Küchengeräte, Kesselhaken und Messer, Ketten, Beschläge, Nägel und Hufnägel wurden gefertigt. Kunstvoll mit religiösen Motiven ausgearbeitete Takenplatten und reich verzierte Stubenöfen, die typisch sind für die Produktion der Südeifeler Hütten, bildeten hier nur einen geringen Anteil der Ware.[124] Bis ins 16. Jahrhundert hinein benutzten die Burgherrn die Roheisenzehnten als Tauschmittel. Auf Limburger und rheinischen Märkten erwarben sie gegen Fixmengen Eisen ein Faß Salz, ein Quantum Butter, Erbsen, einen Ochsen, gute Mühlsteine, ein Faß Heringe oder Käse.[125] Eifeler Stabeisen wurde vor 1800 an die

Bedeutende Eisenhütten und Hämmer der Eifel zu Beginn der Preußenzeit:[122]

REGIERUNGSBEZIRK AACHEN	REGIERUNGSBEZIRK TRIER
Neuenhammer	Malberg
Schevenhütte	Weilerbach
Schmitthof	Oberkail
Dollartshammer	Birresborn
Mulartshütte	Ahütte
Junkershammer	Jünckerath
Simonskall	Müllenborn
Zweifallshammer	Schauerbach
Vossenack	Merkershausen
Ahrhütte	Heidweiler
Altwerk-Dalbenden	Wenzelhausen
Blumenthal	Hof Hütt
Broich	Quint
Kall	Minderlittgen
Eisenau	Eisenschmitt
Gangfort	Alf
Gemünd	Eichelhütte
Hammerhütte	Korneshütte
Hellenthal	Oberhammer
Kirchseiffen	Reilerhammer
Müllershammer	Wenzelhausen
Müncherath	
Neuhütte-Vussem	
Neuwerk	REGIERUNGSBEZIRK KOBLENZ
Neuwerk-Eiserfey	
Oberhausen	Stahlhütte
Rosauel	Nettehammer
Steinfeld	
Wiesgen	

Hämmer des bergischen Landes, nach Solingen und Remscheid zur dortigen Weiterverarbeitung veräußert. In der Franzosenzeit »wurde viel Eifeler Eisen über Malmedy nach Lüttich geliefert, in dessen Gewehrfabriken seine Verarbeitung zu Flintenläufen geschah, ... große Ladungen ... gingen weiter nach Frankreich hinein und wurden im Kriegswesen zu Fortifikationszwecken benutzt ...«.[126] Das Gewerbe gelangte durch den binnenfranzösischen Markt noch einmal zu einer kurzen Blüte.

Abb. 9: Diese Takenplatte aus der Südeifel zeigt die Kunstfertigkeit der Eifeler Eisenhütten im Mittelalter und in der Frühen Neuzeit.

Die amtlichen Übersichten für das Jahr 1836 über die Produktmengen, die Zahl der Hochöfen und den Umfang der Belegschaft wichtiger Fabriken des Kreises Schleiden weisen diese als kleine Handwerksbetriebe mit einem Ofen aus, an dem bis zu zwanzig Arbeiter beschäftigt waren.[127] Ein solcher Hochofen produzierte im Jahr bis zu viertausend Zentner Stabeisen. Einzelnen Familien boten diese kleinen Produktionsstätten im Haupt- oder Nebenerwerb ein Auskommen.

Oberschlächtige Wasserräder trieben die einzelnen Werke und Gebläse der Hütten an. War der Fluß zugefroren, so lag die Produktion still, damit stockte der Vertrieb, und der Verdienst blieb aus; für eine Massenfertigung herrschten allein witterungsbedingt ungünstige Voraussetzungen, denn bereits die normalen Winter waren lang und streng. In den wirklichen Kältewintern, aber nicht nur im berühmten Eiswinter 1829/30,[128] hatten die Orte oberhalb vierhundert Meter in den Monaten von November bis März fast nur Frosttage.[129] Nachrichten über einen unregelmäßigen Betrieb der Hochöfen häuften sich bereits während des 18. Jahrhunderts. Das eine Mal war Holz- oder Wassermangel der Grund, das andere Mal waren es Erbstreitigkeiten, besonders wenn mehrere Familien Anteile an einem einzigen Werk hatten: 1713 lag sowohl die Schevenhütte als auch das Joaswerk am Wehebach ganz still, das Lendersdorfer Werk südlich von Düren war nur 86 Tage in Betrieb.[130] Zu Beginn des 19. Jahrhunderts stockte die Produktion an vielen Hütten vollständig: 1816 wurde der Hochofen des Altwerkes zu Dahlbenden wegen Holzkohlemangels ausgeblasen, das Eisenauer Werk wurde im selben Jahr ganz stillgelegt, das Altwerk zu Eiserfey arbeitete sechs, die Neuhütte bei Vussem nur vier Monate.[131]

Gerade weil die Orte in der Nachbarschaft der Hütten oft nur wenige Einwohner zählten, – der Weiler Gangfort in der Bürgermeisterei Schleiden hatte um 1840 neun Häuser, siebenundzwanzig Einwohner und ein Eisenhüttenwerk, das Dorf Malsbenden in der Bürgermeisterei Gemünd vierundfünfzig Häuser, dreihundertzehn Einwohner und eine Eisenschneidmühle[132] – war die Hütte ein oft besuchter Treffpunkt der Dorfbewohner. Die heißen Schlacken, so berichtet es Eugen Virmond in seinen Erinnerungsaufzeichungen[133], benutzten sie zum Erwärmen von Wasser und tauschten währenddessen Neuigkeiten aus; den umherziehenden armen Leuten bot zudem die Umgebung des Hochofens, sofern er in Betrieb war, im Winter einigermaßen Schutz vor der Kälte.

Jahrhundertelang war der Arbeitsablauf an den Hütten und Hämmern gleichgeblieben. Seit dem 14. Jahrhundert nutzte man die Wasserkraft zum Schmieden und Schneiden der Metalle, Hochöfen waren im Schleidener Tal seit etwa 1450 bekannt.[134] Genaue Aufzeichnungen über die Arbeitsgänge sind für das ausgehende Mittelalter und die frühe Neuzeit in Form von Rechnungen erhalten. Für das 19. Jahrhundert ist der familienbiographische Bericht von Eugen Virmond besonders aufschlußreich. An der Hütte der Familie Virmond waren vier Schmelzer am Hochofen, einige Arbeiter am Schlackenpochwerk[135], zwei Männer in der Frühschmiede mit ihren Knechten und im letzten Arbeitsgang die Hammerwerker mit ihren Hammerknechten beschäftigt. Die Arbeiter an den Gewerken stammten zumeist aus der Umgebung, sie lebten unter der Woche in einfachen Unterkünften auf dem Hüttengelände und wanderten in regelmäßigen Abständen in ihre Heimatdörfer, von wo sie auch ihre Verpflegung für die Arbeitswoche erhielten. Eugen Virmond schildert das Leben an den Hütten freilich aus der Perspektive des Hüttenherrn, für den die Hüttenarbeiter einerseits zwar ein karges und entbehrungsreiches, andererseits aber ein sozial anerkanntes und abgesichertes Leben führten: »In dem Leben und Treiben an den alten Eifeler Reitwerken lag etwas urgemüthliches, patriarchalisches, etwas, was an der Väter und Urväter Zeiten erinnerte; es lag ein Hauch von Poesie über dem Ganzen, etwas, das anheimelte, das wohlgefiel.«[136] Ob die Arbeiter, die bei seinen Vorfahren in Diensten gestanden haben, dieses auch so sahen, kann man bezweifeln. Leider fehlen dazu zeitgenössische Berichte.

Die preußische Bergverwaltung hat in mehreren Berichten ab 1816 immer wieder auf die Grundskepsis verwiesen, die viele Eifeler Hüttenmeister sowohl dem Gewinnstreben als auch den technischen Verbesserungen entgegenbrachten.[137] Was den Behörden damals als bornierter Traditionalismus erschien, stellt sich heute durchaus auch als berechtigte Weigerung dar, sich dem Risiko der Zerstörung nicht nur des Gewerbes, sondern auch seiner sozialen Begleiterscheinungen auszuliefern. Hier läßt sich ein Moment der Beharrung ausmachen, das die Entfaltung des Frühkapitalismus an den Hütten verhindert hat. Im Nachhinein ist es aufgrund fehlender Quellen schwer zu ermitteln, welche Argumente die Hüttenmeister selbst dafür anführten, warum sie nicht auf den Zug der Produktionssteigerung aufspringen wollten; vielleicht handelten sie so, weil sie an ihrem einfachen Arbeitszyklus festhalten wollten.

Der Wirtschaftstheoretiker Karl Polanyi hat pointiert herausgearbeitet, daß im Industralisierungsprozeß »die Organisierung der Arbeit bloß eine andere Bezeichnung für die Lebensformen des einfachen Volkes ist«. Indem sich ein Marktsystem entwickelt, verändert sich zwangsläufig die gesellschaftliche Organisation. »Im Zuge dieser Entwicklung«, so Polanyi »war die menschliche Gesellschaft zu einem Beiwerk des Wirtschaftssystems herabgesunken.«[138] Die sozialen Mikrokosmen der alten Zeit, wie sie die kleinen Eisenschneidmühlen, die Hammerwerke oder die Hütten und ihr dörfliches Umfeld darstellten, waren keineswegs nur durch ausbalancierte Interessen zwischen Hüttenherrn und Arbeiterschaft geprägt, sondern es galt auch hier, daß die Arbeiter in Krisensituationen »allenfalls an die Tradition paternalistischer Subsistenzgarantien appellieren und sich bestenfalls auf sie verlassen« konnten.[139] Das soziale Gefüge mit all seinen Vorzügen und

Nachteilen wurde mit der Schließung der Hütten abrupt beendet. Betroffen davon waren nicht nur die Erzsteingräber und Eisenschmelzer, sondern auch andere Arbeiter und Zulieferer: »Es waren nicht nur die vielen Beschäftigten der Hüttenwerke, die sich plötzlich der Arbeitslosigkeit gegenübergestellt sahen. Ein ganzer Berufszweig, nämlich der der Köhler, hatte auf einmal seine Existenzberechtigung verloren. Der Eifeler Bergbau mit seinen Beschäftigten fand ein Ende. Ein riesiges Transportgewerbe brach zusammen ... Ganze Dörfer mußten sich neue Erwerbsmöglichkeiten suchen ...«[140]

Für die etwa 35 Eisenwerke der Eifel »findet man, daß sich jährlich über 30 000 Fuhrwerke, resp. beladene Karren im Dienste der Eisenfabrikation auf den Landstraßen der Eifel bewegten.«[141] Auch dieser Erwerbszweig fiel weitgehend aus. Freilich handelte es sich um einen Vorgang, der sich über die ganze erste Hälfte des 19. Jahrhunderts erstreckte, und nicht um eine spektakuläre Krise, die von heute auf morgen Massen von Menschen erwerbslos machte. Die ehemals blühende Eifeler Eisenindustrie wurde Zug um Zug niedergelegt.

Doch es gab auch in der Eifel eine dünne Unternehmerschicht, die sich den veränderten Bedingungen nicht verschloß und neue Wege zum wirtschaftlichen Erfolg erprobte. Zu ihr zählten etwa die Familien Hoesch, Schoeller, Virmond, Poensgen und Peuchen. Sie entstammten den protestantisch-reformierten Kreisen der Nordeifel. Einige Vertreter dieser Familien, wie Albert Hoesch, der 1871 die »Eisen- und Stahlwerke Hoesch GmbH« in Dortmund und 1892 in Herdecke ein Papierwerk gründete, hatten am Aufbau der Ruhrindustrie als Eigentümer-Unternehmer einen nicht geringen Anteil.

Die Hoeschs – Krisenanalyse und praktisches Handeln

Die Erkenntnis, inmitten einer wirtschaftlichen Krise zu stecken, rief bei den Hüttenmeistern verschiedenartige Reaktionen hervor. Während die einen sich damit abfanden, einem sterbenden Gewerbe anzugehören, gab es andere, die neue Wege einzuschlagen versuchten, was ihnen schließlich auch gelingen sollte.

Mit großem Erfolg verschrieb sich vor allem die Familie Hoesch ihrer Vision vom ökonomischen Fortschritt. Dank einer umfangreichen

Familienbiographie[142] läßt sich rekonstruieren, welche Maßnahmen jede Generation traf, um dem drohenden Niedergang zu entgehen, und wie das Handeln einzelner Familienzweige ganz typisch geprägt war durch jene »konstitutive Komponente des Lebensstils, der an der Wiege des modernen Kapitalismus stand«.[143]

Die Geschichte der Aktivitäten der Familie Hoesch in der Eifel geht zurück auf Jeremias Hoesch den Älteren (1568-1643), der wegen seines reformatorischen Glaubens 1611 aus den Niederlanden nach Stolberg einwanderte. Ab 1637 war seine Familie in der Eisenindustrie des Vichttales aktiv und erwarb nach und nach Anrechte an fast allen Hütten des Tales. Die Familie verzweigte sich bald in eine Junkershammer- und eine Plattenhammerlinie, die in den kommenden zwei Jahrhunderten permanent in Streitigkeiten um Wasserrechte, Grundbesitz und Anteile an Hütten und Gruben gegeneinander verwickelt waren. 1747 hatte Hugo Ludolf Hoesch (1727-1790) aus der Plattenhammerlinie in Lendersdorf südlich von Düren einen neuen Familienzweig gegründet. Durch seine Ehe mit Anna Katharina Deutgen (1735-1789)[144], der Tochter eines angesehenen Dürener Eisenfabrikanten, konnte er sich dort schnell etablieren.

Hugo Ludolf Hoesch investierte in kurzer Folge in weitere Projekte; zur Eisenschneidmühle in Schneidhausen erwarb er am selben Gefälle eine Papier- und eine Ölmühle hinzu (17. März 1770) und gründete von Düren aus wiederum in der Stolberger Gegend weitere Messing- und Kupferfabriken. Die Dürener Papierindustrie hat im Vergleich zu anderen deutschen Papierfabrikationszentren keine lange Tradition, die älteste Konzession datiert auf das Jahr 1607, aber dennoch war dieses Papier auf den rheinischen Märkten gut abzusetzen. Die Firma Hoesch belieferte z.B. sowohl das Oberpostamt als auch den Verlag J.G. Schauberg in Köln mit Schreib- und Druckpapier. Im ausgehenden 18. Jahrhundert verfügte die Familie somit über einen weitreichenden und gewerblich diversifizierten Besitz. Damit war ein wichtiger Schritt aus der Abhängigkeit von der Konjunkturlage eines einzigen Erwerbszweiges vollzogen.

Nach dem Tode von Hugo Ludolf übernahm der Sohn Eberhard Hoesch (1756-1811) im Jahre 1790 das Dürener Stammhaus und bekleidete, wie schon sein Vater, kontinuierlich Ämter in der Dürener reformierten Gemeinde. Der Einmarsch der Franzosen 1794 hatte eher positive Auswirkungen auf die Geschäftsinteressen. Kurz vor der

Französischen Revolution war die Papiermühle in Probleme geraten, weil »unter den Landleuten beiderlei Geschlechts ... der Luxus so sehr gestiegen (war), daß sie sich nicht mehr wie früher in Leinen, sondern in wollenes Tuch und andere zum Papiermachen untaugliche Stoffe kleideten.«[145] Lieferungen aus Frankreich schufen zum richtigen Zeitpunkt Abhilfe, und zudem öffnete sich der Pariser Markt auch der Dürener Papierfabrikation und verhalf ihr zu neuer Blüte. »Der Absatz des Papiers«, das konnte der Dürener Maire Ende 1811 dem Präfekten befriedigt mitteilen, »geht außer nach England in die ganze Welt.« Neben seinen kirchlichen übernahm Eberhard Hoesch nun auch weltliche Ämter. Am 12. November 1799 berief die französische Zivilverwaltung des Département de la Roër den »Citoyen Hoeusch« zum Assessor beim Dürener Friedensgericht.

Eberhard Hoesch erwarb mit dem erwirtschafteten Vermögen am 15. Juli 1801 zu dem Hüttenwerk in Simonscall, das sich bereits in seinem Besitz befand, den Zweifallshammer am Unterlauf der Vicht hinzu. Der Absatz des Eisens nach Frankreich verhieß gute Geschäfte. Doch die Frage nach der Bekohlung des neuen Hochofens bereitete den Behörden einige Schwierigkeiten; erst nach langwierigen Verhandlungen erteilten sie am 10. Februar 1806 die Konzession durch Kaiserliches Dekret aus dem Palast der Tuilerien, allerdings mit der Auflage, »alle zwei Jahre zu behöriger Zeit 1 ha leerer, nicht weiter als 3 km von seinen Anlagen liegender Gründe mit den ihm zu bestimmenden Holzarten einzusäen ... «.[146] Da auch die Erzgruben der näheren Umgebung ihrem Ende zugingen, kaufte Eberhard bei den kleinen Eisensteingräbern von Gressenich und Mausbach ein. Seine unermüdlichen Versuche, größere Erzlieferverträge abzuschließen, scheiterten.

Eberhard Hoesch hatte drei Söhne, Ludolf Mathias (1788- 1859), Eberhard (1790-1852) und Wilhelm (1791-1831). Ihr Wirken in der ersten Hälfte des 19. Jahrhunderts wurde richtungweisend für den Weg der Familie Hoesch in die Kreise der bedeutenden rheinpreußischen Industriellen. Bereits die Erziehung zielte auf ein produktives Arbeitsleben. Die Eltern übten eine strenge Zucht auf ihre Söhne aus, indem sie sie auf die wenigen Lebensregeln einschworen, die ihrer Ansicht nach zur Führung eines sittlich angemessenen und zugleich erfolgreichen Fabrikantendaseins gehörten. »Darum plage Dich nur tüchtig,« heißt es etwa in einem Brief der Mutter Johanna an einen ihrer Söhne, »du hattest ja immer so viel Lust an die Lendersdorfer Fabrick.«[147] Ne-

Abb. 10: »Du hattest ja immer so viel Lust an die Lendersdorfer Fabrick.« Dieses Ölgemälde von Carl Schütz entstand 1838 im Auftrag der Familie Hoesch.

ben unermüdlichem Fleiß verlangte Eberhard Hoesch von seinen Söhnen, daß sie regelmäßig des Sonntags die Kirche besuchen und sich mathematische, zeichnerische und naturkundliche Kenntnisse erwerben sollten, um neue Verfahren in der Eisenverhüttung aufgreifen zu können.

Die drei Brüder gehörten der Generation an, die selbst »noch an der Handbütte gestanden hat«[148], nun aber mit vielerlei neuen Verfahren im Eisen- und Papiergewerbe konfrontiert wurde. Mit ihnen vollzog sich der Übergang vom Hüttengewerbe der alten Zeit zu großangelegten Fertigungsanlagen. Nicht bloß die Erweiterung des Besitzes, sondern auch die qualitative Veränderung seiner technischen Ausstattung ermöglichten den Anschluß an neue Märkte. Dazu gehörte im Bereich der Eisenindustrie die Lieferung von Eisenbahnschienen. Das bedeutete der schwedischen und englischen Konkurrenz standzuhalten, die nach 1816 wohlfeiles Eisen auf den Kontinent brachte. Während die Schneidhausener Papierfabrikation und die dortige Eisenschneidmühle, eine weitere Papiermühle, die inzwischen zu einem Zinkwerk umgebaut worden war, sowie die diversen Anteile am Zweifallshammer,

Junkershammer und am Simonscaller Werk mehr oder weniger gute Resultate erzielten, setzte vor allem Eberhard Hoesch auf das neue Lendersdorfer Eisenwerk bei Düren, das er 1819 dem Eberhard Deutgen abgekauft hatte, eine kleine Anlage mit Hochofen, Frischfeuer und Hammer.

Das englische Eisen war aus drei Gründen dem der kontinentalen Hütten überlegen. Koks bildete den Hauptbrennstoff für den Schmelzprozeß. Durch das Puddelverfahren (eine Erfindung von Cort) wurde Roheisen mit Steinkohle zu Schmiedeeisen gefrischt und konnte billiger auf den Markt gebracht werden, und schließlich konnte das Walzen mit Dampfkraft unter Verwendung von Kohle bewerkstelligt werden.[149]

Eberhard Hoesch erkannte die Zeichen der Zeit: »1823 reißte ich deshalb nach England, um diese Arbeit einzusehen,« hat er später in seiner Biographie festgehalten. »Da in England auf Ausspionieren von Fabrikgeheimnissen angeblich die Todesstrafe gesetzt ist, so haben Eberhards Besuche auf englischen Puddelwerken im tiefsten Geheimnisse stattfinden müssen.« Er flüchtete sich in einem solchen Werk – so will es die Familienlegende – vor seinen Verfolgern in einen »kalt liegenden Ofen«, in dem er stundenlang reglos ausharrte. »Plötzlich aber hört er, daß der Ofen wieder angeblasen werden soll. Da ergreift er von neuem die Flucht und rettet sich schließlich unter dem Schutze einer französischen Fregatte auf den Kontinent.« Doch trotz der Gefahren hatte sich der Besuch in England gelohnt: Eberhard Hoesch baute 1824 in Lendersdorf ein Walzwerk. Seinen größten Erfolg aber konnte er 1846 mit dem Neubau des Eschweiler Puddel- und Walzwerkes in unmittelbarer Nähe von Kohlengruben verbuchen. Es bestand aus »40 Puddlingsöfen, 10 Schweißöfen, 4 Walzenstraßen, 2 Luppenquetschern, 1 Hammer, ...« und einer Reihe weiterer technischer Einrichtungen »zum Gießen der für den eigenen Bedarf des Werkes erforderlichen gußeisernen Gegenstände.«[150] Mit dem Eschweiler Werk war die Verlegung der Produktion aus dem Eifelgebiet heraus verbunden, und es begann eine neue Ära unternehmerischer Aktivität, nämlich der Einstieg in das lukrative Eisenbahn- und Schienengeschäft. Hoesch belieferte fortan die Rheinische Eisenbahn (1837), die Badische Bahn von Baden nach Kehl (1838), die Cöln-Mindener Bahn (1844), die Pfälzer Ludwigsbahn und die Württembergische Bahn (1845), die Hessische Ludwigsbahn (1847), die Preußische Ostbahn und die Aachen-Düsseldorfer Bahn (1850).

Sein Sohn Eberhard Wilhelm Hoesch (1827-1907) versah verschiedene Tätigkeiten in den Fabriken seines Vaters. Durch ihn wurde das technische Know-How entscheidend erweitert, er reiste ebenso wie sein Vater nach England und in die französische Hauptstadt, absolvierte eine Lehre in einer Esslinger Maschinenfabrik und besuchte die Technische Hochschule Berlin. Es kennzeichnete den Unternehmer Hoesch, daß er an vielen neuen Erfindungen seiner Zeit lebhaftes Interesse bekundete: 1876 konstruierte er für das Dürener Haus elektrisches Licht und ließ darin sowohl eine Wetter- als auch eine Sternwarte installieren. Einen Teil seines Vermögens stiftete er seiner Heimatstadt Düren für gemeinnützige Zwecke, er beschaffte einen Röntgenapparat, erwarb für die Freiwillige Feuerwehr 1873 eine hochmoderne Dampfspritze, ließ auf seine Kosten die Bismarckbrücke, das Volksbad und ein neues Theater bauen und schließlich das Moltkedenkmal errichten.

Als sich nach der Jahrhundertmitte überall dort Schwerindustrie ansiedelte, wo Kohle und Erze in enger Nachbarschaft lagern, nämlich an Rhein, Ruhr und Saar sowie in Lothringen, konnten die alten Montanzentren wie die Nordeifel dieser inländischen Konkurrenz nicht lange standhalten. Zwischen 1848 und 1850 gerieten sowohl das Lendersdorfer als auch das Eschweiler Werk wegen zu hoher Transportkosten in Schwierigkeiten. In dieser Phase ergriff Eberhard Wilhelms Vetter Leopold Hoesch (1820-1899), der nach Maßgabe des Biographen »stets sofort erkannte, was der springende Punkt einer großen und wichtigen Sache war,«[151] die Initiative zur Gründung eines Werkes in Dortmund, inmitten des westfälischen Kohlenbergbaus. Mit dem Bau dieser Anlage betraute er seinen erst 24jährigen Sohn Albert (1847-1898). Am 1. September 1871 schlossen fünf Mitglieder der Familie Hoesch in Düren einen Gesellschaftsvertrag ab, der das »Eisen- und Stahlwerk Hoesch AG« in Oesterholz bei Dortmund ins Leben rief.[152]

Die Montankrise

Die Krise des Montangewerbes löste in der Eifel eine Kette von ökonomischen Folgeerscheinungen aus, welche die traditionelle Eifelwirtschaft in der ersten Hälfte des 19. Jahrhunderts vernichtete. Hauptsächlich zwei Ursachen können dafür verantwortlich gemacht werden: zum einen der selbstverschuldete Mangel an Holzkohle und zum anderen der versperrte Zugriff auf neue Brennenergieträger. Doch selbst wenn die Hüttenmeister und ihre Zulieferer sorgfältiger mit den Waldbeständen umgegangen wären, anstatt sie über Jahrhunderte hinweg auszuholzen, hätte sich die Eifel im Verlaufe des 19. Jahrhunderts durch ihre unwegsame Lage als überholter Wirtschaftsstandort erwiesen, denn der Import von Steinkohle und Erzen war ohne schiffbare Wasserwege und ohne einen Güterverkehr per Eisenbahn mit viel zu hohen Kosten verbunden.

Neben den technisch-ökonomischen Problemen hemmte auch die fortschrittsabweisende Haltung eines Teils der Hüttenmeister mit ihrem beharrlichen Festhalten an präindustriellen Formen der Arbeit die Entfaltung des Frühkapitalismus an den Hütten. Sogar dort, wo der Mut zu technologischen Innovationen gegeben war, mußte er schließlich vor den Zuständen kapitulieren und war nach der Jahrhundertmitte stets mit Abwanderung verbunden. Daß die protestantischen Eisenfabrikantenfamilien in die aufstrebenden Zentren abzogen und nicht mehr in der Eifel investierten, kann als Indikator für die Aussichtslosigkeit gewertet werden, die der einheimischen Industrie beschieden war. Langfristig deutet die Krise der Montanindustrie auf eine allgemeine Binnenmigration hin. Zunächst aber brach das Zulieferergewerbe ein und trug damit zur Verarmung der Bevölkerung bei, die sich nun auch dort allein auf die Erträge der Landwirtschaft stützen mußte, wo zuvor die Köhlerei oder das Fuhrwerken Nebeneinkünfte erbracht hatten.

Wenn auf den folgenden Seiten die Rede davon sein wird, daß »die Eifel auch fühlbar an dem Mangel guter Straßen und Wege (litt)«[153], so klingt damit bereits an, daß es neben zu wenig Energie einen weiteren Faktor gab, der den Fortschritt hemmte, nämlich der schlechte Zustand des Wegenetzes. Jedes Gewerbe, das auf Mobilität angewiesen war, wurde durch den schlechten Zustand der Transportwege behindert. Dem Problem der Infrastruktur kommt eine zentrale Bedeutung in der Geschichte der Marginalisierung der Eifel zu. Der Ausbau von Straßen, Wasserwegen und schließlich der Schiene ist ein Indikator für das Innovationspotential einer Region. Hier hat die Eifel früh den Anschluß an eine sich mobilisierende Gesellschaft verpaßt. Es wird dennoch zu prüfen sein, ob tatsächlich die rechtzeitige Erschließung der

Eifel mit der Eisenbahn sowie die Einführung von Steinkohle als Brennstoff die Eifeler Eisenindustrie vor dem Niedergang gerettet hätte.

KAPITEL 5

STRASSE UND SCHIENE

Eine Postkutschenreise vor 1800

Die Lust an einer Postkutschenfahrt durch die Eifel war manchem Reisenden des ausgehenden 18. Jahrhunderts angesichts der holprigen oder morastigen Landwege und des Risikos, überfallen zu werden, bald vergangen. Einige Gegenden waren aufgrund ihrer schwierigen und gefährlichen Wegstrecke weithin verrufen, wie das Martental bei Kaisersesch, dem der Volksmund den bezeichnenden Namen »Martertal« verpaßt hatte. Behördliche Anweisungen an die lokalen Exekutivorgane, nächtliche Landesvisitationen zur »Verhaftung und Verscheuchung des Raubgesindels« vorzunehmen, und »bei einem eintretenden Überfall durch dergleichen Gesindel die bewaffneten Unterthanen mittelst Glockenschlags oder sonstigen Lärmzeichen zu versammeln, dadurch auch die Nachbar-Orte zu allarmiren und zum Beistande zu veranlassen ...«[154] verdeutlichen durchaus drastisch, daß eine Reise durch die dunklen Wälder und einsamen Hochflächen recht ungemütlich war. Ging die Fahrt gar durch die Nacht, konnte sich der Kutscher bloß ab und zu an einem kleinen Licht, das in der Nische eines Postkreuzes aufgestellt war, orientieren.[155]

Doch nicht nur die Fahrt über die kargen, kalten und windigen Eifelhöhen, sondern auch die Route durch die Täler und Hohlwege barg manche Unbequemlichkeit. Goethe hat dazu, halb erzürnt, halb amüsiert, eigene einschlägige Erfahrungen von seiner Reise nach Trier im Jahre 1792 zu Papier gebracht. Er berichtete, daß einige der Reisenden in ein lebhaftes Gespräch über die politischen Verhältnisse in Frankreich verwickelt waren, als das Gefährt plötzlich ruckartig stehengeblieben sei, denn

»über den Hohlweg, worin wir befangen waren, hatte man eine hölzerne Rinne geführt, die das nötige Wasser einer jenseits stehenden oberschlächtigen Mühle zubrachte. Man hätte denken sollen, die Höhe des Gestells wäre doch wenigstens auf einen Heuwagen berechnet gewesen. Wie dem aber auch sei, das Fuhrwerk war so unmäßig obenauf bepackt, Kistchen und Schachteln pyramidalisch über einander getürmt, daß die Rinne dem weiteren Fortkommen ein unüberwindliches Hindernis entgegensetzte. Hier ging nun erst das Fluchen und Schelten der Postillone los, die sich um so viele Zeit aufgehalten sahen, wir aber erboten uns freundlich, halfen abpacken und an der anderen Seite des träufelnden Schlagbaums wieder aufpacken ... .«[156]

In der Tat ähnelten die trägen Überlandreisegefährte des Ancien régime oft einem bis oben vollgestopften, ächzenden »Ungetüm«, wie diese einmal der französische Historiker Pierre Leon treffend bezeichnet hat, »schwerfällige und schwankende, zwei bis fünf Tonnen schwere Fuhrwerke«, seien das gewesen, »die von sechs Pferden gezogen wurden, und die Höhe einer ersten Etage erreichen konnten.«[157] Ihre Reisegeschwindigkeit betrug etwa 3,5 km pro Stunde. Die leichtere Landkutsche war etwas schneller, noch zügiger kam der Eilpostwagen, die sogenannte Diligence, mit etwa 10-15 km pro Stunde voran, doch auch diese bot nur wenig mehr Komfort, folgt man den Erfahrungen, die Georg Forster im Jahre 1790 in der Aachener Gegend machte:

»Unsere Fahrt hierher auf der Diligence zeichnete sich wenig aus ... Einmal saßen elf Personen in diesem ungeheuren Wagen, weil unterwegs einige Passagiere abstiegen und mehrere hinzukamen. Die Gespräche über politische Gegenstände nahmen kein Ende. Es freut mich indes, die erstaunliche Menge neuer Ideen in Umlauf anzutreffen, da sie vor zehn Jahren zuverlässig allgemeines Aufsehen oder gar die Indignation der Majorität auf den Postwägen erregt hätten.«[158]

Um das Jahr 1790 verbrachte man insgesamt vierundzwanzig Stunden in einem solchen Wagen, wenn man von Koblenz nach Trier gelangen wollte. Wegen des Mangels an Brücken und des durchaus windungsreichen Verlaufs der Mosel führte der Weg über die Eifelhöhen durch das Südwesteifeler Vulkanfeld in die Wittlicher Senke hinein bis zur Mündung der Kyll und weiter bis nach Trier.[159] »Keine einzige Landstraße der Preußischen Monarchie«, so heißt es noch 1857 in einem Bericht, leidet »bei einer so kurzen Strecke ... an so zahlreichen normalwidrigen Beschaffenheiten.«[160] Über die erste Station in Polch, die der Postwagen nach fünf Stunden erreicht hatte, ging die Fahrt weiter

»nach der zwoten Station im Dorfe Lutzerad, zu sechs Stunden. ... Von da auf das kleine nahrhafte Städtgen Witlich, so in einer fruchtbaren Gegend liegt ... , nach dem Dorfe Hetzerad, wo die dritte Station zu sechs Stunden ist und endlich durch das Städtgen Ering am Kylfluß ... Zwo Stunden vor Trier liegt ein gutes Eisenwerk, so Quint heißt, und einem gewissen Herrn von Bittol gehört, der daselbst ein schönes Haus und Garten hat.«[161]

Die Reisegesellschaften, von denen in den Berichten die Rede ist, welche die vielen Stunden, die sie gemeinsam im engen Fahrgastraum verbrachten, zu angeregten politischen Debatten verwandten, waren durchweg Angehörige der gehobenen Kreise. Unter ihnen befanden sich sowohl Kaufleute und Verwaltungsbeamte als auch Kleriker und Militärangehörige, die die Postkutsche als Reisemittel benutzten. Das einfache Landvolk ging zu Fuß oder bediente sich eines zweirädrigen Karrens, zumal die Achsenbreiten streng reguliert und die Straßen für Fuhrwerke wegegeldpflichtig waren. Der Reiseschriftsteller Philipp Wilhelm Gercken bemerkte überdies beim Blick aus dem Wagenfenster des öfteren, daß »die Bauren auf Kühen reiten«; die meisten von ihnen hatten ohnehin keinen Grund, größere Entfernungen zu überwinden.

Dem Reiseschriftsteller des ausgehenden 18. Jahrhunderts blieben durch die gemächliche Geschwindigkeit der Postwagen viele Einzelheiten der Route, der Landschaft und des Kulturlebens ihrer Bewohner im Gedächtnis haften. Solche Genrestudien vor Ort betrieb im Jahre 1799 auch Johann Nikolaus Becker, als er die Eifel zu Fuß durchwanderte. Briefe an einen Freund in Paris geben Zeugnis von den unwirtlichen Bedingungen, die er überall im Lande vorfand. Im Lichte seiner freiheitsbewußten Gesinnung erschien ihm die Gegend überaus düster und rückständig, ihre Bewohner gefangen in den Händen der Kirche. Hinter Mayen, so sein Bericht, »beginne ich die Eifel zu betreten, den unkultivirtesten und traurigsten Strich Landes im westlichen Deutschland ... Selbst die Leute sind anders. Träge und ungeschickt bei jeder Arbeit, roh und grob, Züge der niedrigsten Bigotterie und der tiefsten Unwissenheit im Gesichte, gaffen sie den Fremden mit aufgesperrten Mäulern wie ein seltenes Wunderthier an ...« Auch die Gaststuben waren nicht nach seinem Geschmack. Als er in einer solchen einen Abend unter »schmutzigen Bauern bei einer traurigen Öllampe« verbrachte, wurde er Zeuge folgender Szene: »Dort in der Ecke brennt ein Wachskerzchen vor dem Schnitzbild der heil. Genovefa, und hinter mir wühlt ein Kanonikus in dem Busen und unter der Schürze der Küchenmagd ...«

Seine anschließende Wanderung barg einiges an Überraschungen, denn der Versuch, von Kelberg »über Prüm bis nach Lüttich und Brüssel hinab zu gehen« scheiterte bereits hinter Prüm, da der Weg einfach aufhörte: »Die Natur selbst hatte mir den Grenzstein gesetzt: bis hierher und nicht weiter.« Voller Unverständnis schrieb er an seinen Freund: »Schlechter giebt es nichts als die Wege in diesem Lande. Ohne Führer ist es kaum möglich, sich zurecht zu finden.« Im Winter sei die gesamte Gegend, fährt er in seinem Bericht fort, derartig mit einer dicken Schneedecke überzogen, daß vielerorten kein Durchkommen möglich wäre: »Es ist nichts seltenes, daß man Leute in den Schneehaufen begraben findet und daß ganze Dörfer mit Schnee so bedeckt sind, daß sie in der Ferne kaum zu erkennen sind.« Und eine weitere Gefahr lauere in den Wäldern, nämlich »daß es in diesem Lande noch reißende Wölfe gibt, die in den hellen Winternächten mit gräßlichem Gebrülle die öden Wälder durchstreichen und die Gegend rund umher mit Schrecken erfüllen.«[162]

Die Wolfsplage war amtlich. In den ersten Dekaden des 19. Jahrhunderts häuften sich die Verordnungen zur Vernichtung der Raubtiere. Zwischen 1816 und 1822 wurden allein im Regierungsbezirk Aachen 51 Wölfinnen, 110 Wölfe und 53 Nestwölfe in Wolfsgruben gefangen, mit Krähenaugen vergiftet[163] oder einfach abgeschossen. Reduziert wurde in derselben Kampagne außerdem der reiche Bestand an Raubwild und Greifvögeln, man bejagte Füchse, wilde Katzen, Iltisse, Marder, Geier, Adler, Habichte, Milane und Sperber.[164]

Die Bauern, so Becker weiter, seien von einem ausgeprägten Aberglauben ergriffen und von einer tiefen Frömmigkeit erfüllt. Zur Illustration führte er das Beispiel eines Bauernburschen an, der ihn nach Hillesheim hätte begleiten sollen, es aber plötzlich mitten im Wald mit der Angst zu tun bekam: »Herr, fing er an, in diesem Walde ist's nicht just. Da geht ein Mann mit einem Mantel von Blei drinn um[165], der in seinem Leben den Bauern unrichtiges Holzmaaß gegeben hat; er klopft mit einem Hammer an die Bäume, und wer ihm in den Weg kommt, dem schlägt er den Hirnkasten ein.«[166]

Und der Junge habe sich erst dann beruhigt, als man eine Wiese erreichte, die sich im Besitz der Kirche befand. Auf diesem Grund konnte er sich sicher fühlen. Ihren Pfarrern würden sie jeden erdenklichen Dienst tun, jenen Männern, deren äußeres Erscheinungsbild dem Fremden eher Furcht als Vertrauen einflöße: »Leute, mit ungeschornem Kinn, ungekämmten Haaren, zollangen Nägeln, durchlöcherten ungebürsteten Hüten, abgeschabten Röcken von ungewisser Farbe, ... wo sie hinkommen, werden sie mit Ehrfurcht und Hundesdemuth von den Bauern empfangen ...«[167]

Viele der Bewohner, so beklagt Becker eindringlich, seien unvorstellbar unwissend, da die Kunde, daß sie von den Franzosen beherrscht werden, fünf Jahre nach der Besetzung der linksrheinischen Lande noch nicht in allen Dörfern der Eifelhochfläche bekannt war. Kurzum, und da waren sich die Reiseschriftsteller des ausgehenden 18. Jahrhunderts einig, die Eifel sei eher zu meiden als zu suchen.

Die vorindustrielle Gesellschaft war zwar nirgendwo eine mobile Gesellschaft, aber in den abgelegenen Gebieten herrschte, was den privaten Personenverkehr anbetraf, weitestgehend Stillstand. Über die wenigen befahrbaren Straßen bewegten sich im wesentlichen die Lohnfuhren für die Eisen- und Tuchmacherindustrie sowie der überlokale Transportverkehr mit Hafer, Hopfen, Lohe oder Leder nach den Märkten von Trier, Aachen oder Köln.[168] Selbst in der kurfürstlichen Residenzstadt Bonn, wo es sowohl Privat- und Lohnkutschen als auch Sesselträger[169] gab, die Menschen und Frachten durch die Stadt transportierten, legte der einfache Bürger seine Wege zumeist zu Fuß zurück.

Der Zustand der Wege und der Ausbau des Wegenetzes der Eifel in der vorindustriellen Zeit gaben sowohl den französischen als auch späterhin den preußischen Verwaltungsbeamten wenig Anlaß, an eine schnelle Erschließung zu glauben. Verschüttet und überwuchert lagen viele der alten Römerwege mit ihrem zum Teil soliden Packlager darnieder, die das Land zwischen der Colonia Augusta Treverorum in der Provinz Gallia Belgica und der Colonia Claudia Ara Agrippinensis in der Provinz Germania Inferior systematisch durchzogen und durch ihre regelmäßige Anordnung die Orientierung im unwegsamen Gelände erleichtern halfen.[170] Die spätrömische Via Mansuerisca, die durch das Hohe Venn führte, hatte einst einen Anschluß nach Lüttich, Reims und Paris geboten.[171]

Dieses alte Straßensystem war nur noch zum Teil begeh- oder befahrbar. Oft riß der Weg hinter einem Ort einfach ab und endete im Acker. Nicht, daß das Land unerschließbar gewesen wäre, doch bedurfte dies bereits zur Römerzeit einer einheitlichen Verwaltung und flächendeckenden Planung. An viele Fluß- und Bachläufe der Eifel schloß sich sumpfiges Gelände oder Schwemmland an, weshalb die Täler schwer zugänglich waren und die Wege nicht durch sie hindurchführten. Die Dörfer wurden außenherum über Höhenwege einzeln erschlossen. Die Folgen der großen Überschwemmung der Ahr vom Jahre 1804 waren noch Jahrzehnte später, als Gottfried Kinkel dort seine Wanderungen unternahm, zu spüren, und er beklagte, daß zu seiner Zeit noch keine grundsätzliche Besserung der Verhältnisse in Sicht war: »Das meiste Land, besonders im Kreise Adenau, ist für regelmäßigen Ackerbau untauglich. Teils ist es zu rauh wegen der hohen Lage, teils zu felsig, und im Tal selbst ist sehr vieles durch die mächtige Überschwemmung von 1804 versandet und gänzlich unfruchtbar geworden, ... mit künstlichem Dünger wäre nachzuhelfen, wie denn z.B. durch ungelöschten Kalk die Kultur des gleich armen Westerwaldes in letzter Zeit wunderbar sich hebt. Aber der Westerwald hat fahrbare Chausseen bekommen, auf welchem ihm vom Rheine her die Bedürfnisse zugeführt werden können. Die obere Ahr hat aber an einigen Stellen nur Fußsteige durchs Flußtal oder bodenlose Felswege über die hohen Bergrücken ...«[172]

Romantische Nachklänge: der Bürger entdeckt die Eifel

Neben Gottfried Kinkel oder Ernst Moritz Arndt, die die Eifel in den frühen vierziger Jahren auf ihren Wanderungen von Bonn aus erkundeten, äußerten sich auch andere Zeitgenossen über ihre Eindrücke vom rauhen Gebirgsland, das bis dahin selbst dem gebildeten Städter aus Bonn, Koblenz, Trier oder Aachen eine Terra Incognita war. Erst um 1820 war das Moseltal für den Reisenden langsam erschlossen worden, und es erschienen Darstellungen der Gegend um Trier ganz im Sinne einer romantischen Naturauffassung, so etwa von Adam Stork oder Theodor von Haupt.[173] Besonders der letztgenannte hatte viel zum Entstehen der Moselromantik beigetragen, indem er das Trierer Land mit seinen römischen Altertümern und malerischen Orten eindrücklich beschrieb: »Waldschlucht, Felsen und Höhlen, Wasserfall und Mühlen, Weinstuben und Fernsicht, Gewitter, Moselstrom und Kahnfahrt. Es sind die bekannten und bewährten Requisiten der romantischen Opern, die beliebtesten Vorwürfe für die Maler und Dichter jener Zeit. Dem heiteren Gemälde ländlicher Idyllik im Ruwertal, das von Winzern, Schnittern und schäkernden ›Dörferinnen‹, die den Erntekranz winden, belebt wird, stellte er nach der Überfahrt nach Pfalzel das dräuende Bild der epheuumrankten, öden Ruinen des Wohnsitzes der Trierer Erzbischöfe, der verfallenden Klostermauern, in denen Eulen nisten, und der gewölbten Gemächer der ehemaligen Burg, in der nach alter Sage der Geist des Burgvogts Golo wegen seines Frevels an der Heiligen Genovefa spukt, entgegen.«[174]

Unter dem Einfluß des städtischen Geisteslebens kam nun die Zeit, in der kleinere bürgerliche Reisegesellschaften aufbrachen, um verträumte Plätze auf dem Lande ausfindig zu machen und Szenen aus der einfachen Lebensweise der Bauern, die selbst in ihrer größten Armut vor den oft wildzerklüfteten Felsen, steilen Abhängen oder geheimnisvollen Vulkanseen noch malerisch wirkten. Freilich begab man sich nur auf eine Stippvisite dorthin, um schnell wieder in behaglichere Orte an der Mosel oder am Rhein zurückzukehren.

Der Stadtbürger begann im Gefolge von Malern, Dichtern, Naturkundlern und Mundartforschern die Eifel als Ausflugsziel zu entdecken. In Trier erschien 1843 ein recht voluminöses Handbuch der Sehenswürdigkeiten des Mosellandes,[175] das auch eine umfangreiche Beschreibung verschiedener Routen durch die Eifel enthielt.[176] Ebenso detailliert sind die Briefe, die J.A.F. Koch 1846 über seine Reise von Bonn nach Bertrich veröffentlichte.[177] Er beschrieb in ihnen die Fahrt mit dem Dampfschiff über den Rhein und die Mosel bis nach Alf, einem Moseldorf, von wo aus die Reisenden mit einem Fuhrwerk in das rund zehn Kilometer entfernte kleine Kurbad im Tal des Ueßbaches gebracht wurden. Dieses Fuhrwerk war seiner Schilderung nach derartig mit Kurgästen überladen, daß eine Dame »wegen dem Engesitzen« ohnmächtig wurde und erst durch den Inhalt eines Riechfläschchens wieder zu sich kam. Eingezwängt zwischen Effekten und Hutschachteln erreichten die Gäste schließlich den Ort, und der Briefautor selbst war dankbar, die zweitägige Reise von Bonn nach Bertrich »ohne Unfall beendigt« zu haben.[178]

Einige Tage später, so sein Bericht, beschloß eine gesellige Runde von Kurgästen, darunter ein Oberförster mit Gattin, ein Prediger, »die ehrenwerthe, hochbegabte Frau Präsidentin v. U. nebst liebenswürdigem Fräulein Nichte«, der »geistreiche Regirungs- und Schulrath H.«, die

»sanfte Frau Landräthin G. mit ihrer bescheiden heranblühenden Tochter Josephine«, schließlich noch ein Herr Hauptmann Fr., einen Ausflug zum »Gillenfelder Maar«[179] zu unternehmen. Nach einer Kutschfahrt von etwa zwanzig Kilometern geriet die Gesellschaft am See angesichts der eigentümlichen Landschaft geradezu in Verzückung: »Wie Kinder plätscherten wir zur Kühlung mit den Händen im Wasser und ebenso idillisch lagerte sich der größte Theil der Gesellschaft ans Ufer.« Und kurz nachdem man sich selbst in die rechte Positur gebracht hatte, spielte sich vor den Augen der Fremden zu deren Erbauung eine lebendige Genreszene ab: »Während wir behaglich am Ufer lagerten, und des Anblicks des spiegelklaren Sees und seiner grünen Einfassung durch herrliche Buchen freuten, ... wurden wir durch drei Stück Rindvieh überrascht und gleichsam aufgesprengt, die ein Bauernmädchen vom Felde her zum Tränken trieb, was das Idillische unserer Lage noch mehr hob.«[180]

Nach einem preiswerten Umtrunk im Schwarzen Adler zu Gillenfeld reiste die Gesellschaft befriedigt und unbekümmert am Abend nach Bertrich zurück. Die wahren Lebensverhältnisse der Bauern aber fanden in dem Bericht keine Beachtung, denn, dem Zeitstil getreu, dokumentiert diese Erlebnisschilderung mehr das spätromantische

Abb. 11: Der englische Maler Edward T. Compton reiste in den 1860er Jahren durch die Eifel – dabei entstand dieses Bild vom Pulvermaar.

Selbstverständnis des biedermeierlichen Bürgertums als den Gegenstand seiner Betrachtung.

Eine gewichtige Frage, die bei der neuzeitlichen Erschließung der Region stets gestellt wurde, ganz gleich ob es sich um den Straßenbau oder in den mittleren Jahrzehnten des 19. Jahrhunderts um die Streckenführung der Eisenbahn handelte, war diese: Zwischen welchen größeren Städten lohnte es sich überhaupt, eine Verbindung herzustellen? Die Kosten wurden nicht als Investition in eine unterentwickelte Landregion aufgefaßt, sondern gegen den Ertrag aus Handelsvorteilen verrechnet. Man arbeitete Pläne nach überregionalen wirtschaftlichen, politischen oder militärischen Kriterien aus, etwa wenn es darum ging, von Köln eine günstige Handelsroute nach Trier, Luxemburg oder gar nach Paris einzurichten. Da die innere Vernetzung gleichzeitig vernachlässigt wurde, schuf man im Resultat hauptsächlich Durchgangs- und halbherzige Stichstrecken, obwohl dies den zeitgenössischen Empfehlungen widersprach und sich die Befürworter der verschiedenen Linien eine Erschließung der Eifel erhofften. Doch von einer überregionalen Planung konnte das Kernland letztlich wenig profitieren.

Das unterbrochene Netz im Straßenbau

In Berichten zur Lage des Verkehrswesens findet sich bis weit über die Jahrhundertmitte hinaus die Überzeugung fest verankert, daß der Weg nach Sibirien nicht schlechter sein könne[181] – ein Gedanke, den bereits Becker 1799 in seinen Briefen geäußert hatte, als er schrieb: »Obgleich nur drei Meilen von den warmen Thälern der Mosel entfernt, glaubt man sich nach Siberien versetzt.«[182] Die Franzosen hatten zwar das altrheinische Straßennetz verbessert und erweitert, indem sie die *Routes imperiales*, die späteren preußischen Staats- und Provinzialstraßen, die *Routes départementales*, die späteren Bezirksstraßen, und die *Chemins vicinaux*, die unter den Preußen Vizinal- oder Gemeindewege hießen, bauten. Die Eifel blieb bei diesen Projekten weitgehend eine Insel im besser erschlossenen Umland. Unvollständig fertig war die Staatsstraße von Aachen über das Hohe Venn nach Trier, deren römischer Teil bereits durch die Beamten Maria-Theresias im Jahre 1768 wiederentdeckt wurde und die der Unterpräfekt Perigny aus Malmedy im Jahre 1804 ausbauen wollte.[183] Auch die geplante *Route départementale* von Köln über Euskirchen, die durch das Schleidener Tal hindurch bis hinab nach Trier führen sollte, kam bis 1815 nicht mehr zur Ausführung.[184] Am Rande der Eifel entlang verliefen die Staatsstraßen von Köln nach Koblenz, von Köln nach Aachen und diejenige von Koblenz nach Trier.[185]

In den ersten Dekaden des 19. Jahrhunderts hatte sich das Straßen- und Wegenetz der Eifel gegenüber der Territorialzeit nur wenig verbessert. Ausbauten der durchgehenden Provinzialstraßen setzten erst ab den 1820er Jahren mit kleinen Schritten ein und dauerten bis zu ihrer Fertigstellung oft mehr als zwanzig Jahre.[186]

Es waren vor allem die Hüttenmeister der Nordeifel, die unermüdlich durch Denkschriften und Eingaben an den Rheinischen Provinziallandtag die Erweiterung der Bezirksstraßen forderten und so versuchten, ihren Standort besser an die Märkte anzubinden. Gebaut wurden schließlich zwischen 1844 und 1852 die Straße von Schleiden nach Monschau, von Gemünd nach Froizheim, von Urft nach Sistig, von Dreiborn nach Simmerath und weitere fünf wegegeldpflichtige Aktienstraßen, welche als Verbindungsstraßen dienten.[187] An Staatsstraßen gab es die Route von Trier nach Aachen, die bei Prüm eine Abzweigung nach Köln hatte. »Diese Verkehrswege waren zum Teil gepflastert, zum Teil makadamisiert, d.h. sie bestanden aus einer Grobschicht mit Kleinschlag und Sand, waren staubig, eng, kurvenreich, mit Steigungen bis zu 21 %.«[188]

Andere Routen, die nicht durch die Interessen der eisenerzeugenden Industrie ins Blickfeld gerieten, waren im letzten Drittel des 19. Jahrhunderts noch im Planungsstadium, wie die Straße von Daun nach Ulmen, für die dem Rheinischen Provinziallandtag erst 1881 ein Vorschlag unterbreitet wurde.[189]

Die Staatsstraßen wurden von 1816-1871 insgesamt um das 2,6-fache, die Bezirksstraßen um das 7,1-fache erweitert.[190]

	Staatsstraßen km					Bezirksstraßen km				
Bezirk	1816	1831	1846	1862	1871	1816	1831	1846	1862	1871
Koblenz	284	312	521	536	551	129	206	142	475	716
Trier	143	220	483	520	484	144	187	414	648	877
Aachen	79	132	224	231	224	80	118	151	630	788

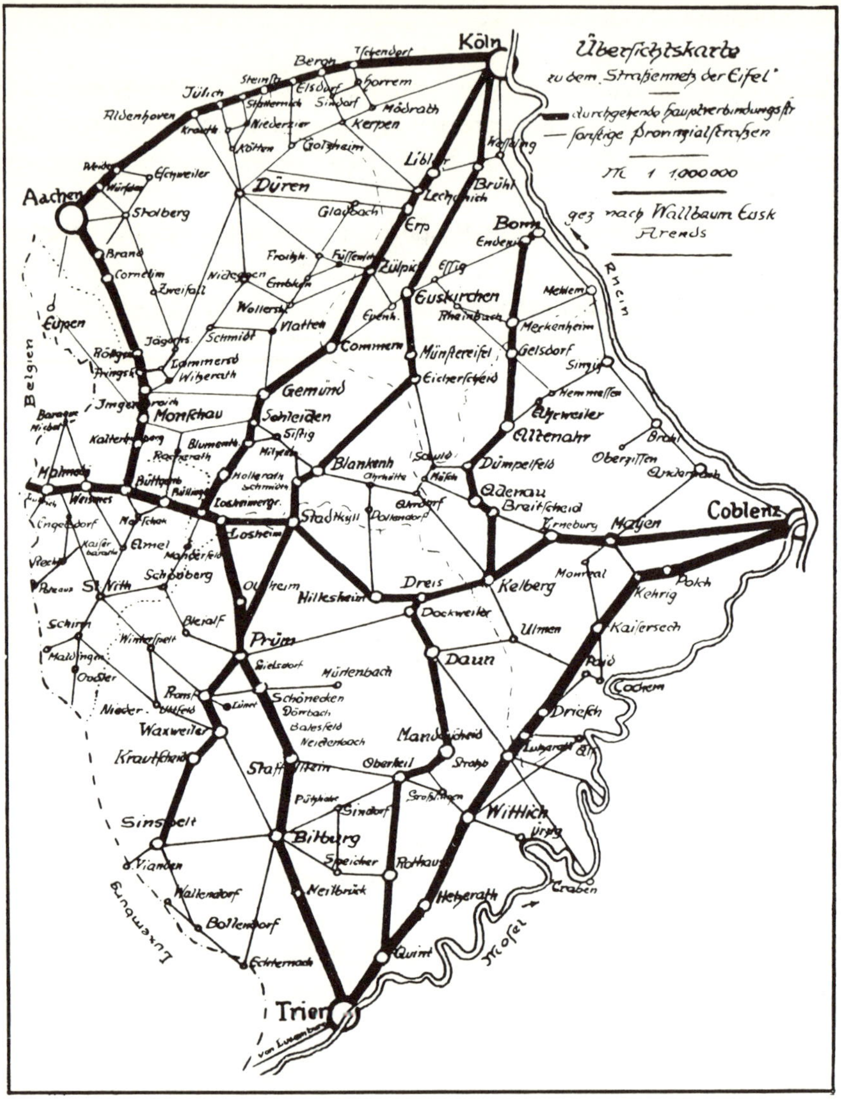

Abb. 12: Die Provinzialstraßen der Eifel waren auch nach dem Ersten Weltkrieg für den Warenverkehr noch nicht genügend ausgebaut.

Die Eifelbahn: Geschichte einer Verspätung

Doch die wichtigste verkehrsplanerische Aufgabe des 19. Jahrhunderts war nicht die Straße, sondern der Bau der Eisenbahn, weil nur durch deren Transportkapazität und die Vernetzung der Region mit den überregionalen Märkten eine Erholung der Wirtschaft hätte eingeleitet werden können. Daher ist zu fragen, welche Hemmnisse sich dieser so dringend erforderlichen Erschließungsmaßnahme in den Weg stellten und warum vor allem in den mittleren Jahrzehnten – zu einer Zeit, als die Eisenfabrikation dringend auf Bahntransporte angewiesen war –, nur stockend an ihrer Planung gearbeitet wurde. Die ersten Eisenbahnstrecken, die die Eifel tangierten, führten am Nord- und am Ostrand entlang, die Linien von Köln nach Aachen (1840) und von Köln über Bonn nach Koblenz (1858).[191]

Die Köln-Aachener Eisenbahn, die sich im Besitz der privaten rheinischen Eisenbahngesellschaft befand, berührte durch ihre Streckenführung über Horrem, Düren und Eschweiler nur die nördliche Abdachung der Eifel und ermöglichte dort den Handelsverkehr zwischen den Eisenwerken und dem Aachen-Lütticher sowie dem Kölner Raum. Dem reisenden Zeitgenossen erschien die gesamte Anlage mit ihren Stationshäusern, Brücken und Tunnels wie ein Wunderwerk der Zivilisation. Vor allem die Durchfahrt durch den Königsdorfer Tunnel war ein geradezu beängstigendes Unterfangen:

> »Sobald wir am Portal des Tunnels hineinschießen, umfängt uns dichtes Dunkel, und ein unheimliches, die Brust beengendes Gefühl sagt uns, daß wir dem Reich der Gnomen und Kobolde angehören, doch nur wenige Minuten, und wir befinden uns an der Westseite des Gebirges ...«[192]

Selbst wenn die Fahrt von Köln nach Aachen noch für manchen Fahrgast eine regelrechte Abenteuerreise darstellte, so konnten die Händler und Bürger aus den aufstrebenden Fabrikzentren in unmittelbarer Nachbarschaft der Eifel durch die Bahn schon früh am Fortschritt im Verkehrswesen partizipieren. Der Düren-Eschweiler Raum entwickelte sich bald zu einem Randkern der rheinischen Industrielandschaft, was der inneren Eifel verwehrt blieb. Die Umgehungsstrecken um die Eifel, die die Industrieregionen untereinander verbanden und deshalb zu den frühen Eisenbahnprojekten in Deutschland zählten, wurden zügig ausgebaut und erweitert, dieje-

Abb. 13: Briefkopf der Rheinischen Eisenbahngesellschaft aus dem Jahr 1839.

nigen Strecken aber, die durch sie hindurchführen sollten, vollständig vernachlässigt.

Die Geschichte um den Bau der sogenannten Eifelbahn – einer zunächst noch unbestimmten Strecke zwischen Köln und Trier –, zeigt in der ganzen Vielfalt der sich widersprechenden Pläne, der Befürwortungen und Ablehnungen sowie der Verzögerungen und Sabotageakte die Schwierigkeiten, die sich bei der Erschließung der armen, wirtschaftsschwachen Region stellten – Schwierigkeiten, die durchaus nicht nur verkehrstechnischer Natur waren, obwohl die tiefen und engen Täler und die starken Gefälle in einigen Geländeabschnitten freilich große Probleme bereiteten. Rund fünfundzwanzig Jahre währte die Auseinandersetzung zwischen den Eifeler Gemeinden und privaten Grundstücksbesitzern einerseits und der rheinischen Eisenbahngesellschaft in Köln, dem Oberpräsidenten der Rheinprovinz, dem rheinischen Provinziallandtag in Düsseldorf, dem Minister für Handel, Gewerbe und öffentliche Arbeit in Berlin und den Handelskammern und Banken andererseits.

Von den ersten Denkschriften im Jahre 1845 bis zur Einweihung der Strecke im Jahre 1871 verging viel wertvolle Zeit, die vor allem der Eisenindustrie im Schleidener Tal die Chancen zu einer Wiederbelebung der Konjunktur nahm. Dabei mangelte es keinesfalls an Plänen. Bereits im November 1845 brachte die *Kölnische Zeitung* eine Notiz über den projektierten Bau einer Bahn von Aachen nach Trier und von Bonn über Trier nach Saarbrücken.[193] Im Jahr darauf, am 13. Januar 1846, reichte ein Dürener Eisenbahnkomitee, das sich aus Fabrikanten des Schleidener Tales und des Mechernicher Bleibergbaus zusammensetzte, einen Plan ein zum Bau der Linie Düren-Kommern-Schleiden-Trier als Anschluß an die Köln- Aachener Strecke.

Die fünfziger Jahre des 19. Jahrhunderts könnte man, was den Bau der Eifelbahn betrifft, als ein Jahrzehnt der Komitees bezeichnen. In vielen Städten und Kreisen der Eifel bildeten sich derartige Vereinigungen, um in Denkschriften und Eingaben für ihren Anteil an der Köln-Trierer Strecke zu kämpfen. Im Jahre 1852 befürwortete ein »Vereinigtes Komité« eine Streckenführung von Düren über Kall und Nettersheim nach Stadtkyll, im Jahre 1856 forderte ein anderes Komitee aus den Kreisen Bitburg und Prüm den Bau der Düren-Schleidener Bahn und ihre Fortführung nach Trier. Ein weiteres Komitee aus Daun und Mayen schlug im April 1856 hingegen den Bau zweier Strecken vor, nämlich eine Ost-West Verbindung von Koblenz nach Trier und eine Nord-Süd Verbindung von Schleiden über Hillesheim nach Manderscheid, weiter nach Herkenrath, dann über Quint und Ehrang nach Trier. Knotenpunkt der beiden Linien sollte Wittlich sein.

Der Trierer Stadtrat beschloß in seiner Sitzung vom 24. Juni 1856, sich gegenüber der Königlichen Regierung zu einem im Umlaufe befindlichen Gerücht zu äußern, in dem behauptet wurde, die Internationale Bank zu Luxemburg wolle eine direkte Verbindung vom Niederrhein nach Luxemburg herstellen, unter Umgehung der Eifel und der Stadt Trier. Wenn dem so wäre, heißt es im Protokoll,

> »so würden sich daran für die Eifel wie für die Stadt Trier die erheblichsten Nachteile knüpfen, in dem sie nicht nur von der durch den Waren- und Personenverkehr auf dieser Bahn erzeugten Geld-Circulation ausgeschlossen würden, sondern es müßten auch ... die produktiven Kräfte des Landes, welche bisher wegen Ermangelung billiger und prompter Communikationsmittel ruhten, ... für die Eifelgegend verloren gehen, da es nicht ausführbar erscheint, wenn einmal die projektierte Bahn gebaut wird, neben derselben eine zweite durch die Eifel zu führen.«

Die Angst ging um, durch die Interessen »der von der Cölner Capitalsmacht gegründeten internationalen Bank von Luxemburg« übervorteilt zu werden und endgültig die Chance für eine Erschließung zu verlieren. Deutlich wird in dieser Phase der Auseinandersetzung, daß die Vertreter der Region als Bittsteller auftraten, die keinerlei Anreize zu bieten hatten, um einem Kapitalgeber die Investition in ein Eisenbahnprojekt zu erleichtern, sondern nur an das staatliche Gewissen appellieren konnten, mittels der Bahn einen Weg aus der Rückständigkeit zu ermöglichen. Da der Oberpräsident selbst in seinem Bericht an den Minister vom 21. Juli 1856 zu der Ansicht gelangt war, daß nur eine Linie von Schleiden nach Trier »der ganzen Eifel, deren Herz sie durchzieht, gründlich zu helfen«[194] vermochte, fand das Gerücht um den Luxemburger Plan auf administrativer Ebene kein Echo. Der Minister für Handel, Gewerbe und öffentliche Arbeit in Berlin, von der Heydt, erteilte zum Ende der Dekade den Auftrag an die Saarbrücker Eisenbahndirektion, das für den Bau der in Frage kommenden Strecken Trier-Aachen, Trier-Koblenz und Trier-Köln erforderliche Terrain in der Eifel von einem Ingenieur prüfen zu lassen.

Die Streckenführung und die genauen Lokalitäten für die Bahnhöfe waren bei weitem nicht die einzigen Streitpunkte, um die es den beteiligten Parteien ging. Eine mindestens ebenso wichtige wie langwierige Diskussion entbrannte um die Finanzierung des Grund und Bodens, der zum Verlegen des Schienenweges und zum Bau der Stationshäuser benötigt wurde. Der Staat forderte die Gemeinden und Kreise auf, sie möchten das gesamte Gelände unentgeltlich abgeben, weil er ansonsten keine Zinsgarantien für das Anlagekapital der rheinischen Eisenbahngesellschaft leisten könne. Dieses war aber unabdingbar, weil sich die privaten Verkehrsgesellschaften von der Erschließung abgelegener Gebiete keine große Rentabilität versprachen und daher den Ausbau ihres Streckennetzes nur mit einer Absicherung des Staates in Angriff nehmen wollten.[195] Durch solche Auseinandersetzungen verlor man viel Zeit, und eine Fortsetzung der Bauarbeiten wurde oftmals noch durch einzelne Hausbesitzer verzögert, die sich weigerten, ihre Strohdächer in feuerfeste Ziegeldächer umzudecken.

Auch die Namen der Bahnstationen waren Gegenstand der Auseinandersetzung, sogar Überlegungen wie die folgende konnten dabei eine Rolle spielen:

> »Der letztgenannte Ort (Büttgenbach) liegt 2,5 km östlich von der Bahnstation; die Häuser, welche an dieser selbst liegen, führen den bezeichnenden Namen Jammerthal. Hätte man diesen Namen als Bezeichnung für die Station gewählt, so wären aufeinandergefolgt: Kalterherberg, Sourbrodt und Jammerthal; wohl um diese ominöse Reihe zu unterbrechen, hat man die letzte Bahnstation nach dem entfernteren, aber ansehnlichen und durch seine Viehzucht bedeutenden Orte genannt.«[196]

Im April 1864 wurde zwischen dem Eisenbahn-Kommissariat Köln und der Rheinischen Eisenbahngesellschaft ein Vertrag abgeschlossen,

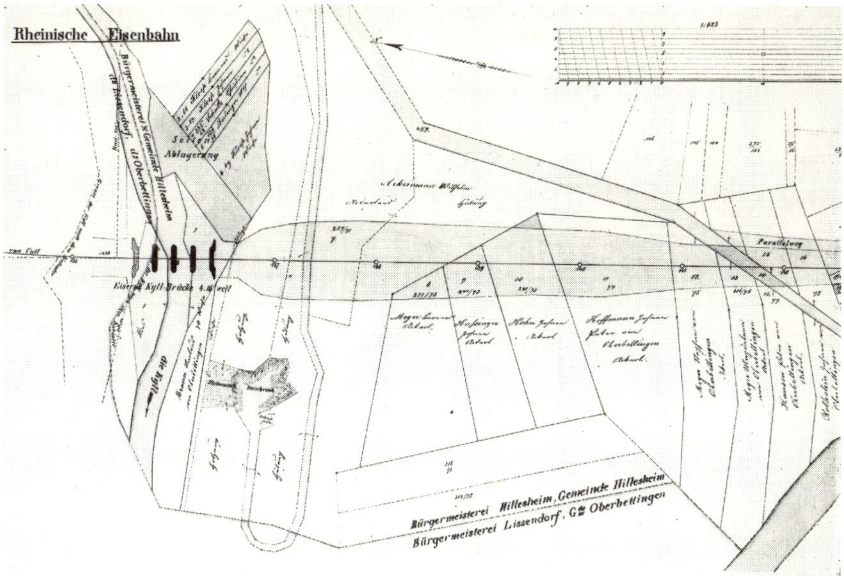

Abb. 14: Die Eisenbahntrasse durchschnitt die Grundstücke vieler verschiedener Eigentümer. Wollten die Landeigner ihren Besitz nicht abgeben, kam es zu Rechtsstreitigkeiten, die den Bau der gesamten Anlage verzögerten.

der den Bau und Betrieb einer Strecke von Kall nach Trier festschrieb. Im selben Jahr war die Strecke Düren-Euskirchen in Betrieb genommen worden, im Jahr darauf die Verbindung von Euskirchen nach Kall. Die neue Vertragsstrecke führte von Kall über Blankenheim-Schmidtheim-Jünkerath- Oberbettingen-Gerolstein-Birresborn-Kyllburg-Speicher-Kordel-Ehrang nach Trier. Vorgesehen waren 19 Tunnels, 35 Brücken über die Kyll und 20 Brücken über die Urft. Im Jahre 1866 sollte die technische und landespolizeiliche Prüfung der Route stattfinden, die wegen des preußisch-österreichischen Krieges zunächst aufgeschoben wurde. Nachdem die Prüfung dann doch erfolgt war, wurde im Herbst 1868 mit dem Bau begonnen. Auch während der Bauarbeiten riß die Kette der Rechtsstreitigkeiten nicht ab, die sich um das Bauland drehten. Im einen Fall stritt der Kreis Bitburg darum, daß ein anderes Stück Land für den Bau benutzt würde als dasjenige, das ehedem dafür vorgesehen war, und verweigerte deshalb eine Beteiligung an den Grunderwerbskosten; in einem anderen Fall verlangte die Gemeinde Erdorf eine Rückerstattung für zusätzliches Land, das die Gesellschaft unbefugterweise für den Bahnbau verwendet habe. Ungeachtet dieser Schwierigkeiten konnten Teilabschnitte der Strecke Kall-Trier vorangetrieben werden. Bereits im Mai 1869 hatte die Eisenbahndirektion auf einer Aachener Versammlung der Aktionäre verlauten lassen, sie gehe davon aus, »daß im Laufe des nächsten Jahres die Strecke Sötenich-Kyllburg (etwa 2/3 der ganzen Bahnlänge) eröffnet werden kann.«[197] Endlich machte der Bau der Strecke Fortschritte.

Die Bürger von Erdorf griffen zu einer recht absonderlichen Maßnahme, um den Beginn der Bauarbeiten zu verhindern. In einem Bericht an den Regierungspräsidenten schilderte der Baumeister Lengelich den Zwischenfall vom September 1870 folgendermaßen:

»Im Dorfe Erdorf, Bürgermeisterei Dudeldorf, grenzt das zur Bahnanlage erforderliche Terrain an den dortigen Kirchhof. Die den Kirchhof nach Osten begrenzende, der Gemeinde Erdorf gehörende Wiesenparzelle ist in ihrer ganzen Größe 8 Ruten[198] für die Bahnanlage erforderlich. Dies kann weder der Gemeinde Erdorf noch dem Bürgermeister fremd gewesen sein, da die Pläne seinerzeit offen lagen. Um zu verhindern, daß diese Parzelle zu Zwecken des Bahnbaues ... genutzt werde, ist vor mehreren Wochen auf Anraten des Bürgermeisters Schreiber eine kirchliche Einweihung von Pastor Kuhl zu Metterich vorgenommen und diese Parzelle dem Kirchhof einverleibt und man hat bereits vor einigen Tagen die Beerdigung einer Leiche vorgenommen, ohne daß die Verwaltung eine Ahnung von den Absichten und Handlungen der hiesigen geistlichen und weltlichen Obrigkeit hatte. Erst als hier ein Durchlaß in Angriff genommen wurde, wurde der Grabhügel in der sehr versteckten Hecke entdeckt. Infolge meines Protestes beim Pastor Kuhl, ... wurde die betreffende Leiche zwar sofort wieder aufgehoben und auf dem eigentlichen Friedhof beerdigt, doch protestierten Pastor und Bürgermeister energisch gegen die Inangriffnahme der Bauarbeiten auf der betreffenden Parzelle ...«[199]

Der Ausbruch des deutsch-französischen Krieges am 19. Juli 1870 beschleunigte die Arbeiten. Da bereits am 1./2. September 1870 die französische Armee bei Sedan geschlagen war, im September Paris belagert wurde, die Stadt im Januar 1871 kapitulierte und das östliche Frankreich im Februar von preußischen Verbänden besetzt wurde, brauchte man die Strecke für militärische Zwecke. Am 10. Mai 1871 schließlich fand der Krieg im Frieden von Frankfurt ein Ende. Diese Ereignisse trieben den Eifelbahnbau entscheidend voran. Auf ministerielle Anordnung hin sollten die einzelnen Streckenabschnitte an kurz aufeinanderfolgenden Terminen fertiggestellt werden, um Züge für Gefangenen- und Verwundetentransporte sowie für Nachschub an Kriegsmaterial einzusetzen.

Bereits seit Beginn der sechziger Jahre war dem preußischen Staat die militärische Bedeutung der Bahnlinie bewußt, stellte sie doch eine wichtige Verbindung zwischen dem Zentrum der Rheinprovinz und der Westgrenze dar. Generell war der Betrieb von Eisenbahnen für das preußische Kriegswesen ein Novum der 1860er Jahre. Im Deutschen Krieg von 1866 wurden erstmals Eisenbahnen zur Krankenevakuierung benutzt[200], bei der späteren Ausstattung von Spezialwagen orientierte man sich an den Lazarettwagen, die im amerikanischen Sezessionskrieg zum Einsatz gekommen waren. Die im deutsch-französischen Krieg eingesetzten Sanitätszüge stellten eine Weiterentwicklung dieses Typs dar und dienten dem Rücktransport verwundeter Soldaten etwa von der Etappe Epernay in der Champagne bis in die Lazarette der Rheinprovinz. Allein die Krankenabteilung des sogenannten Kölner Sanitätszugs umfaßte zweihundert Lagerstellen. Sanitätszüge, Güterzüge für den Transport von 70 000 französischen Kriegsgefangenen und einige Kohlenzüge etwa für das unterdessen im Besitz der Familie Krämer befindliche Hüttenwerk auf der Quint waren die ersten Schienenfahrzeuge, die sich durch die Eifel bewegten. Dem zivilen Verkehr konnte die Strecke Anfang Juli 1871 übergeben werden.[201]

Nachdem die Eifelbahn in Betrieb genommen war, folgte eine Reihe weiterer Projekte, die in den 1870er Jahren von der Rheinischen Eisenbahngesellschaft und nach 1880 vom preußischen Staat eingerichtet wurden. Einige Strecken, wie die Linie Remagen-Adenau, führten zunächst als Stichbahnen in die Region hinein, andere, wie die Linie Mayen-Gerolstein, vernetzten ältere, unverbundene Streckenteile miteinander. Doch es bleibt generell festzuhalten, daß viele der Projekte jahrelang nicht über das Planungsstadium hinauskamen, weil zuviele Hindernisse und Widersprüche im Spiel waren, die manchesmal sogar die Gerichte beschäftigten. Die Streitpunkte waren weitgehend dieselben wie bei der Eifelbahn, es ging um die Streckenführung, den Bau von Bahnhöfen und Haltestellen sowie um den Grund und Boden, den eine ganze Reihe von Privatbesitzern nur unter Enteignungsandrohung abgab. In Wittlich entbrannte noch 1909 ein Streit um die

Abb. 15: Die Kerbtäler der Eifel setzte den Ingenieuren Hindernisse in den Weg – dieser Brückenbau bei Blankenheim verteuerte wie viele andere den Bau der Eisenbahn.

Bahntrasse, die von einem Teil der Bürgerschaft abgelehnt wurde, weil sie den Ort wie eine »Chinesische Mauer« in zwei Hälften trennen würde. Der schleppende Ausbau der Eifeler Bahnstrecken blieb bis zum Ersten Weltkrieg ein steter Anlaß zu Klagen und hat zur Unterentwicklung der Region maßgeblich beigetragen.

Der preußische Staat war zwar einerseits an dem Ausbau des Streckennetzes interessiert, andererseits maß er der Eröffnung einzelner Streckenabschnitte nurmehr lokale Bedeutung zu und kümmerte sich dementsprechend wenig um ihre Verwirklichung.

Marktgefüge und Wanderungsverluste

Zwischen dem Beginn der Industrialisierung in Preußen und der infrastrukturellen Erschließung der Eifel lagen Jahrzehnte. Die Gründe für die Verzögerung machen den Zirkel deutlich, der sich zwischen der um sich greifenden Armut und dem Desinteresse an Investitionen herausgebildet hatte. Kapitalgeber verfolgten ihre eigenen geo-ökonomischen Ziele; ihnen war mehr an der übergeordneten Vernetzung der Handelsmetropolen als an der inneren Erschließung der Eifel gelegen. Die erhebliche Verspätung führte dazu, daß der Anschluß an die Industrieregionen und damit sowohl an die Rohstoffe und Märkte als auch an den Technologietransfer verpaßt wurde. Die meisten Eisenhütten waren zu der Zeit, als ihnen Steinkohlelieferungen per Bahn die Umstellung auf neue Fertigungstechniken erlaubt hätten, bereits stillgelegt. Doch bleibt fraglich, ob ein früherer Bahnanschluß die wirtschaftliche Entwicklung der Region in eine andere Richtung gelenkt hätte.

Welche Auswirkungen die Bahn auf diejenigen Orte hatte, die über eine Station verfügten, und was in den Dörfern und Städten passierte, an denen die Strecken nicht entlang führten, läßt sich zum einen am ökonomischen Binnengefüge und zum anderen an den Bevölkerungsbewegungen ablesen.

Einige Marktorte, wie Hillesheim oder Bitburg, die an oder unweit der Bahnlinie lagen, erlebten einen Aufschwung, kleinere lokale Märkte hingegen, wie der in Neuerburg oder in Waxweiler, die über keinen Anschluß verfügten, gingen ein: »Bis vor zehn Jahren waren die Viehmärkte in Neuerburg und auf dem Lambertsberg bei Waxweiler sehr bedeutend, weit und breit bekannt und von vielen Großhändlern besucht. Seit dem Bau der Eifelbahn haben die Märkte immer mehr abgenommen, kommen immer weniger Großhändler zu uns, sondern ziehen es vor, in Bitburg, welches der Eisenbahn zunächst gelegen ist und in Diekirch zu kaufen, wo das Vieh sofort auf die Bahn verladen werden kann.«[202]

Noch ernüchternder sind die Angaben von Richard Graafen über die Bevölkerungsbewegung in Orten mit Bahnanschluß. Wanderungsgewinne treten, bis auf wenige kleine Zuwanderungsherde, nur dann auf, wenn eine Bahnstrecke im Bau, also vorübergehend Arbeit vorhanden war. In der Entwicklung der Einwohnerzahlen im beidseitigen Fünfkilometerbereich entlang der Eifelbahn erweist sich im Kreise Bitburg »der Bahnstreifen als eine Zone stärkster Wanderungsverluste, und auch weiter nördlich zwischen Densborn und Jünkerath kann kaum davon die Rede sein, daß die im Bahnstreifen lebende Bevölkerung besonders gefördert worden wäre, abgesehen von Schüller, Jünkerath ... und Gerolstein.« Hier war es die Steinindustrie, der der Eisenbahnanschluß zugute kam. Ähnliche Bilanzen zieht Graafen für die beidseitigen Fünfkilometerzonen entlang der Linien Mayen-Gerolstein, Kall-Hellenthal und Mechernich-Jünkerath.

Insgesamt läßt sich feststellen, daß »nur wenige und einzelne Orte, meist solche mit althergebrachter industrieller, bzw. markt- oder verwaltungsmäßiger Bedeutung, in ihrer Wirtschafts- und Bevölkerungsentwicklung gut beeinflußt werden. Dafür hatten aber auf der anderen Seite die meisten übrigen Orte umso größere Bevölkerungsabnahmen und Wanderungsverluste.«[203]

Der fehlende Aufbruch zur Moderne bedeutete nicht nur eine Abkoppelung von den Märkten, sondern auch von den Fortschrittsvisionen der Metropolen: »Die Neukomposition der kapitalistischen Welt auf der Grundlage des modernen Verkehrs ist in der zweiten Hälfte des 19. Jahrhunderts abgeschlossen.« Diese Bilanz, die Wolfgang Schivelbusch in seiner *Geschichte der Eisenbahnreise* zieht, macht das große Gefälle deutlich, das zwischen den Zentren und dem unerschlossenen Hinterland herrschte – einen qualitativen Abstand, der an der Schwelle zum 20. Jahrhundert nicht mehr nur wirtschaftlicher und technischer Natur war, sondern auch unterschiedliche Bewußtseinsstufen repräsentierte. Eines der wichtigsten Paradigmen des zeitgenössisch-modernen Denkens, wie in einigen Beispielen bereits genannt, war die »Zirkulation«. Angewandt auf das Verkehrswesen »erweist sich der Begriff der Zirkulation als Schlüssel, die offnen Triumphe und die verborgenen Ängste des 19. Jahrhunderts zu begreifen. Die Formel ist denkbar einfach. Was Teil der Zirkulation ist, gilt als gesund, fortschrittlich, konstruktiv; das nicht an die Zirkulation Angeschlossene erscheint dagegen krank, mittelalterlich, subversiv-bedrohlich.«[204] Die Eifel und ihre Bewohner waren durch ihre Abgeschiedenheit vom Umlauf der Waren, aber auch neuer Ideen, Moden und Meinungen ausgeschlossen.

Mit der verkehrsmäßigen Eroberung nationaler Räume in Europa im Verlaufe des 19. Jahrhunderts konnten Distanzen mit einer zuvor nie für möglich gehaltenen Geschwindigkeit überbrückt werden. Die Mobilisierung des Handels durch die Eisenbahn zeigte sich etwa in der Zunahme der Handlungsreisenden. In Frankreich etwa bereisten die Vertreter größerer Handelshäuser ab 1860 die Provinzen. Doch nicht nur in Frankreich entwickelte sich ein reger Verkehr der Handelsagenten. Eine im Jahre 1883 aufgestellte preußische Statistik über die steigende Zahl der Handlungsreisenden in Deutschland zwischen 1870 und 1882 spricht von Zuwächsen in den einzelnen Ländern bis auf das Neunzehnfache.[205] Wenngleich diese Entwicklung zum Teil auch als Reaktion auf die Wirtschaftskrise von 1877-1880 gewertet wird, in der von der Arbeitslosigkeit bedrohte Menschen mittels derartiger Handelsformen ihr Einkommen zu sichern suchten, handelt es sich dabei zweifelsohne ebenso um einen strukturellen Umbruch, durch den zunehmend der Agent zwischen Großhandel und Kunden vor Ort geschoben wurde. Ermöglicht wurde dies auch in Preußen durch die Eisenbahn, welche die infrastrukturelle Voraussetzung für einen zirkulierenden Geld- und Warenumlauf, für die Beweglichkeit der Reisenden und für eine schnelle Fernbelieferung bot.

Abb. 16: Die Vorläuferin des Tante-Emma-Ladens in der Eifel – hier wurde alles nötige umgeschlagen, manchmal im Tauschhandel.

Selbst in der zweiten Hälfte des 19. Jahrhunderts zogen durch die abgelegenen Gegenden der Eifel noch die Viktualienhändler mit ihren Hundekarren von Hof zu Hof, um landwirtschaftliche Produkte einzukaufen und diese auf den weit entfernten städtischen Wochenmärkten, wie dem Kölner, wieder zu verkaufen; wo derartige Händler und zentrale Märkte fehlten, herrschte auch weiterhin der lokale Tauschhandel vor. Der Trierer Schuldirektor und Eifelvereinsvorsitzende Adolf Dronke bemerkte um die Jahrhundertwende, daß in den vom Verkehr abgelegenen Orten »auch heutzutage noch die älteste Form des Handels, der Tauschhandel besteht. Es macht einen merkwürdigen, fast wehmütigen Eindruck, zu sehen, wie ein kleines barfüßiges Kind, nur mit elenden Lumpen bekleidet, im Laden des Krämers für ein Ei Nadel und Zwirn eintauscht, wie der Bauer die nötige Hacke für Butter kauft, wie selbst in der Wirtsstube das Schnäpschen mit einem Ei bezahlt wird.«[206]

KAPITEL 6

GLAUBEN, WISSEN, HANDELN

LÄNDLICHES WELTBILD IM WIDERSTREIT MIT DEM PREUSSISCHEN VERWALTUNGSSTAAT

»Et os Welt bos aan die Himmelsdüer«
Sinnspruch in Adenauer Mundart

Unter der bäuerlichen Bevölkerung der Eifel herrschten trotz epochaler Veränderungen im administrativen Gefüge Glaubens-, Denk-, und Wahrnehmungsmuster vor, die aus der alten, vorindustriellen Welt entlehnt waren. Dennoch bildete die Eifel alles andere als eine Insel, die unbeeinflußt von den ökonomischen und politischen Entwicklungen in einen kulturellen Dornröschenschlaf verfallen wäre, denn gerade durch die preußisch-protestantische Administration eröffnete sich seit dem Wiener Kongreß ein neuer Horizont, der den traditionellen, vom Katholizismus geprägten Grundhaltungen weiter Teile der Bevölkerung fremd war, die lange Zeit unter geistlicher kurtrierischer und kurkölnischer Herrschaft gestanden hatte. Das Aufeinandertreffen dieser Welten kam einem Kulturschock gleich, der auf beiden Seiten vielfältige Reaktionen nach sich zog. Heinrich Heine, der gebürtige Düsseldorfer, hat, nachdem er in Aachen preußischem Militär begegnet war, in seinem *Wintermärchen* die Gefühle einer Bevölkerung ausgedrückt, der die Sprache und Gebärden der neuen Landesherrn fremd war:

»Ich bin in diesem langweil'gen Nest
Ein Stündchen herumgeschlendert.
Sah wieder preußisches Militär,
Hat sich nicht sehr verändert.

Es sind die grauen Mäntel noch
Mit dem hohen roten Kragen -
›Das Rot bedeutet Franzosenblut‹,
Sang Körner in früheren Tagen.

Noch immer das hölzern pedantische Volk,
Noch immer ein rechter Winkel
In jeder Bewegung, und im Gesicht
Der eingefrorene Dünkel.

Sie stelzen noch immer so steif herum,
So kerzengrade geschniegelt,
Als hätten sie verschluckt den Stock
Womit man sie einst geprügelt.

Ja, ganz verschwand die Fuchtel nie,
Sie tragen sie jetzt im Innern;
Das trauliche Du wird immer noch
An das alte Er erinnern.«[207]

In den Dörfern der Eifel jedoch bildete die Landgeistlichkeit nach wie vor eine unangefochtene Autorität, der gegenüber sich die preußische Beamtenschaft umso fremder ausnahm. Und was die Volksfrömmigkeit anbelangte, galt das einmal mehr. Die Bauern verfügten über einen ganzen Kosmos von Schutzpatronen gegen Krankheiten von Mensch und Vieh, gegen Ernteschäden und schwere Unwetter. Es gab zahlreiche Wallfahrten, Prozessionen und Bittgänge; sie hatten die Franzosenzeit überdauert und bezeugten eine lebendige Kultpraxis.

Neben den religiösen Traditionen lebten spezifische Volksüberlieferungen fort und fanden ihren Ausdruck in all den Gestalten, die die Menschen im Wald, auf der Feldflur oder im Hause umgehen sahen. Eine regionaltypische Geisterpopulation aus vornehmlich kleinen Wesen, aus Kobolden, Zwergen, Männchen und Jüfferchen, bevölkerte in den Vorstellungen der Bewohner die Wälder und Schlupfwinkel des Eifelraumes; sie hatte sich etwa in den Säulengängen römischer Hypokaustanlagen eingenistet. Arme Seelen hingen in Feld und Flur buchstäblich in der Luft, wiederkehrende Tote scharrten und klopften in ihren Gräbern oder erschienen den einsamen Wanderern als Kalb, als Irrlicht, als Teufel. Der örtliche Klerus beteiligte sich munter am Bannen, ließ unliebsame Geister im Suppentopf verschwinden, in eine »Mezinfläsch« abtauchen oder brachte sie eigenhändig per Fuhrwerk in den Wald, um sie in einen Steinbruch abzuladen.[208]

Viele der Figuren dieser illustren Schar leiteten sich ganz konkret von einem Verstorbenen her. Die Sagen, die sich um diese Gestalten rankten, versinnbildlichten soziale Regeln. In manch einer Erzählung spiegelte sich ein altes Rechtsverständnis wider, das bis ins Jenseits hineinreicht, indem Verbrechen über den Tod hinaus verfolgt und gesühnt wurden. Diese Ordnungen des zeitgenössisch-ländlichen Wissens waren keineswegs naiv; die Gestalten des traditionellen Erzählgutes stellten ein Element gesamtkultureller Lebenspraxis dar, wenngleich ihre Wurzeln auch manchesmal der irrationalen Dämonenangst des Mittelalters entsprangen.

In diese entlegene Welt gelangte erst zaghaft und vereinzelt durch die Frühmesser-Schulen im 18. Jahrhundert, dann aber unaufhaltsam seit der Preußenzeit die Vorstellung von Volksbildung hinein. 1825 wurde der allgemeine Schulzwang eingeführt. An verschiedenen Fronten brachen nun die Dämme des traditionellen Denkens, und ältere Kausalauffassungen, die das Verhältnis der Menschen zu ihrer Umwelt bestimmt hatten, wurden durch die Lehrer nicht länger gebilligt. Die Region war mit dem Etikett gesamtkultureller Rückständigkeit behaftet. Es begann der Versuch einer umfassenden Binnenkolonisation. Der einheimischen Bevölkerung versperrte das den Weg zu einer integrativen gesellschaftlichen Entwicklung, die es erlaubt hätte, die eigenen kulturellen Werte gleichgewichtig mit den neuen Einflüssen zu verbinden. Allerdings lebten im bäuerlichen Denken – trotz massiver Eingriffe der rationalistischen Reformer – Reste des überkommenen Gesellschaftsmodells fort, welche die Überzeugungsgrundlage für manches von außen her unverstandene Handeln bildeten. Daraus entstanden Spannungen, und die bewirkten das Gegenteil von Modernisierungseuphorie. Sie entluden sich in Fortschrittsskeptizismus, in Fremdenscheu, in ökonomischen Lethargie und der Sorge, daß die Heimat keine Zukunft mehr bieten könne.

Zug um Zug nahm in den Köpfen der Ackerer und Tagelöhner die Erkenntnis Gestalt an, einer Bevölkerungsgruppe anzugehören, die am Rande prosperierender Zentren verarmte und deshalb stigmatisiert wurde. Die Folgen dieser kollektiven Befindlichkeit gaben die Gefühlsbasis ab für weitere soziale und wirtschaftliche Probleme – die Landflucht zum Beispiel. Verheißungen auf eine bessere Zukunft, wie sie nicht zuletzt von Auswandereragenten in die Welt gesetzt wurden, hatten Konjunktur. Wo aber Traditionen gewaltsam gebrochen und selbstverständliche Lebensvollzüge in Frage gestellt werden, besteht die Gefahr, daß sich keine vernunftgemäßen Anschauungen neu herausbilden, sondern ein dem zerstörten Weltbild formgleicher, aber inhaltlich modifizierter, irritierter Glaubenskomplex. Beispiele dafür bieten außereuropäische Endzeitbewegungen als Folge fremdherrschaftlicher Kulturkonflikte, in denen Menschen sich einer leibhaftigen Erlösergestalt anschließen.

Am Beispiel der Springprozession, die alljährlich auch heute noch in der luxemburgischen Grenzstadt Echternach an der Sauer zu Ehren des Heiligen Willibrord am Pfingstdienstag stattfindet und deren Wurzeln sich bis in die Zeit der großen Pestepidemien des 14. Jahrhunderts zurückverfolgen lassen, wird deutlich, wie sich die Landbevölkerung traditionell gegen einen Krankheitskomplex zu wehren suchte und welche integrative Bedeutung die Wallfahrt für die Bewohner eines großen Einzugsgebiets hatte. Die »Prozession der springenden Heiligen« ist ein Langzeitphänomen, wenngleich sie sich auch im Laufe der Zeit hinsichtlich ihrer Glaubensinhalte verändert hat und einige Male durch Kriege oder zentraldirigistische Verordnungen unterbrochen wurde. Die Langlebigkeit der Wallfahrt ist auffallend. Sie hat auch die Franzosenzeit unbeschadet überstanden und sich durch das ganze 19. Jahrhundert erhalten, wohl auch deshalb, weil Luxemburg zwischen 1815 und 1840 nur über eine provisorische Kirchenführung verfügte.

Der Kosmos des Schutzpatrons

»Daran erkenn ich den gelehrten Herrn!
Was Ihr nicht tastet, steht Euch meilenfern!
Was Ihr nicht faßt, das fehlt Euch ganz und gar!
Was Ihr nicht rechnet, glaubt Ihr, sei nicht wahr!
Was Ihr nicht wagt, hat fur Euch kein Gewicht!
Was Ihr nicht münzt, das, meint Ihr, gelte nicht.«

Mephistopheles in Faust II, 1

Die Wurzeln der »Prozession der springenden Heiligen« zu Ehren des Heiligen Willibrords liegen im ausgehenden Mittelalter. Wie in der Limburger Chronik beschrieben, herrschte in den Erzstiften Trier und Köln im Gefolge der Pest, die 1349, 1356, 1365 und 1383 diese Gebiete heimsuchte, eine epidemische Tanzsucht – Reflex motorischer Reizzustände, Zuckungen und Schüttelkrämpfen, die man »Veitstanz«

nannte: »Schon im Jahre 1374 sah man in Aachen Schaaren von Männern und Frauen aus Deutschland ankommen, die vereint durch gemeinsamen Wahn, in den Straßen und in den Kirchen dem Volke dies sonderbare Schauspiel gewährten. Hand in Hand ... tanzten sie stundenlang in wilder Raserei, ... bis sie erschöpft niederfielen; dann klagten sie über große Beklemmung und ächzten, als stände ihnen der Tod bevor, bis man ihnen den Unterleib mit Tüchern zusammenschnürte, worauf sie sich erholten und frei blieben bis zum nächsten Anfalle. Diese Einschnürung geschah wegen der Trommelsucht, welche sich nach dem krampfhaften Toben einstellte, oft half man aber noch kunstloser mit Faustschlägen und Fußtritten auf den Unterleib. Während des Tanzes hatten sie Erscheinungen, ... ihre Phantasie gaukelte ihnen die Geister vor, deren Namen sie hervorkrächzten, und späterhin sagten einige aus, sie wären sich so vorgekommen, wie in einen Strom von Blut getaucht, und sie hätten deshalb so hoch springen müssen. Andere sahen in ihrer Verzückung den Himmel offen, mit dem thronenden Heiland und der Mutter Gottes, wie denn der Glaube des Zeitalters sich in ihrer Phantasie wundersam und mannigfach spiegelte ...«[209]

Selbst den Priestern soll es nicht gelungen sein, mit den Rasenden Kontakt aufzunehmen, da diese sie töten wollten. Die Kranken entwickelten seltsame Vorlieben und Widerwillen.[210] Manche haßten angeblich die modischen Schuhschnäbel, andere entwickelten eine Sehnsucht nach dem Meer, wurden durch wassergefüllte Gläser verzückt, bekamen Wutanfälle gegen bestimmte Farben, hatten das Bedürfnis, sich in Erdhaufen zu wälzen und waren für festgelegte Tonfolgen sehr empfänglich.[211] Neben den sensationellen Krankheiten trieben in den Jahren 1348-1350 durch die rheinischen Städte, von Süden kommend, Geißlerzüge umher, die zwischen fünfzig und mehr als tausend Flagellanten umfaßten. Diese eigenartige Bewegung hatte sich rasch von Ungarn aus nach ganz Mittel- und Westeuropa ausgebreitet und bestand aus Männern, die sich in einer spektakulären öffentlichen Bußübung nach festen Ritualen selbst geißelten. Nachdem die Vorstellung zu Ende war, irrten sie weiter, um am nächsten Ort ihr Tun fortzusetzen. Es war eine Zeit starker kultureller Erschütterungen, eine Epoche exaltierter sozialer und religiöser Reaktionen, die durch natürliche Katastrophen noch verstärkt wurden. In Mitteleuropa wütete eine Heuschreckenplage,

Vulkane brachen aus, die Erde bebte mehrfach. Epidemische Volkskrankheiten überzogen das Land, wie etwa die infektiöse Beulenpest, der englische Schweiß oder das Antoniusfeuer, die die Kreuzfahrer mit nach Hause gebracht hatten. Euphorische Erscheinungen wie die Kinderfahrten, die Tanzwut oder der Tarantismus traten vielerorten auf.[212] Diese Zeit hat ihren Nachhall im Prozessionswesen gefunden. In den überlieferten Bittgängen und Wallfahrten schlugen sich die großen Ängste und das Schutzbedürfnis vor neuen Gefahren auch bei den nachfolgenden Generationen nieder.

Aus Angst vor den geschilderten Erscheinungen zogen Pilgerströme aus dem Rheinland zum Grabe des Heiligen Willibrords nach Echternach, das als Wallfahrtsstätte schon in früheren Zeiten bekannt war: Die Heiligenvita erzählt von dem aus Northumbrien stammenden Mönch Willibrord (658-739), daß er maßgeblich an der Mission Frieslands beteiligt war und 696 von Papst Sergius in Rom zum Bischof geweiht wurde. Eine Schenkung der fränkischen Großgrundbesitzerin Irmela ermöglichte den Bau eines Klosters in Echternach, von dem aus Willibrord als päpstlicher Glaubensbote weitere Missionen plante und durchführte. Die fünfzig Jahre nach seinem Tode abgefaßte Hagiographie berichtet von einer ganzen Reihe von Wundererscheinungen und Heilungen im Laufe seines Lebens. Abschriften der »vita, mores et miracula« des Heiligen gelangten in weit verstreut liegende Abteiskriptorien. Im Zuge einiger Überarbeitungen, etwa durch den Echternacher Abt Theofrid um das Jahr 1000, wurde das wundertätige Moment immer stärker betont. Eine Wallfahrt zum Grabe des Heiligen wird erstmals in einer Urkunde Kaiser Lothars vom 24. April 1131 bezeugt.[213]

In Echternach angelangt, versuchten die Pilger durch einen Analogiezauber nach dem Prinzip *similia similibus curantur* die Tanzkrankheit abzuschütteln oder zu verhindern, indem sie unter Anrufungen durch den Ort sprangen. Das Einzugsgebiet der Echternacher Prozession umfaßte außer dem Trierer Land den Eifelraum zwischen Malmedy und Bernkastel an der Mosel und den Hunsrück bis nach Saarlouis. Pilger kamen auch aus Lothringen und der Wallonie. Die Nordeifeler Bauern und die östlichen Bewohner der Eifel hatten ihre eigenen Schutzpatrone gegen derartige Krankheiten, so etwa den Hl. Cornelius († um 253) in Cornelimünster bei Aachen oder den Hl. Apollinaris († um 200) in Remagen am Rhein.[214]

Zur Bestimmung des richtigen Helfers praktizierte man im 19. Jahrhundert ein Kerzenorakel oder ließ ein Opfertier wählen: »Ein Huhn, das geopfert werden soll, setzt man auf das Bett des Kranken. Bleibt es sitzen, geht man nach Helenenberg, springt es herunter, nach Echternach.«[215]

Die Wallfahrt hielt sich über viele Jahrhunderte hindurch, da die Gläubigen sie nach ihren jeweiligen Nöten ausrichteten.
Indem der ursprüngliche Anlaß für die Echternacher Wallfahrt späterhin in Vergessenheit geriet, trat ein ganzes Spektrum von Krankheitserscheinungen, die mit Ohnmachten, Krämpfen und Schüttellähmungen einhergingen, an seine Stelle. Die Landleute nannten diese Phänomene zusammengefaßt »Fallsucht«.

Verblaßte auch die Erinnerung an die massenpsychotischen Erscheinungen des späten Mittelalters, so überlebte die Springprozession das Vergessen um ihren Ursprung. Jahr um Jahr fand sie am Pfingstdienstag statt, und am selben Tage wurde ein Kram- und Viehmarkt abgehalten. Im Dezember 1777 verbot der Trierer Kurfürst Clemens Wenzeslaus das Springen wegen angeblicher Ausschreitungen; dieses Verbot wurde jedoch 1790 aufgehoben, bis der Einmarsch der Franzosen die Veranstaltung für eine Dekade unterbrach.

Im Jahre 1802 konnte die Prozession erstmals wieder mit 74 Musikern und 2978 springenden Pilgern stattfinden, im Jahre 1815 nahmen bereits 127 Musiker, 6778 tanzende und 2220 stille Gläubige an ihr teil: »An Musikanten fehlt es nie, weil auf Kirchweihfesten und anderen Gelegenheiten keine anderen Spielleute zugelassen werden als solche, welche sich darüber ausweisen können, daß sie bei der Echternacher Prozession gespielt haben.«[218]

Im 19. Jahrhundert sprangen der Überlieferung nach die Pilger durch die Stadt, zu Reihen hintereinander aufgestellt, und indem sie einem festen Rhythmus zur Musik folgten, der in einem Schritt rechts, einem Schritt links und einem weiteren vorwärts bestand. Sie hielten sich dabei nicht an den Händen, sondern an kurzen Tüchern fest. In dieser Form ist der Tanz noch heute erhalten. Am Pfingstdienstag 1992 bestand die Prozession aus je neunundvierzig Musikvereinen und Springergruppen, die vom Vorplatz der Abtei aus durch die Stadt zum Grabe des Heiligen Willibrord in der Krypta der Abteikirche tanzten.

Welche Bezeichnung die moderne Medizin auch immer für jene

Noch 1745 wies der in Johann Heinrich Zedlers Universallexikon abgedruckte Bericht über den Veitstanz in den Bereich der Exempel und der Volkserzählung bis auf das Jahr 1005 zurück, wo angeblich

»zu Kolbeck, oder wie es anjetzo heißet, Tantzdorf im Fürstenthum Halberstadt ein wunderlicher Tantz gehalten worden, der insgemein der Veits-Tantz genennet wird, in dem 18 Männer und 15 Weiber am Christ-Abend sich in der Schenke vollgesoffen ... mit großem Geschrey um die Kirche herum getantzet, gesungen und gesprungen.« Als die Rasenden den Warnungen des Priesters nicht folgten, »bat er Gott auf der Kanzel, daß er die bösen Leute ein gantzes Jahr nacheinander sollte tantzen lassen, welches auch geschehen.«[216]

Der Text enthält eine zeitspezifische Mischung aus volksmedizinischen Kenntnissen, wissenschaftlichen Erläuterungen und mündlich überlieferten Phänomenologien von Besessenheit. Dieses Wissen ging in den folgenden Dekaden verloren. Im 19. Jahrhundert war in den Enzyklopädien vom Veitstanz und den wunderlichen Geschichten, die mit ihm verbunden waren, bereits keine Rede mehr. Im Jahre 1819 nannte das Brockhaus'sche Conversations-Lexicon den Veitstanz

»eine Krankheit, die in ältern Zeiten bekannt war ... Was die alten Chronisten von Personen erzählen, die zur Strafe ihrer Ruchlosigkeit, ein ganzes Jahr hindurch getanzet haben sollen, gehört wahrscheinlich zu den frommen Erdichtungen, durch welche man der eingerissenen Tanzwut steuern wollte.«[217]

Krankheitsbilder im einzelnen kennt: Bewegungs- und Bewußtseinsstörungen, die mit Ohnmachten, Krämpfen und hysterischen Anfällen verbunden sind, waren in den Eifel- und Hunsrückdörfern noch zu Beginn des 20. Jahrhunderts keine Seltenheit. Der 1907 in Niederweis bei Echternach geborene Volkskundler Matthias Zender berichtet dazu:

»Fallsüchtige kamen aus weitem Umkreis, ich hab das selbst gesehen, wie ein Mann auf der Erde lag, eine arme Frau stand neben ihm und der Mann blutete aus dem Kopf, der war von der Fallsucht hingestreckt. Im Grunde genommen alle Geisteskrankheiten. Sie sahen in meiner Jugend in Echternach Frauen mit blöden Kindern, und das Kind im Rhythmus hin- und hertreten. Viele Familien gingen dahin, weil sie Angst hatten, daß die Kinder fallsüchtig wurden oder Fallsüchtige in der Familie waren. Das hing ja zum großen Teil damit zusammen, daß die Verwandtschaftsehen auf dem Lande nicht zu vermeiden waren. Und da waren alle Geisteskranken in Echternach und haben Zuflucht gesucht. Sie sahen da Verblödete und Dumme. Und da waren viele Leute dabei, in deren Familien irgendwann Fallsucht gewesen ist, das kann sehr weit zurück liegen, irgendwann, der Großvater, der Urgroßvater, der Großonkel, das hat für diese Familien immer noch die Bedeutung gehabt, daß hier eine Gefahr droht.«[219]

Und auch Clara Viebig waren auf ihren Reisen durch die Eifel vor der Jahrhundertwende viele kranke Kinder begegnet, wie jener sechsjährige Bube, »ein bleicher, mit dickem Kopf und schlotternden Beinen – ein halb blödes Geschöpf, wie es oft in den Eifeldörfern auf der Hausschwelle hockt, den Vorübergehenden mit verschwollenen Augen nachstarrend.«[220]

Matthias Zenders Ausführungen machen deutlich, daß die Bauern um die Veranlagung der Familienmitglieder für bestimmte Krankheiten wußten, selbst wenn sie keine medizinischen Kenntnisse über Erbkrankheiten haben konnten. Für die Familien, in denen ein Mitglied bereits akut an Anfällen litt, übernahm die Anrufung des Heiligen eine Trösterfunktion in der Not. Nicht zuletzt bot sie der Landbevölke-

Abb. 17: Armut kennzeichnete den bäuerlichen Alltag in der Eifel – Hilfe und Zuflucht boten häufig genug allein die Heiligen und Schutzpatrone.

rung durch das anschließende Tanzvergnügen Abwechslung vom arbeitsgeprägten Alltag. Zusammengenommen müssen diese Gründe mächtig genug gewesen sein, um die Prozession zu erhalten. Es war wohl auch eine besondere Ehre, nach Echternach zu pilgern und »in großer Zahl dort zu erscheinen.

Die Groß-Prümer Prozession ist von Prüm abmarschiert am Pfingstsonntag, die gingen dann über Waxweiler über die Berge nach Echternach und trafen am dritten Tag in Echternach ein. Diese Leute waren in meiner Jugend kenntlich daran, daß sie sehr bäuerlich aussahen. Hatten dicke genagelte Schuhe, hatten Rucksäcke und gingen dann mit großem feierlichen Ernst die Prozession mit und zeichneten sich auch dadurch aus, daß sie Brudermeister hatten, die mit einem Brudermeisterstab Signal gaben, wie gebetet wurde: Gegrüßest seist du Maria ... , Heilige Maria, Mutter Gottes, bitte für uns Sünder ... ! Diese Leute gingen, sobald die Prozession zu Ende war, nach Hause. Sie nahmen von dem Tanzrummel in Echternach keine Notiz. Das war eine religiöse, sehr ernste Angelegenheit.«[221]

Matthias Zender führte eine weitere persönliche Beobachtung an: »Aus meiner Heimat ist mir die Erinnerung lebendig geblieben an die zahllosen Gruppen von 2-5-7-12 wallfahrtenden Personen, denen man immer wieder auf der Straße begegnete. Noch sehe ich diese geplagten, müden und oft kranken Menschen, die bis 60 km weit her kamen und zur Springprozession zogen, die wohl auch verpflegt wurden und eine Unterkunft in unserem Dorf fanden ... Das Schaugepränge lag diesen Menschen fern, ja vielfach verzichteten sie auf lautes Gebet beim Durchzug durch die Dörfer.«[222]

Als im Dezember 1777 die Echternacher Prozession durch Clemens Wenzeslaus verboten wurde, dehnte er dieses Edikt auf die Prümer Springprozession aus. Doch »auch am Charfreitag wurde zu Prüm eine Prozession, bei großem Volkszulaufe gehalten. Die Kreuzigung Christi wurde dramatisch und in Kostümen vorgestellt. Bei dieser Gelegenheit entstanden häufig Händel, wenn die als Juden mit langen Bärten verkleideten Prümer von dem Volke geneckt wurden und dann derb zuschlugen.«[223]

Am 25. März 1782 war es auch mit dieser barocken Prozession vorbei, Clemens Wenzeslaus sprach ein weiteres Verbot aus, weil in seinen Augen die Kleidung der Teilnehmer unanständig, die Sprüche anstößig und die ganze Vorstellung mißraten sei. Der Lärm, den die Flagellanten und als Teufel verkleideten Personen machten, paßte nicht mehr in die Vorstellungen eines geordneten Prozessionswesens. Erlaubt wurde schließlich, das Bildnis des Heilandes umzutragen.[224] Seit dem Niedergang der Prozessionen waren die Prümer Gläubigen besonders stark in Echternach vertreten.

Im wissenschaftlichen und heimatkundlichen Schrifttum wie auch in zeitgenössischen Quellen wird auffallend häufig betont, daß die Eifelbewohner entschieden an überkommenen Kultpraktiken festhielten. Der Pfarrer von Reifferscheid etwa im alten Kreis Adenau beantwortete die Frage nach der Wallfahrtsbeteiligung seiner Pfarrkinder in den *Quaestiones Synodales* des Trierer Bischofs von Hommer mit der folgenden Bemerkung: »1828 sind sie nicht hingegangen. Sobald sie aber von denen, welche aus anderen Dörfern sich hingeschlichen hatten, vernommen, daß in Zukunft wieder prompte Bedienung zu St. Matthias versprochen worden sei, waren sie nicht mehr zurückzuhalten.«[225] Und in Clara Viebigs Erzählung vom *Miseräbelchen* – das ist der Spottname für einen kleinen Dorfkrüppel – üben sich bereits die Kinder im frommen Spiel. Das Mädchen Josepha fertigt eine Blumenkette an und hängt sie dem Krüppel um den Hals:

»›Nau bist du e su schien, Miseräbelchen‹, sagte sie, ›nau spille mer Prozession.‹ ... Der Toni und die Josepha zogen an ihm vorbei, statt des Lichts eine gelbe Blume in der Hand; sie plapperten und kreuzten sich, knixten und beteten: ›Heiliger Christophorus, bitt for ons! Heiliger Christophorus, laoß dat Miseräbelchen bal en Engelche gänn!‹«[226]

Das beharrliche Festhalten am Brauchtum resultiert aus der Kraft, sowohl dem Modernisierungselan der Aufklärung mit all seinen Frömmigkeitsverboten als auch den rituellen Perspektiven der französischen Verwaltung zu widerstehen. Diese vermochten ihre Handlungsmaximen nicht in die bäuerliche Lebenspraxis zu implantieren. Gottfried Korff hat auf die sinnliche Ausdruckskraft aufmerksam gemacht, die den Erscheinungsformen dieser Frömmigkeit ihre besondere Stellung im Alltagsleben verlieh. Bereits die Frömmigkeitsverbote des aufgeklärten Katholizismus im ausgehenden 18. Jahrhundert entzogen, wie er sagt, der Bevölkerung »sinnhafte Stützen für die Alltagsorientierung. ... Der kleinbäuerlichen Welt, die kaum andere psychische Stützen als die Normen und Formen des dörflich ererbten Brauchsystems kannte, mußten Eingriffe in dieses System wie eine

›Zerstörung der Sinnlichkeit‹ vorkommen. ... Bei einer Wallfahrt war vieles im Spiel: Rollenwechsel, Entlastung, Horizonterweiterung, Außenkontakte, aber auch religiöse Erfahrung, die kollektiv erlebt wurde und Buß- und Gelöbnisvorstellungen. ... Dabei werden insbesondere die sensomotorischen Qualitäten der Wallfahrten, Bittgänge und Prozessionen nicht unwichtig gewesen sein, weil sie die affektiv adäquaten Hilfen für Kompensationserlebnisse waren.«[227]

Die Medizingeschichte beurteilt die Funktion des Heilstanzes ganz ähnlich, der sowohl prophylaktische als auch therapeutische Kraft freisetzen könne: Der stundenlange, stereotype Tanz fordere die bedingten Reflexe und forme und ordne die Bewegungen des Kranken in feste Bahnen. Selbst die totale Erschöpfung, die vollständige Hingabe an den vorgegebenen Rhythmus sei eine sinnvolle Einrichtung, da sie – wenigstens für eine gewisse Zeit – das Erlebnis vertiefe, regelhaft gesteuerte Bewegung ausführen zu können. Die Teilhabe an der Prozession, die Begeisterung und Befriedigung vermittelt, erleichtere den Umgang mit dem eigenen Körper auch über den Tag hinaus.[228] Linderung heißt dann etwa, wie in einer frühneuzeitlichen Quelle über eine ähnliche Wallfahrt nach Treffelhausen bei Geislingen berichtet wird, daß die Kranken »ein ganzes Jahr hindurch wenig oder nichts spüren bis zum nächsten Mai.«[229] Es handelte sich also keineswegs um Exzesse, wie die Verordnungen beharrlich behaupteten, sondern um deren Verhinderung durch religiös fundierte, krankengymnastische Übungen.

Der Glaube, der die Bevölkerung zu solchen Praktiken anleitete, war nicht dumpf, sondern lebendiger Ausdruck eines profitablen Systems aus ökonomischen, volksmedizinischen und religiösen Komponenten. Daß die Bauern trotz wiederholter Verbote und kriegsbedingter Unterbrechungen Jahrhundert um Jahrhundert nach Echternach pilgerten und weder kirchliche noch weltliche Mächte im 19. Jahrhundert ernsthaft an den Grundfesten des Kultes zu rütteln vermochten, bedeutet, daß der Fortschritt keinen Ersatz für derartige traditionelle Sinnstiftungspraktiken bot. Werden sie gar gewaltsam zerstört, wie in vielen fremden Kulturen im Zuge der außereuropäischen Expansion geschehen, dann führt dies bei der Bevölkerung mitunter zu starken Angstreaktionen. Zentraldirigistische Maßnahmen zur Eindämmung multifunktionalen religiösen Brauchtums sind in ihren Langzeitauswirkungen schwer einzuschätzen.

Wenn nun im folgenden Kapitel vom Geisterglaube die Rede sein wird, so machte sich dort die Rationalisierung des Denkens wesentlich rascher bemerkbar und die von der Lehrerschaft eingeführten natürlichen Erklärungen setzten sich nachhaltig durch. Peu à peu schwand er aus den Quellen, verlor sich in vergangenheitsbezogenen Erzählungen, denen die verschämte Formel anhaftete, dergleichen Spukgeschichten habe man früher geglaubt, bis schließlich selbst die Erinnerung an die Geschichten verblaßte. Zu Beginn des Zweiten Weltkriegs war die Umschichtung der Erklärungsmodelle abgeschlossen. Die rätselhaften Seiten der sozialen Wirklichkeit wurden nicht mehr in Sinnbildern aufzuhellen gesucht, die der eigenen Erfahrung den Spiegel vorhielten.

Die Toten als Mitglieder der Gesellschaft

»Ein Bäuerlein hatte ein Äckerchen dort
viel hundert daneben der Reichste im Ort-
ein Geizhals von ruchloser Sitte.
Wenn dieser pflügend die Furchen brach,
so stahl er dem Nachbarn nach und nach
vom Äckerchen einige Schritte.

Doch als er gestorben, da konnt er nicht ruhn:
Er pflügte zur Nacht in glühenden Schuh'n
die brennen an beiden Füßen.-
Ja, das ist des ewigen Richters Fluch-
Wer hier im Leben verübet Betrug,
muß einst nach dem Tod dafür büßen.«

Peter Zirbes »Die glühenden Schuhe«

Vor der Landvermessung war es für die Bauern wichtig, daß auch das *heimliche* Versetzen von Grenzsteinen beobachtet und bestraft wurde. Derjenige, welcher eine solche Untat gegen seinen Nachbarn begangen hatte, sollte selbst im Tod keine Ruhe mehr finden. Daß die Wegnahme von Land in älteren Zeiten zu den schwersten Verbrechen gezählt wurde, bezeugt nachdrücklich eine mittelalterliche Rechtspraxis aus dem Moselraum: »In einem sehr altertümlichen Verfahren wird in Asbach und Schermbach und in Schauren und Bruchweiler derjenige, der Gemarkungssteine ausgräbt und versetzt, zum Tode verurteilt, indem man ihn an eben dieser Stelle seiner Freveltat bis zum Gürtel in die Erde eingräbt und dann eine Reihe von ungezähmten Haustieren, die scharfgeschliffene Pflüge hinter sich herziehen, auf ihn zutreibt. ›Kan er das überwinden, sol daß sein boß sein.‹«[230]

In vielen Eifeldörfern kannte man Spukgestalten, die an einen bestimmten Ort gebannt waren, weil sie dort ein derartiges Verbrechen begangen hatten. In Erntzen war es der »Bleie Mann«, in Föhren der »Bleinickel«, in Manubach der »Bohnenrappeler«, in Ottweiler der »Ratshannes«, in Wellesweiler der »Kastennickel« oder an der Mosel das kleine »Falkenberger Männchen« in Kröv.
In den *Volkssagen der Westeifel* aus dem Jahre 1935 kommen allein fünfzehn Sagen vor, die einen Marksteinversetzer zum Thema haben, wie diejenige aus Oberraden: »Zu Oberraden ging mal einer mit einem Markstein um und rief: ›Wor soll ich e setzen?‹ Da war ein Pferdsjung, der rief ›Domm Loder, wu de e gehullt hos!‹«[231]

Entscheidend ist nun aber nicht, daß es in diesem Gebiet, wie anderswo auch, solche ruhelosen Gestalten gab, die erst durch einen Spruch erlöst werden konnten, sondern daß sie im 19. Jahrhundert noch neu entstanden sind und die Namen bekannter Verstorbener erhielten – zu einer Zeit also, da das Besitzrecht durch den Code Napoléon und die Landvermessung französischer und preußischer Ingenieure auf eine moderne Grundlage gestellt worden war. Doch »gerade im Übergang vom Anerbenrecht zur Realteilung und dem traditionellen Nachwirken der alten Ordnung ist Teilung des Erbes Gegenstand der Diskussion. Vor allem in den Randgebieten des ehemaligen Anerbenrechts ist eine Sage recht häufig, in der berichtet wird, daß ein Verstorbener ›zurückkommen‹ muß, weil er einen Erben, den Sohn im Haus, bevorzugt hat. Es gibt Prozesse mit Falscheiden und Streitigkeiten aller Art. Vor allem in der Gegend von Malmedy-St.Vith waren solche Erzählungen häufiger, hier oft in der Weise weitergeführt, daß einer der Erben die Wiederkehr des Toten vortäuschte. Im gleichen Gebiet kommt der Verkauf von Häusern im Zuge des Erbganges öfter vor als in anderen Teilen der Westeifel, und in diesem Zusammenhang wird eine Sage von Gespenstern in Häusern berichtet und dabei recht häufig davon erzählt, daß einer der Interessenten einen solchen Hausspuk vortäuschte, um den Kaufpreis zu drücken.«[232]

Hier wird deutlich, wie der Geisterglaube nach und nach zerfiel und seine Schreckenskraft anderen Interessen dienstbar gemacht wurde. Aber selbst der Versuch, einen Spuk zu erfinden, um den Kaufpreis eines Hauses herunterzuhandeln, setzt voraus, daß man sich mit dieser Strategie noch einen gewissen Erfolg versprach.

In der Generation derjenigen Eifelbauern allerdings, die im Kaiserreich die Schule besuchten, schwanden die übernatürlichen Erklärungen allmählich aus den Interpretationsmustern. Damit ging zunächst ein alter Wissensbestand verloren – sei er nun tatsächlich keltischen Ursprungs, wie manche Autoren im Falle der Quellgeister beständig nachzuweisen versuchen,[233] sei er römisches Kulturerbe, fränkisches oder mittelalterliches Gedankengut, durch Kulturkontakte und Diffusion hereingetragen, bzw. ein Produkt neuzeitlicher Anpassung, wie im Falle der Kobolde, die seit dem 19. Jahrhundert nicht mehr schabernacktreibend dargestellt werden. Die Vermittlung zwischen der natürlichen und der spirituellen Welt kam mit der Sicherheit abhanden, daß zumindest im Jenseits Gerechtigkeit herrsche und jeder Bösewicht vor dem höchsten Richter die ihm zukommende Behandlung erfahren werde.

Die unwürdige Existenz der Wesen, die nicht sterben konnten, war jedem, der davon erfuhr, eine stete Mahnung. Und auf diese Weise wurde anschaulich ein überkommenes Rechtsbewußtsein tradiert, in dem die Mitglieder der scheidenden Generation durch die Art und Weise, wie nach dem Tode über sie gerichtet wurde, verdeutlichten, was Unrecht und was Recht im Leben war. Das Diesseits fußte auf Gesetzen, die im Jenseits erlassen und deren Übertretung dort bestraft wurde. Dieses Traditionsgefüge brach durch die Rationalisierung der Erklärungen zusammen. In dem Moment, da niemand mehr einen zurückgekehrten Frevler als kleines Männchen in stumpfsinniger Trauer auf einem Grenzstein sitzen sah, als es die enthauptete Kindsmörderin aus den Thürer Basaltbrüchen nicht mehr gab, die einen Kindersarg auf ihrem Pferd vor sich liegen hatte und an die Vorüberziehenden die flehentliche Frage richtete: »Wo kann ich ihn abstellen?«, um durch einen Spruch erlöst zu werden, ging nicht nur die Welt der metaphysischen Deutungen, sondern auch die der plastischen Bilder und der heftigen Gefühlsausbrüche unter.[234] Die Lehrerschaft mag dankbar zurückgeblickt haben, als nach einem Jahrhundert Volksbildung der letzte Eifelbauer Abstand von solchen Vorstellungen genommen zu haben schien. Manches setzte sich auch unterschwellig fort. Wie anders sollte man die Geschichte aus Neidenbach sonst verstehen, wo noch in der Zwischenkriegszeit erzählt wurde, daß zwölf zwölfjährige Mädchen einen Mann im Totenmantel gesehen haben: »Sie gingen zum Pastor und erzählten dem das. Der sagte, es wäre Unsinn, es käme keiner zurück, der schon tot sei.« Doch die Mädchen beharrten auf ihrer Beobachtung und ein mutiges Kind fragte den Toten schließlich, was er wolle. »Da hat der Mann gesagt, er habe noch fünf Vaterunser zu beten.« Und nun ließ sich auch der Pastor überzeugen. »Da hat der Pastor gesagt, sie sollten direkt beten. Das haben sie getan, und da war der Mann verschwunden.«[235]

Mit dem Schlagwort vom Aberglauben, so Wolfgang Brückner, »ließen sich alle mißliebigen Erscheinungen abqualifizieren wie quasi wissenschaftlich von einer höheren Erkenntniswarte aus erklären und zugleich praktische Abhilfe zur Besserung anbieten, nämlich rationales Handeln anstelle von angeblich unvernünftigem und abergläubischem Tun und Denken. Der kritische Volksaufklärer ... verkündet es ex cathedra seiner Theorie von Gesellschaft und Ökonomie. ... Es mußten ... neue soziale Tugenden eingeübt werden und zwar jene, die in der Folge unsere industrielle Welt der bürgerlichen Gesellschaft heraufführen sollten: Fleiß, Sparsamkeit, Bildungswille, Gesundheitspflege, moralische Disziplinierung und dies alles unter dem Gesichtspunkt der ›Vernünftigkeit‹ als zweckgerichtetem, kostengünstigem Nützlichkeitsstreben, weil rational hier zugleich auch immer rationell heißt. Deshalb unterliegt auch die ästhetische Kultur diesen Ansprüchen und hat sich aller geistigen Ablenkungen und ökonomischen Fehlinvestitionen zu enthalten.«[236]

Als die Vorstellungen von den lebendigen Kräften in der Natur schwanden, distanzierten sich die Menschen auch mehr von ihrer Umwelt. Die Rechtsordnung sollte fortan »nichts anderes sein als realisierte Vernunft, als ein Medium für die rationale Gestaltung der Gesellschaft durch den Menschen.«[237]

Das mächtigste Instrument zur Verhinderung von Volksglaubensvorstellung war die Schulbildung. Doch hat sie nicht von heute auf morgen die Landbevölkerung erreicht. Analphabetismus und Schulverweigerung waren trotz der Einführung der allgemeinen Schulpflicht im Jahre 1825 bis 1872 weit verbreitet, und auch hier bildete die Eifel im gesamtpreußischen Vergleich das Schlußlicht. Mit dem Schulaufsichtsgesetz, das 1872, also während des rheinischen Kulturkampfes, in Kraft trat und die Geistlichkeit aus schulischen Angelegenheiten weitgehend verbannte, begann eine Zeit systematischer staatlicher Bildungsarbeit. Aber anders als beim Eisenbahnbau wurde die Strukturkrise des Schulwesens in den mittleren Jahrzehnten des 19. Jahrhunderts nicht allein durch verspätete Maßnahmen hervorgerufen, sondern durch die Weigerung der Bevölkerung, den Sinn der Bildungsarbeit einzusehen. Die Schwierigkeiten, mit denen die Schulbehörden und die Lehrerschaft auf dem Lande zu kämpfen hatten, zeigen deutlich, wie wenig Vertrauen die Eifelbevölkerung zur preußischen Beamtenschaft gefaßt hatte und wie auch hier, ähnlich wie bei den Dekreten gegen die Frömmigkeit, versucht wurde, sich den staatlichen Organen durch stillen Boykott zu entziehen. Doch wenngleich der Elementarunterricht sich zunächst wegen einer Vielzahl von Barrieren, von denen die Kinderarbeit in der Landwirtschaft die wichtigste war, nur schwer durchsetzen konnte, stieg die Zahl der Schulbesuche dennoch stetig an.

Der Kampf um den Elementarunterricht

Als der geistliche Schulinspektor Pfarrer Theis im späten Frühjahr des Jahres 1822 von seiner Visite durch den Neuerburger Raum zurückgekehrt war, dürften ihm angesichts der Verhältnisse dort die Haare zu Berge gestanden haben. In Ammeldingen waren weder der Lehrer noch seine Schüler aufzutreiben gewesen, und in Altscheid hatte er ein baufälliges Haus betreten müssen, in dessen Schulzimmer der Küster eine Werkstatt und eine Schlafstatt eingerichtet hatte. Der eine Junge, den er dort fand, konnte zwar ein wenig lesen, die anderen Kinder des Dorfes aber waren der Schule gänzlich fern geblieben. In den meisten dieser »Schulen« hatte es weder Tafeln noch brauchbare Bücher gegeben. In Schankweiler war der Giebel des Schulhauses gerissen, sodaß der Wind durch das Klassenzimmer pfiff, der Raum hatte keinen Ofen gehabt, der Lehrer keine Kreide und die Kinder, sofern welche vorhanden, keine Tische. Brave Küster waren diese »Lehrer« jedoch alle gewesen, obwohl sich über manch einen von ihnen die Dorfbevölkerung auch nur lustig gemacht hatte. In einigen Gemeinden, wo der Pfarrer tüchtig war, konnte Theis einige Fortschritte verbuchen, insgesamt war jedoch zu vermelden, daß die Bauernkinder des Kreises Neuerburg im Frühjahr, Sommer und Herbst anderen Beschäftigungen nachgingen als den Ausführungen unterqualifizierter Pädagogen zu folgen.[238] Und diese waren in der Tat zum Teil nicht viel mehr gebildet, als diejenigen, die sie unterrichten sollten. Aus dem Jahre 1729 ist die kuriose Einstellungsprüfung für einen Schulmeister eines Eifeldorfes überliefert, die nötig wurde, nachdem der alte Lehrer verstorben war. Als Bewerber erschienen vor der versammelten Gemeinde unter dem Vorsitz des Pfarrers ein Kesselflicker, ein Schuster, ein Unteroffizier, ein Weber und ein Schneider. Das Prüfungsprogramm bestand aus Vorsingen, Bibelstellen rezitieren, die 10 Gebote hersagen, einem Diktat und einigen Rechenaufgaben. Der Bewerber »Jacob Maehl, Weber, hat die 50 Jahre hinter sich, hat gesungen: O Mensch beweine. Wer nur den lieben Gott läßt walten, – Melodie ging ab in viele andere Lieder, Stimme sollte stärker sein, quieckte mehrmalen, doch so nit sein muß.« Er hatte überdies erhebliche Leseschwächen, machte fünf Fehler in drei Reihen Diktat, die 10 Gebote sagte er hingegen fehlerfrei auf, doch des Rechnens war er »nit kundig«. Sein Konkurrent, der Schneider Philipp Horn, »schon ein alter gebrechlicher Mann mit 60 Lebensjahren, sollte lieber zu Hause geblieben sein ... . Hat 2 Lieder gesungen, Stimme wie ein blöckend Kalb, auch oft in unrechte Lieder verfallen.« Seine Lesekenntnisse waren jämmerlich schlecht, das Rechnen war ihm ganz unbekannt, er »zählte an den Fingern wie ein klein Kind.« Jacob Maehl erhielt nach Abschluß der peinlichen Befragung den Zuschlag der Gemeinde, weil seine Konkurrenten vollends ungeeignet erschienen waren: der Kesselflicker kam nach Meinung der Dorfbewohner zuviel im Lande herum, der Unteroffizier hatte den Eindruck allzugroßer Strenge hinterlassen, und der Schuster erzielte auf der ganzen Linie nur mittelmäßige bis schlechte Resultate.[239]

Die deutsche Schulgeschichtsschreibung kann berichten, daß diese Zustände für den besagten Zeitraum nichts Außergewöhnliches darstellten, denn in den einzelnen Provinzen Preußens schwankte die Schulbesuchsquote im Jahre 1816 nach den Angaben des statistischen Bureaus in Berlin zwischen 20% und 60%, wobei das katholische Rheinland generell zu den bildungsschwachen Regionen zählte.[240] Zwar hatten die aufgeklärten Kurfürsten in den linksrheinischen Landen im ausgehenden 18. Jahrhundert mit einer allgemeinen Schulpflicht zwecks Hebung der Volksbildung geliebäugelt, die Reformentwürfe allerdings wieder fallen lassen, als mit dem Aufkommen der französischen Revolution deutlich wurde, daß gebildete Volksmassen einerseits zwar nützlichere Untertanen abgeben konnten, andererseits aber auch ein politisch gefährlicheres Potential darstellten. Und so blieben bis zur Franzosenzeit weitestgehend die Küster die Hüter der spärlichen dörflichen Bildung.

Die Franzosen vertrieben zwar den Klerus aus der Schule und ersetzten den Religionsunterricht durch bürgerliche Moral, da sie aber ebenfalls keine allgemeine Schulpflicht einzurichten vermochten, lag das ländliche Bildungswesen im Jahre 1815 weitgehend darnieder. »Die Verwaltungsbeamten haben keine Zwangmittel in Händen, und die Überredungskunst wirkt auf den Landmann nur, wenn sie von einem Pfarrer kommt.«[241] Diesen Eindruck äußerte der Bitburger Landrat im Jahre 1824, und er benannte damit ohne Umschweife eines der Grundübel, das aus seiner Sicht für den schlechten Zustand des Schulwesens mitverantwortlich war: die fehlende Einsicht der Bauern in die Notwendigkeit staatlicher Bildungsziele. Der Landrat sprach zudem eine alte Erfahrung aus, denn selbst die Schutzimpfungen gegen die Menschenpocken wurden in der Eifel erstmals von einem Pfarrer vorgenommen – dem Vikar Hubert Schmitz von Niederstadtfeld, der zwischen 1801 und 1811 rund 8000 Personen impfen konnte.[242] Eine ähnlich ablehnende Haltung gegenüber der Pockenimpfung war noch Ende des vergangenen Jahrhunderts in vielen ländlichen Gegenden anzutreffen. So berichtet etwa der Grazer Sanitätsrat Victor Fossel aus der Steiermark, dort werde »die Impfung als Teufelswerk verlästert ... Wird ein Kind geimpft, so verfällt es dem Antichrist und kann nicht mehr selig werden.« Die Erklärung eines Ennstaler Bauern war denkbar einfach, denn »unser Herrgott war a nöt g'nimpft«. Es gehe der Volksglaube, so Fossel weiter, daß dem geimpften Kinde durch die Stoffabnahme überhaupt erst Schaden und Krankheit drohe.[243]

Die Ziele der rheinpreußischen Bildungspolitik nach 1815 waren bald recht eindeutig formuliert: »Was Grundzug des deutschen Wesens ist, muß vor allem gepflegt werden: Gottesfurcht, Tiefe des Sinnes und des Gemüthes, strenge Redlichkeit, feste Anhänglichkeit an dem anerkannt Guten, überhaupt, an alter Sitte und Weise, Ernst, beharrlicher Forschungstrieb, Gründlichkeit, Scharfsinn usw.«[244]

Die Reorganisation des Bildungswesens wurde in einem hierarchischen System auf der lokalen Ebene einem Ortsschulvorstand (Pfarrer) und auf der Kreisebene den Schulinspektoren (oder Berings-Inspektoren, Pfarrern) übertragen, die wiederum dem Landrat und der Bezirksregierung unterstellt waren.

Das »Formular zu den Berufsbriefen für Elementar-Lehrer im Regierungsbezirk Aachen« vom 17.11.1824 legte den Aufgabenbereich der Landschullehrer für diesen Bezirk genau fest, die Stundenpläne der anderen Bezirke ähnelten diesem Muster.[245] Darin waren täglich drei Stunden Vormittags- und drei Stunden Nachmittagsunterricht vorgesehen, in denen Lesen, Schreiben, Kopfrechnen, Gesang, vaterländische Geschichte, Naturbeschreibung und Religion gelehrt werden sollten. Überdies sollten die Kinder zur »treuen Anhänglichkeit an den Landesherrn und an den Staat und zum Gehorsam gegen dessen Gesetze und Anordnungen« erzogen werden. Als Entlohnung standen dem Lehrer eine freie Wohnung und 150 Taler von Gemeinde und Kirche zu, wobei die Eltern pro Vierteljahr 25 Silbergroschen an Schulgeld abgaben. Mit den in dieser Größenordnung ausgezahlten Niedriglöhnen galten die Dorfschullehrer der gesamten Eifel bis 1872 als »patentierte Hungerleider«. In einigen Bezirken wurden die Schulen im Sommer ganz geschlossen und der Lehrer wurde durch »Wandeltisch« in der Gemeinde verköstigt. 1855 gab es vor allem in den höher gelegen Teilen der Eifel, so in den Kreisen Prüm, Daun, Bitburg, Wittlich und Bernkastel immer noch rund hundert Winterschulen.

Die Einführung des allgemeinen Schulzwanges durch Kabinettsordre vom 14. Mai 1825 für Kinder vom vollendeten fünften, resp. auf dem Lande sechsten bis zum vierzehnten Lebensjahr, zeugte zwar von der Entschlossenheit des preußischen Staates, die Bildung in die eigenen Händen zu nehmen, stieß aber – abgesehen vom Mangel an entsprechenden Gebäuden, der schlechten Lehrerbesoldung und der noch in den Kinderschuhen steckenden Lehrerbildung –, auf entscheidende Widerstände bei der bäuerlichen Bevölkerung.

Der je dreistündige Vormittags- und Nachmittagsunterricht bürdete dem bäuerlichen Haushalt eine zusätzliche Belastung auf, da die Kinder während dieser Zeit der Wirtschaft nicht zur Verfügung standen. Rund 70 Prozent der kleinbäuerlichen Familien des Regierungsbezirkes Trier verfügten im Jahre 1868 über einen Landbesitz unter 5 Morgen. Diese Misere war durch die Realteilung entstanden, die bei stetigem Bevölkerungszuwachs im 19. Jahrhundert zu Betriebsgrößen führte, von denen die einzelnen Familien nur mehr schlecht als recht leben konnten. Die schulpflichtigen Kinder wurden auf dem Hofe benötigt, um eine ganze Reihe von wichtigen Arbeiten auszuführen: Sie hüteten das Vieh, sie halfen mit beim Brennholzbeschaffen und bei der Ernte oder kümmerten sich um die jüngeren Geschwister, während die Eltern ihre eigene Arbeitskraft für die Unterhaltssicherung benötigten. Und diese, zumeist nichtalphabetisierte Elternschaft sah keinen Sinn darin, daß ihre Kinder die wertvollsten Stunden des Tages auf Schulbänken verbringen sollten.

Dem erbitterten Kampf um die Durchsetzung des Elementarschulwesens stand der ebenso erbitterte Kampf um den alltäglichen Lebensunterhalt der kleinbäuerlichen Existenz gegenüber, die von den inneren Werten des neuen Bildungswesens nicht überzeugt war. Weitab von den Zentren und ebenso weitab von einer Bindung an den preußischen Staat fehlte jeder Gedanke an höhere Ziele, die an die neuen Landesherrn geknüpft sein mußten. Die Interessenkollisionen zwischen einem Staat, der aus patriotischen, wirtschaftlichen, militärischen und politischen Gründen Untertanen nach seinem Bedarf erziehen wollte und einer Landbevölkerung, die aus den traditionellen Lebensformen ihres bisherigen kulturellen Zusammenhangs gerissen war, erwiesen sich daher als unvermeidbar.

Aus der Sicht der Behörden stellte sich das Problem allerdings recht einseitig, und deshalb erhielt die Schulpolitik typische Grundzüge einer – wie wir heute sagen würden – fehlgeleiteten Entwicklungshilfe, die ja bisweilen durchaus wohlmeinend und reformbewußt daherkam. Das Entscheidende war eben gerade nicht die Frage, wie man in absehbarer Zeit der Verarmung Einhalt gebieten könnte, sondern mit welchen Mitteln die Landbevölkerung an das herrschende System angepaßt werden konnte. Dies, obwohl schon früh Überlegungen angestellt wurden, die in eine andere Richtung wiesen, nämlich dem Schullehrer die Vermittlung von Kenntnissen über Ackergeräte, Anbaumethoden und Futterpflanzen zu übertragen. So hieß es bereits 1837 in einem Zeitungsbericht: »Es ist gut, wenn der Bauernknabe weiß, daß die Erde sich um die Sonne bewegt und daß es ein Weltmeer und fünf Erdteile und heiße und kalte Länder gibt; aber um Himmelswillen laßt aus den Bauernköpfen, wann Plato gestorben und wie alt Alexander der Große geworden ist. Der dem Landmanne notwendigen Kenntnisse gibt es zu viele, um die überflüssigen aufnehmen zu können.«[246]

Einige geistliche Schulinspektoren bemühten sich in der ersten Hälfte des 19. Jahrhunderts zudem redlich, neue Verhaltensformen in die Landbevölkerung hineinzuerziehen. Bekannt geworden ist etwa der Leitfaden, den Schulinspektor Pfarrer Hugo Friedrich Schwickerath in Waxweiler in den 1820er Jahren für seine Dorfschullehrer verfaßte. Darin wurden genaue Anweisungen erteilt, wie sich die Kinder in Zukunft zu verhalten hätten. Besonderen Wert wurde auf die Ehrfurcht vor der Obrigkeit gelegt, auf Reinlichkeit, Ordnung sowie auf eine ausgefeilte Etikette bei Tisch, die einer mit dem Existenzminimum lebenden Bevölkerung wie blanker Hohn vorgekommen sein dürfte.[247] Lange wurde auch in den Schriften der Inspektoren und Geistlichen die Frage nach der Mentalität der Bauern hinsichtlich ihrer Bildungsfähigkeit diskutiert. Dabei kamen fast nie die kulturellen Errungenschaften der Landbevölkerung als eigenwertiges und zumindest in einigen Teilen erhaltenswertes Informationspotential zur Sprache. Stattdessen wurde vorwiegend gefragt, wie man die Menschen aus dem Dunkel der alten Zeit in die moderne Gesellschaft herüberholen könne. Dieser Gedanke gewann schon im ausgehenden 18. Jahrhundert an Kontur, als etwa der Statthalter von Bornschlegel die Meinung äußerte, wenn nur die rechten Schulbücher vorhanden seien, würden die Kinder »eifer bekommen und dieser eifer wird mit der Zeit dem Land nützliche Bürger erzeugen. *Denn um Gottes willen wie lang wollet ihr noch eure Kinder in der finsteren Dummheit fortwandern sehen?* und warum soll der Bewohner der rauhen Eifel nicht ebenso belehrt seyn als bewohner eines sanffteren Climas?«[248]

Man hielt die Eifelbauern für artig und gottergeben und mit genügend Intelligenz begabt, um durch Schulbildung beeinflußbar zu sein. Pfarrer Johann Hubert Schmitz gab 1844 die folgende Charakteristik des Eifelbewohners ab:

»Die Eifler sind ... mit guten geistigen Anlagen von der Natur her begabt ... Der Ernst der Natur, welcher sie umgibt, hat sich ihren Gesichtern eingeprägt, dabei sind sie jedoch gesprächig, treu und guthmüthig, ohne Falsch und Heimtücke. Willig unterziehen sie sich ihren Pflichten und Obliegenheiten gegen den Staat, und führen nicht leicht Beschwerde gegen Vorgesetzte, wenn nicht die Noth sie dazu zwingt oder Anreizung dazu verleitet. Treu dem Glauben ihrer Väter ... sind sie Neuerungen in religiösen Dingen abhold, weshalb sie auch, nachdem sie in frühern Zeiten ihrem Glauben durch Zeitverhältnisse theilweise abtrünnig gemacht worden waren, alsbald zu demselben wieder zurückkehrten.«[249]

Der Erfahrungshintergrund der Eifeler Landbevölkerung zwischen dem ausgehenden 18. Jahrhundert und der Mitte des 19. Jahrhunderts bestand aus einer Aneinanderreihung von Krisen, Unsicherheiten und Umbrüchen. Friedvolle Zeiten hatten die Eifelbauern zuletzt in den wenigen Jahrzehnten von der Mitte des 18. Jahrhunderts bis zur französischen Revolution erlebt. Die Wirren der napoleonischen Zeit mit ihren tiefgreifenden Veränderungen waren kaum überwunden, als eine Hungersnot die Menschen besonders nach der Mißernte des Jahres 1816 niederdrückte.

Die neuen Landesherrn trugen nicht dazu bei, die Erschütterungen abzufangen. Sie überschwemmten die Bevölkerung mit einer Flut von undurchführbaren Verordnungen – so gab es rasch gefertigte, akribische Musterbaupläne für einklassige Landschulen, in denen jede Brettstärke, jedes Möbelmaß detailliert festgeschrieben war.[250] Aber damit gelang es ihnen nicht, die Lage der Bauern und den von der sterbenden Eisenindustrie abhängigen Lohnarbeitern eine Perspektive zu geben.

Die Eifel wurde mehr und mehr zum unerschließbaren rheinpreußischen Problemfall, dessen ungebildete Bewohnerschaft nur schwer an die veränderten Verhältnisse anzupassen war. Um das Jahr 1840, als die zweite Hungersnot des 19. Jahrhunderts über die Eifelbevölkerung hereinbrach, waren die Bindungen an das Land, und zwar sowohl die ökonomischen als auch die emotionalen, bereits soweit unterbrochen, daß viele es vorzogen, nach Amerika auszuwandern und den Verheißungen der Anwerber auf eine bessere Zukunft Glauben zu schenken. Die Schule war in den ersten Jahrzehnten des 19. Jahrhunderts kein integratives Moment, im Gegenteil, sie trug zur Entfremdung bei, indem sie die Kinder für die Verwertungsbedürfnisse der keimenden Industriegesellschaft präparierte, sie der bäuerlichen Lebenswelt entzog und zugleich unselbständige Verhaltensweisen und gleichförmige Arbeitsabläufe einstudierte.

Jahrzehnt um Jahrzehnt wandelte sich die Qualität der Lehrerbildung. Es wurden neue Schulbauten errichtet, die den Normen und Anforderungen zeitgemäßer Schularchitektur entsprachen, und die Zahl der Kinder, die nicht am Alphabetisierungs- und Bildungsprozeß der Landbevölkerung teilhatte, nahm stetig ab. Waren es im Regierungsbezirk Aachen 1816 noch über siebzig Prozent aller Kinder, die nicht zur Schule gingen, so entzogen sich in der Jahrhundertmitte nur noch rund zwanzig Prozent ihrer Schulpflicht.[251] Nach dem deutsch-französischen Krieg wurde am 11. März 1872 ein neues Schulaufsichtsgesetz beschlossen, das die bis dahin durch den Klerus ausgeübte Schulinspektion in die Hände von Kreisschulinspektoren legte, welche selbst dem Lehrerstand entstammten. Auf lokaler Ebene übten in den Eifeldörfern jedoch weiterhin die Pfarrer bis zum Ende des Ersten Weltkrieges die Schulaufsicht aus. Das Schulgeld wurde 1888 abgeschafft, die Lehrerbesoldung stieg im selben Jahr merklich an, und damit verbesserte sich die soziale Lage des gesamten Berufsstandes auf den Dörfern. Die Lehrpläne wurden differenzierter; ihre Einhaltung kontrollierten die Schulaufsichtsbehörden. Die Geschichte Preußens wurde den Kindern als vaterländische Geschichte auf die Seele gebunden, mit dem Ziel, in ihnen eine patriotische Gesinnung zu erwecken, die sie von den Bindungen ihrer Vorväter ablöste. Die älteren Kinder der Volksschule in Bleibuir beschäftigten sich etwa im Jahre 1897 allein vierzehn Wochen mit dem Studium des Lebensweges und der Taten Wilhelms I.[252]

Probleme der kulturellen Gespaltenheit

»Metaphysisch pflegen wir diejenigen Begriffe zu nennen, von welchen wir vergessen haben, wie wir dazu gelangt sind.«

Ernst Mach

Die Springprozession bietet ein Beispiel für die Stabilität althergebrachter volksreligiöser Praxis und die Bindungsenergien, die sinnhaftes Brauchtum für eine regionale Identität mobilisieren kann. Die Ablösung der Volksüberlieferung dokumentiert den durchgreifenden Erfolg der Aufklärung bis hinein in die kleinsten Landgemeinden. Die Unterweisung der Jugend zur Einpassung in den Industrialisierungsprozeß und zur Förderung einer vaterländischen Grundeinstellung zeigt, daß die meisten kulturellen Werte der in diesen Sog geratenen Regionalbevölkerung keine Überlebenschancen hatten. Das heißt nichts anderes, als daß die katholische Landbevölkerung zwar konsterniert, aber letztlich widerspruchslos in die allgemeine gesellschaftliche Entwicklung eingebunden wurde, obwohl bis 1872 die Geistlichkeit durch die Schulaufsicht einen direkten Zugriff auf die Lehrinhalte hatte und die Bildungsarbeit vor Ort übernahm.

Eigenwillige Auffassungen in Glaubensdingen trugen mit zur Marginalisierung der Region bei, denn das Spannungsverhältnis führte zum Verlust einer eigenen kulturellen Identität, die erst zum Ende des 19. Jahrhunderts hin durch die programmatische Arbeit des Eifelvereins teilweise wieder aufgearbeitet werden konnte. Verspätet kamen auch die Bildungsansätze, die sich direkt um eine Verbesserung von Ackerbau und Viehzucht bemühten, obwohl die schlechten Verhältnisse der Landwirtschaft Gegenstand einer ganzen Flut von Enquêten und statistischen Erhebungen waren. Stabiler Faktor in der sich wandelnden Lebensorganisation der Eifler blieben allein die katholische Kirche und die über Generationen hinweg tradierten Vorstellungen der Volksfrömmigkeit. Sie bildeten die Garanten für kulturelles Überleben, förderten einerseits bestimmte Neuerungen und verhinderten andererseits eine Öffnung der ländlichen Perspektiven. Die erste Hälfte des 19. Jahrhunderts, bis zu den großen Auswanderungswellen, kann als eine Geschichte der Krisen geschrieben werden, und es verwundert nicht, daß die Menschen dort Zuflucht suchten, wo sie sich einen Beitrag zur Lösung ihrer Existenzprobleme erhofften, zu denen auch ein zuvor unbekanntes Bevölkerungswachstum gehörte. Allein zwischen 1816 und 1834 stieg die durchgängig katholische Bevölkerung des alten Kreises Adenau von 18 907 auf 22 210 an, in knappen zwanzig Jahren also um fast 17,5%.[253] D.h. die bäuerliche Familie mußte mindestens einen Esser mehr versorgen, unter gleichzeitiger Verkleinerung des Besitzes bis hin zu jenen beinahe unbewirtschaftbaren Streifenfluren. Die Sicherung des Lebensunterhaltes mußte diesen progressiv verarmenden Schichten wichtiger sein als der Aufbau der kapitalistischen Gesellschaft.

Es ist deshalb nicht verwunderlich, daß sich unter der Bevölkerung Resignation ausbreitete und der Mut zu Neuem fehlte. In vielen Dörfern war es der Lehrer, der Fremde, der das erste Fahrrad oder später das erste Motorrad besaß. Noch 1904 hatte Georg Labion über die Lebenshaltung der Einwohner von Harperscheid im Kreis Schleiden geurteilt: »Wenn das Vorhandensein bestimmter Möbel, z.B. von Sopha und Klavier für die Lebensansprüche der Bevölkerung eines Ortes und somit bis zu einem gewissen Grade für ihre Wohlhabenheit einen Maßstab bilden kann, so mag noch erwähnt werden, daß sich in ganz

Abb. 18: Eifeler Bauer vor dem Ersten Weltkrieg im festlichen, blauschwarzen Kittel.

Harperscheid, wenn man von Schule und Pfarrhaus absieht, nur 2 Sophas und 3 Klaviere befinden, die ihren Ursprung wohl irgend einem Möbelverkauf verdanken dürften, den ein Pastor oder Lehrer abgehalten hat. Auch das Fahrrad, für dessen Benutzung allerdings die Terrainverhältnisse nicht besonders günstig sind, ist erst in wenigen Exemplaren vertreten.«[254]

Doch es muß betont werden, daß es sich um eine Rückzugsstrategie handelte, die wenig mit den realen Machtverhältnissen im Lande zu tun hatte. Wenn man mit Niklas Luhmann die Säkularisierung »als die *gesellschaftsstrukturelle* Relevanz der *Privatisierung* religiösen Entscheidens«[255] auffaßt, so war dieser Prozeß in den 1870er Jahren weitgehend abgeschlossen. Die Eifel war de facto ein Teil der preußischen Rheinprovinz und damit von den politisch-administrativen Herrschaftstrukturen abhängig, was sich bei der Durchsetzung der Schulaufsicht klar abzeichnete. Der rheinisch-preußische Kulturkontakt blieb mindestens bis zum Ersten Weltkrieg ein kritisches Unterfangen. Noch im Dezember 1929 erhält der Prümer Landrat aus dem Ministerium des Innern in Berlin ein Schreiben betreffend der Beleidigung von Regierungsmitgliedern. Darin heißt es: »Ich ersuche erg. den Berichten über vorgekommene Beleidigungen von Regierungsmitgliedern künftig, sofern preussische Minister beleidigt worden sind, je einen Durchschlag und, falls Reichsminister allein oder neben preuss. Ministern die Beleidigten sind, je zwei Durchschläge beizufügen ...«[256]

Der Landrat mag sich seinen Teil dazu gedacht haben. Spottnamen und Spottgesänge zeugen von unterschiedlichen Wertmustern und einer schwer überwindbaren Fremdheit. Victor Baur etwa erzählte in seiner Spottballade von preußischen Offizieren, die kurz vor dem Ersten Weltkrieg an einem Eifelmanöver teilgenommen hatten, und diese einfache Ballade soll abschließend noch einmal dokumentieren, was auch Heinrich Heine mit seinem *Wintermärchen* zum Ausdruck brachte: daß das Hierarchiedenken, die steifen Gebärden und der Formalismus der preußischen Beamten- und Soldatenkaste dem katholischen Bauernvolk der Eifel zutiefst fremd waren und blieben.

Nachdem nun, in Baurs Erzählung, die »Schlacht« vorbei war, zogen die preußischen Offiziere zur Gaststätte Schramm in Daun, um sich von der Kapelle Schlömer, die um die Jahrhundertwende in der Eifel berühmt war, unterhalten zu lassen: »Man trank, wie's üblich bei solcher Fête/Auf Frauen, auf Preußen, auf Majestäte«. Einer der Herrn, die sich an der frischen Luft ergingen, hatte sich bei seiner Rückkunft in der Tür geirrt:

»Und geriet dabei – Er – Oberst von Thauern
In die Schramm'sche Stube der Bürger und Bauern.
Die anderen kamen und drängten nach,
Und voll ward das ganze Bürgergemach.
Dort saßen sie bei Schnäpsen und vielen Bieren
Die Bürger und war'n noch am Manövrieren.
Doch als sie sahen die lange Kette
Der Uniformen, der Epaulette,
Der Orden, der Schnüre, der Sporen, der Litzen,
Da konnten sie nicht mehr stille sitzen,
Schnell sprangen sie auf und munter allda
Und reckten die Hände und riefen Hurra!-

Ob solcher treuen Vaterlandsliebe
Erwachten im Oberst die edelsten Triebe,
Und er stellte sich vor: ›Graf Oberst von Thauern,
Ehrenbürger von Halberstadts Mauern‹
Die nächsten drängten weiter herein,
Um gleich dem Chef ihre Namen zu schrei'n:
›Oberst Graf Ulrich von Zitzewitz,
Oberst Freiherr von Itzeplitz,
Major Heinz Horst von Walderstätt,
Major Fürst August von Ochsenklett
Hauptmann Baron von Wangenheim
Hauptmann Ernest von Binsenschleim,
Oberleutnant von Freudenburg,
Oberleutnant Graf Sterzenlurch,
Leutnant Kuno von Pinkelstein,
Leutnant Graf Lutz von Lichtenhain,
Fähnrich Baron von Fersengeld,
Fähnrich – ä – Zenko von Zitzenfeld‹-

So standen sie vor der Theke Sockel,
und klemmten fester ins Aug' die Monokel,
Standen ehern aus eisernem Guß,
Die Hand erhoben zum zackigen Gruß,
Standen trotz Wein- und Gliederschwere
Stramm wie in ihrem preußischen Heere.

Ob solcher funkelnder Namen-Brillanz
– (O heil dir, heil dir im Siegerkranz) –
Schwanden am biederen Bürgertische
Langsam Hurra und alte Frische,
Bis Händler Holzem, der vorneab saß
und seinen Hering zu essen vergaß
Sprach: ›Alle Ehr' ist der Ehre wert,
Wohlauf Kameraden, auf's Pferd, auf's Pferd!‹
›Es gebührt sich,‹ so sprach er zu seinen Gesellen,
›Uns all reputierlich hier vorzustellen.‹

Und er tat seine Stimme zum Fistelton zwängen:
›Graf Josef Holzem von und zu Rengen.‹
Der nächste, ein pfiffiges Schneiderlein,
Der ging auf den Ton sofortiglich ein
Erhob sich, schmächtigklein anzuschaun:
Und näselte lässig: ›Graf Wirich zu Daun.‹
Dann folgten die anderen: Drickes zu Dreis,
Hans Elbrich, Edler von Oberweis,
Egidius, Erzabt von Eberhartsklausen,
Hannshenrich, Wildgraf von Hinterhausen,
Dann ›Holofernes, Herr zu Gemünden‹,
Und ›Pitter, Meister von starken Winden,
Baron Schorsch Schiefer von Kaisersesch,
Hornickel, Stromer von Hinterbösch,
Und Nieres von Neroth, Michel von Mayen,
Und Brunzel von Daun, Graf aus dem Layen,
Baron von der Sandt von Wassenach,
Wellem, Deichherr auf Weiersbach,
Stoffel von Stadtfeld, Nikla von Neichen,
Bartholomäus von den drei Eichen.‹
Als letzter – jüngst ward er erst Vorsteher grad -
›Berndjusep, Oberst von Boverath‹! -

Da hob in den Reihen von Mann zu Mann
Ein großes Bücken und Beugen an,
Die Worte schwirrten,
Die Sporen klirrten,
Die Lippen lallten,

Die Hacken knallten,
Das Händedrücken,
Ward zum Entzücken,
Man sprach vom Herrn nur (und nicht vom Knecht)
Und von dem gemeinsamen Adelsgeschlecht.

Doch mählich fand sich, schwankend und schmal,
Das versprengte Fähnlein zurück zu dem Saal.
Graf Lutz sprach zu seinem Oberst von Pleißen:
›Was sind – ä – die Eifler doch zackige Preußen!
Und alle sind – ä – von so hohem Mut,
Und überdies all – ä – von blauem Blut.‹

Graf Mirbach, der selbst aus Eifler Geschlecht,
Der lachte und rief, ›Graf Lutz hat recht!‹
Und ehe man sich richtig versah
Schrie einer ›Den Eiflern ein donnernd Hurra!‹
Die Schlömmers aber spielten im Nu
Einen schnellen, schneidigen Tusch dazu.

Sie haben gelärmt, sie haben gelacht,
Sie sangen und soffen bis tief in die Nacht.‹[257]

KAPITEL 7

HUNGERJAHRE – ZU DEN URSACHEN VON NAHRUNGSKRISEN

Heftige Fröste, starke Schneefälle und Nebel, sowie anhaltende Regen- oder Hagelschauer prägten noch in der Mitte des 19. Jahrhunderts das Eifeler Klima. Die Bevölkerung hungerte und litt unter akuten Krankheiten, wie Rheumatismus und Verkühlungen. Ein zeitgenössischer Beobachter hat die Misere festgehalten:

»An den Felskegel der Nürburg lehnt sich, erst ganz in der Nähe sichtbar, das elende Dörfchen gleichen Namens, das höchstgelegene Dorf der Eifel, das in dieser Höhe nur noch von Viehzucht sich nähren kann: das Volk ist klein, verkrüppelt und von der scharfen Luft grossenteils brustleidend. Nur die Nähe des bedeutenden Herrensitzes konnte den Bauern bewegen, sich in dieser Öde niederzulassen. Jetzt, wo die Nürburg nur noch vom Raubvogel bewohnt wird, sinkt das Dorf fast wieder in den Schoß der vernichtenden Natur zurück, und von der Burg herab erkennt man in den geschwärzten Strohdächern und verfallenden Lehmwänden kaum noch die gestaltende Menschenhand.«[258]

Der Zustand der Landwirtschaft war bereits zu Beginn des Jahrhunderts bekanntermaßen schlecht. Der Landwirtschaftsexperte Johann Nepomuk von Schwerz berichtete in seiner Enquête, die er im Auftrag der preußischen Regierung über den Zustand der Landwirtschaft in den Jahren 1816/17 erhoben hatte, daß er in den höher gelegenen Teilen der Eifel nur eine sehr geringe Kulturpflanzenvielfalt angetroffen habe, weil dort das Wachstumsoptimum von Weizen und Gerste überschritten sei. Seine Bilanz lautete lapidar: »Außer Roggen, Hafer und Kartoffeln wird Nichts hier angebaut, man wird also weder in der Wahl noch im Fruchtumlaufe irre.«[259] Der Roggen war für die mageren Böden die ideale Körnerfrucht, da er unter den Getreiden das winterhärteste ist und zugleich durch seine besondere Wurzelbestockung auch auf schlechten Standorten gedeiht. Gert Fischer hat nachgewiesen, daß sich um 1830 Roggen und Hafer in den zur Eifel zählenden Teilen des Regierungsbezirks Trier in der Getreideauswahl zusammen »auf beinahe 100 Prozent« ergänzten, wobei der Hafer in den höher gelegenen Gebieten bei weitem gegenüber dem Roggen überwog.[260] Die bäuerliche Kost bestand, solange sich die Kartoffel nicht als Hauptnahrungsmittel durchgesetzt hatte, typischerweise aus Roggenbrot und Haferbrei, Suppe und Mus. Wie Adam Wrede ausführte, nahmen die ärmeren Bauernfamilien vorwiegend den Brei zu sich, der »Papp« genannt wurde und zu dem man gerösteten Hafer verwendete. Die warme Mahlzeit bestand aus geriebenem Brot, Wasser oder Milch und Mehl, bisweilen kam ein Mus auf den Tisch, in dem, sofern vorhanden, Kartoffeln und Gemüse verarbeitet waren.[261]

Genauso entkräftet wie der Mensch ging das Vieh aus den strengen Wintern hervor. Die alten Landschläge, die in der Eifel heimisch waren, bevor durch das Einkreuzen des Glan-Donnersberger Rindes langsam eine Verbesserung der Milch-, Fleisch- und Arbeitsleistung erzielt wurde, mußten mit der kümmerlichen Naturweide auskommen, solange es die Witterung im Herbst zuließ: »Leider aber,« so Nepomuk von Schwerz, »daß die Weide an vielen Orten so kärglich ausfällt, daß die Kühe und Rinder nicht selten darauf zusammenfallen, und auf einer Leiter, wie auf einem Trauergerüste, ausgestreckt nach Hause getragen werden müssen.«[262] Seine Beobachtungen über den Zustand des Viehs im Sauerland kamen zu einem ähnlichen Ergebnis: »Das Hornvieh gewährt im Frühjahr den traurigsten Anblick, den das Menschenherz ausdauern kann. Mir ward das betrübte Schaupiel bescheert. Außer Stroh und Strohhäcksel kriegt es im Winter wenig zu kosten. Ein Bauer von der geringeren Klasse hält es für ein Meisterstück, wenn die Kuh im Frühjahr ohne seine Beihülfe aufstehen kann ...«[263] Ein Teil des kostbaren Strohs mußte überdies zum Decken und Nachbessern der Strohdächer zurückbehalten werden und stand dem Vieh nicht als Futter zur Verfügung.

Die Eifelkuh der vorindustriellen Zeit erreichte ein Höchstgewicht von ca. 225 Pfund und eine Größe von 1,20 m. Aus diesen abgemagerten Landschlägen war vor allem im Frühjahr wenig tierisches Eiweiß zu gewinnen. Als die wissenschaftliche Diskussion um die Stallfütterung und den Anbau von Futterpflanzen eingesetzt hatte, berichteten zeitgenössische Landwirtschaftsexperten, daß in der Eifel nirgendwo davon die Rede war.[264] Auch die Schafhaltung zum Zwecke der Gewinnung von Schafsmilch und Hammelfleisch spielte im 19. Jahrhundert nur noch eine untergeordnete Rolle, hauptsächliche dienten die Tiere als Wollieferant. In einzelnen Kreisen wurde schon früh eine Hebung der schlichtwolligen, rotbraunen und hornlos-spitzköpfigen Schafrassen durch das Einkreuzen des edlen Merinoschafes versucht, dies aber vor allem, um die Wollqualität zu verbessern, und nicht, um eine zusätzliche Milch- oder Fleischquelle zu schaffen. Nach anfänglichen Schwierigkeiten – Friedrich II. hatte eine Herde Merinos aus Spanien einführen lassen, die an der Räude starben – waren die Züchtungsversuche in Altpreußen vielversprechend verlaufen:

»Eine Zählung vom Jahre 1816 ergab auch für Preußen, daß (von rund 8,3 Millionen Schafen) auf Merinos 9 v. H., auf halbveredelte Schafe 29 v. H. und auf Landschafe 62 v. H. des Bestandes entfielen.«[265] Auch in anderen deutschen Landschaften hatte man mit Erfolg die Schafzucht gehoben und die Wanderschäferei entwickelt, wie etwa in Südwestdeutschland. Das seit Jahrhunderten heimische, mischwollige, häufig räudige Zaupelschaf wurde allmählich durch edlere Schafrassen ersetzt. Das Experiment mit den empfindlichen Merinos mißglückte in der Eifel jedoch vollständig. Im Kreis Daun etwa waren 1817 zwar einige Merinos vorhanden, die Herden starben aber bis 1850 »wegen Mangel's an gutem Futter und weil sie im Winter wegen des rauhen Klima's schwer durchzubringen sind, ganz aus.«[266] Die Groß- und Kleinviehbestände der Eifel waren nicht dazu angetan, Nahrungsengpässe in Notzeiten auszugleichen.

Hatten die Ackerer schon unter Witterungsanomalien und klimatischen Pendelungen zu leiden, welche verhinderten, daß das Getreide auf dem Feld bis zur Gelbreife gelangte oder vor dem Einbringen genügend trocknen konnte, so war das Klima bei weitem nicht der einzige Grund für die Ertragsminderungen, die in der Eifel in vorindustrieller Zeit in mehr oder weniger festen Zyklen auftraten. Sowohl während des Spanischen (1701- 1714) und des Österreichischen Erbfolgekrieges (1740-1748) als auch im Siebenjährigen Krieg (1756-1763) und in den Napoleonischen Kriegen verwüsteten Truppendurchzüge die Äcker, und das französische Militär hatte den Besitzstand durch Requisitionen belastet.

Doch auch in Friedenszeiten war der Ackerbau durch Gefahren bedroht, wenn sich epidemische Pflanzenkrankheiten ungehindert ausbreiteten oder der Unkrautbestand ein- und mehrjähriger Arten, wie etwa Ackersenf und Hederich, Ackerdistel und Huflattich, Ackerfuchsschwanz und Flughafer, eine solche Dichte und Vielfalt erreicht hatte, daß das Getreide der Konkurrenz wich. Unkräuter sind bodenständig und anpassungsfähig, sie wachsen schneller und sind widerstandsfähiger als die Kulturpflanze, die sich gegen solche Gesellschaft zur Wehr setzen muß. Infolge der späten Fröste konnten gerade die Kartoffeln erst im langen Tag gepflanzt werden, mithin zu einem Zeitpunkt, als die meisten Unkräuter schon aufgekommen waren. Besonders gefährlich für die Hackfrüchte wucherte das flächendeckende Franzosenkraut, da es den anderen Pflanzen Licht, Wasser und Luft entzog.

Zudem führten die für lehmige Verwitterungsböden aus Schiefer und Grauwacke typisch lückigen Bestände der angebauten Kulturpflanzen zu einer mangelnden Beschattung des Untergrundes, auf denen dann Keimlinge anderer Pflanzenarten heranwuchsen, wenn sie nicht zum richtigen Zeitpunkt am Emporkommen gehindert wurden. Kurfürst Maximilian Friedrich hatte am 23. Dezember 1766 eine Maßnahme zur Unkrautvernichtung im Getreidefeld angeordnet.

»Das in den Fruchtfeldern wuchernde, blau und gelb blühende Unkraut muß allgemein und fleißig ausgerottet werden, und soll jeder Bebauer eines Fruchtfeldes, welcher bei einer nach sieben Jahren vorzunehmenden Visitation saumselig befunden wird, alsdann für jede auf seinem Acker gefunden werdende derartige Blume 1/4 Gldg. Strafe erlegen.«[267]

Diese Verordnung hatte allerdings nur dort einen Sinn, wo eine geregelte Ackerwirtschaft betrieben wurde. Noch im Sommer 1944 notierte der Lehrer Bahnschulte in der Schulchronik der Volksschule von Rath bei Nörvenich: »Für samstags ist die Schule beauftragt, Kartoffelkäfer zu suchen. Die Sammlung von Heilkräutern, die auch in den Ferien fortgesetzt wurde, ergab auch in diesem Sommer ein ansehnliches Ergebnis. Von einem Feld am Wald, auf dem der Raps sehr kläglich gedieh, wurden allein 20 Pfund Kamille heimgebracht und auf dem Schulboden getrocknet.«[268]

Nicht zuletzt pickten in manchen Jahren Spatzen das Saatgut aus, sorgten Mäuse- und Rattenplagen, Käfer- und Insektenschwärme für Kahlfraß; jedes dieser Ereignisse konnte verheerende Ernteausfälle nach sich ziehen, mit denen ein Mangel an keimfähigem Saatgut für die nächste Feldbestellung verbunden war. Mäuse waren seit eh und je der

Schrecken aller Bauern und Spuren dieser Plage gibt es in Volkserzählungen in reicher Zahl. Aber das, was einem einsamen Reiter im Jahre 1675 bei Brockdorf im Hannoverschen auf einem Acker begegnete, dürfte nun doch ins Reich der Phantasie gehören. In einer alten Flugschrift heißt es:

»Wunderwürdig ist es/ und ebenso nachdencklich/ was man durch gewisse Nachricht von Hanover erhalten/ daß unweit selbiger Stadt bey einem Dorf Brockdorp genant einem zu Pferd über Feld reisenden Mann/ eine unglaubliche Menge der Mäuse begegnet/ so sich auf dem Feld in Schlacht-Ordnung gleich einem Kriegs-Regiment gestellet/ welches ein großer Ratz als Feld-Obrister gleichsam anführte und vorneanginge. Dann auch ferners in der Mitte als Fendrich/ und zuletzt wider dergleichen folgte: welches ebenso verwunderlich und nachdencklich als abscheulich anzusehen war...«[269]

Machten auch die Mäuse den Bauern in manchen Jahren das Leben schwer, so waren sie bei weitem nicht die einzige Ursache für schlechte Ernten.

»Die Cultur der Eifel«, so Johann Nepomuk von Schwerz, »leidet mehr an Ohnmacht als an Barbarei. Die Berge, welche nicht zu steil sind, werden auf ihrer Mittagsseite bis zu den Spitzen angebaut. Ich fand irgendwo einen schmalen steilen Abhang, der in förmlichen Terassen oder Absätze gelegt war, obgleich der Platz mir so vieler Mühe nicht werth schien. Solcher Terassen soll es häufig da geben, wo die Berge so steil sind, daß der Boden nur mit der Hacke umgemacht und der Dung durch Esel hinaufgeschafft werden kann. So was ist ehrwürdig in den Augen dessen, der Fleiß und Arbeit zu schätzen weiß.«[270]

Auch andere Beobachter hielten den Boden als nur in eingeschränktem Maße für kultivierbar. So heißt es in einem Bericht über den Kreis Daun aus dem Jahre 1852:

»Der vulkanische Boden besteht aus schwarzem Sande und ist für den Ackerbau geeignet, welcher dagegen in den Gegenden, wo der faule Schiefer, der nasse Letten und der bunte Sandstein vorherrschend sind, höchst beschwerlich ist; dennoch sind die Bewohner des Kreises, bei dem Mangel an schiffbaren Flüssen und größeren Ortschaften fast allein auf den Ackerbau und die Viehzucht beschränkt. An Webstühlen waren im Jahre 1847 nur 10 vorhanden, welche gewerbsweise, und 365 ... , die als Nebenbeschäftigung betrieben wurden.«[271]

Bodennutzungssysteme und ihre natürlichen Grenzen

Der überwiegende Teil des Bodens in den Schiefergebieten wurde durch die Schiffelwirtschaft oder eine ungeregelte Feldgraswirtschaft kultiviert. In den Kalkmuldengebieten gab es zudem eine Dreifelderwirtschaft mit Flurzwang, d.h. einer gemeinsamen Nutzung des Dauerackerlandes. Starke Gefälle, sumpfige Flußläufe, Strauchholz-, Gestrüpp- und Heideflächen prägten in fast allen Eifelkreisen das Landschaftsbild. In den Schiefergebieten schloß sich um das Dorf ein Ring aus Ackerland, dann folgte eine Heide- und Ödlandzone, die in Wald überging, häufig als Hanglage.

Auch in anderen Kreisen herrschten wechselnde, aber insgesamt ungünstige ackerbauliche Bedingungen. Der Kreis Schleiden etwa, so der Nationalökonom Eugen Huhn 1848, »liegt auf dem Nordabhange der Eifel, ist daher sehr gebirgig, hat Berge von 1800 Fuß Höhe ... . Der Boden ist sehr unfruchtbar und läßt keinen starken Feldbau aufkommen; von der Oberfläche sind 81424 Morgen Ackerland, 2542 M. Gärten, 64551 M. Wild- und Schiffelland, 39416 M. Wiesen und Weiden, 91823 Morgen Waldungen und 35763 Morgen öde Ländereien. Die Viehzucht erstreckt sich auf 2383 Pferde, 15124 St. Rindvieh, 27911 Schaafe, 1353 Ziegen und 3696 Schweine.«[272] Und der Kreis Malmedy »liegt fast ganz im Gebiete der Eifel ... . Er hat viele hohe Puncte, ... hat viele Sümpfe und Moräste, ein rauhes Klima und der Boden zerfällt in 80000 M. Äcker, 2522 M. Gärten, 36000 M. Wiesen u. Waldungen, 71000 M. Waldungen und 120000 M. öde Ländereien.«[273]

Im Kreisgebiet waren 941 Pferde, 17555 Stück Rindvieh, 16270 Schafe, 228 Ziegen und 3920 Schweine vorhanden. Die einzelnen Gemeinden verfügten über einen dementsprechenden Proporz aus Acker- und Ödland, welches zum Teil Allmende, zum Teil in privater Hand war. Das Areal der Gemeinde Hallschlag in der ehemaligen Herrschaft Kronenburg im Kreis Daun etwa umfaßte 1850: 608 Morgen Ackerland, 753 Morgen Schiffel- und Wildland und einen Morgen Wiese.[274]

Bei dem Schiffelland handelte es sich um wildgräser- und kräuterbestandene Heideflächen im Übergang zum Wald, von denen das Gras abgeschält, dann getrocknet und zusammen mit Ginsterreisig und

Abb. 19: Kleine Hofstellen mit wenig Vieh ernährten die bäuerliche Familie in der Eifel bis weit in unser Jahrhundert.

Sträuchern auf dem Erdboden wieder verbrannt wurde. Es gab auch eine regelrechte Brandrodung von jungen Eichenstämmen. Nach dem Brennen verteilte man die angefallene Asche auf die abgeplaggten Flächen und säte Roggen ein. Wegen des geringen Viehstandes kam außer dieser Asche kein weiterer Dünger in Betracht. Die Dungplätze in den Dörfern waren zudem noch um 1860 »des von den Dächern fallenden und des in den Dorfstraßen fließenden Wassers ausgesetzt.«[275] Auch 1897 bot sich dem Betrachter dasselbe Bild. Wilhelm Wilsing schreibt: »Ich möchte behaupten, daß fast nirgendwo ein rationell angelegter Düngerhaufen mit Jauchengrube zu finden wäre, überall läuft die Jauche durch die Straßenrinnen. Wohl aber kann es vorkommen, daß bei etwas windigem Wetter einem das Stroh vor dem Dorfe schon entgegenfliegt und die ganze Dorfstraße damit bedeckt ist.«[276]

Durch das Brennen der Heideflächen waren die Erträge im ersten Jahr relativ hoch, ließen aber je nach der Beschaffenheit des Bodens schnell nach. Auf steinigem und sterilem Grund folgte nach der Roggensaat im nächsten Jahr bereits wieder die Brache (Dreesche), auf ergiebigerem Land eine kurze Fruchtfolge mit Hafer und anschließend mit dem anspruchslosen Buchweizen. Oder man baute eine Mischelfrucht aus Spelz und Roggen an. Der Spelz, auch Dinkel genannt, ist eine anspruchslose Weizenart regenreicher und gebirgiger Lagen. Aus ihm wird durch Dörren Grünkern gewonnen. In den besseren Fluren des Kreises Daun konnten die Schiffelflächen sogar drei Jahre hintereinander bebaut werden.

Die Dreesche dauerte je nach Bodenqualität einige wenige Jahre, aber auch bis zu fünfzig Jahren an. Das Land diente während dieser Zeit als Viehweide. Diese Form der Bodennutzung ist für die Eifel bereits in Urkunden und Weistümern des 14. Jahrhunderts belegt.[277] Zu Beginn des 19. Jahrhunderts waren im Kreis Prüm 44% der Fläche Schiffelland, im Kreis Bitburg 27%, im Kreis Gemünd 20% und im Kreise Daun 19%. Weniger Schiffellandanteile hatten die Kreise Ahrweiler, Mayen und Wittlich, da dort der Boden fruchtbarer war und als Ackerland genutzt wurde sowie die Kreise Monschau und Malmedy, da auf den Grasflächen des Vennplateaus eine stärkere Viehzucht betrieben werden konnte.

Johannes Rieder hielt die Schiffelwirtschaft der Eifel für ein ackerbauliches Gewaltmittel, um den Grenzböden Erträge abzuringen.[278] Dennoch waren sich zeitgenössische Experten, die das Schiffeln aus eigener Anschauung kannten, einig, daß es sich dabei um ein sinnvolles Prinzip handelte, weil die sterilen Böden keinen intensiven Ackerbau zuließen. Wilhelm Wilsing war noch 1897 der Überzeugung, »daß da, wo eine große Menge Oedländereien zur Verfügung stehen, wo der stark parzellierte Besitz, die weite Entfernung vom Wirtschaftshofe und die vom Verkehr abgeschlossene Lage einen extensiven Betrieb erheischen, dieser ›Raubbau‹ berechtigt ist«.[279] Die Schiffelwirtschaft fixierte zwar ein mittelalterliches Betriebssystem, lieferte aber, wenngleich auch auf schmaler Basis, Brotgetreide, Viehfutter, Einstreumittel und Material zum Dackdecken.

Die Voraussetzungen für eine Ödlandnutzung bestanden zum einen darin, daß es genügend billige Arbeitskräfte gab, zum andern, daß ausreichend Arbeitszeit für das Abplaggen des Bodens aufgebracht werden konnte (geschätzter Aufwand pro ha/Jahr: 74 Arbeitstage);[280] desweiteren, daß genügend Gemeindeland für die grundbesitzlosen Kleinbauern vorhanden war, auf dem sie Schläge bearbeiten und die Allmende in der Brachphase als Viehweide nutzen konnten.

Für eine intensive Bodenkultur auf schlechtem, aber ausgedehntem

Grund fehlten sowohl die Gespann- und Dungkraft aus der Viehhaltung als auch die geeigneten Ackergeräte, um den harten Boden aufzureißen. Das Bodenbrennen ersetzte das mangelhafte Gerät. Das Schiffeln hatte überdies weitere offenkundige Vorteile: Es brachte relativ hohe Erträge an Brotgetreide im ersten Jahr, manchmal sogar Überschüsse; es vernichtete Unkräuter und Pflanzenschädlinge durch das Verbrennen der Samen und Larven; es vermochte selbst Ginster und Heidekraut als Streumittel zu nutzen und es ließ Viehweiden entstehen.

Dieses System war allerdings witterungsanfällig, denn nasse Sommer verhinderten, daß die Plaggen trockneten. Es konnte sogar kollabieren, wenn das Gemeindeland für eine intensivere privatwirtschaftliche Nutzung geteilt bzw. das Ödland aufgeforstet wurde oder wenn sich die Arbeitskraft der Bevölkerung durch Abwanderung verteuerte. Schwerwiegende Nachteile der Schiffelkultur für die Böden bestanden im Entzug von Kali und Stickstoff sowie in der Zerstörung der Flora und Fauna mit der Folge, daß die Humusbildung verhindert wurde.

Die Grenzen dieser Bodenwirtschaftsform zeigten sich schnell, sobald die Bevölkerung anwuchs, denn ein Zugewinn des Produktionsfaktors »Arbeit» schuf keinen Zugewinn an Erträgen. In Fällen, in denen Kunstdünger eingeführt wurde, der allerdings in der Eifel bis in die 1870er Jahre kaum dem Namen nach bekannt war, stabilisierten sich zwar die Getreideerträge, aber der Viehhaltung gingen wertvolle Flächen verloren. Gravierende Folgen hatte es zudem, wenn Gemeindeland an Private verkauft wurde, denn die grundbesitzlosen Bauern waren auf dessen Nutzung angewiesen. Vereinzelt wurde die Schiffelwirtschaft in der Eifel bis in die 1920er Jahre hinein betrieben. Nur wenige andere deutsche Landschaften haben so lange an dieser traditionellen Anbaumethode festgehalten.

Die zweite Form der Bodennutzung bestand aus einer ungeregelten Feldgraswirtschaft. Der Boden wurde vier bis fünf Jahre nacheinander zuerst mit Roggen, dann mit Hafer bebaut und, sofern vorhanden, durch eine bescheidene Düngung mit Schafsmist verbessert. Auf diesen Flächen wuchsen um die Mitte des 19. Jahrhunderts nach der Getreidephase auch Kartoffeln. Dann lag das Land brach (8-25 Jahre) und wurde währenddessen als Heu- und Viehweide genutzt.

Nur ein kleiner Teil des Bodens konnte in der Eifel für eine intensive Dreifelderwirtschaft mit Winterfeld, Sommerfeld und Brache genutzt werden. Ertragssteigerungen waren ausschließlich auf der Grundlage von Schiffel- und Feldgraswirtschaft ohne den Einsatz von Düngemitteln nicht möglich. »Die Schiffelwirtschaft«, so Gunther Hirschfelder in einer Studie über die Auswanderung aus dem Kreis Schleiden, »steht beispielhaft für die Rückständigkeit der Nordeifeler Landwirtschaft um die Jahrhundertmitte, der Zeit, als in England bereits Dampfpflüge ... eingesetzt wurden.«[281]

In der Tat, der Abstand zwischen den in der Agrartechnologie führenden Ackerbauregionen und den noch in mittelalterlicher Art und Weise landbautreibenden kleinbäuerlichen Betrieben der Eifel war beträchtlich. Seit Anfang des 18. Jahrhunderts war die Mechanisierung in der Landwirtschaft langsam aber stetig vorangeschritten, was vor allem englischen und in der ersten Hälfte des 19. Jahrhunderts auch amerikanischen Konstrukteuren aus dem mittleren Westen zu verdanken war. Dazu gehörten ebenso verbesserte Pflüge für verschiedene Untergründe wie Säe-, Mäh-, Drill- und Dreschmaschinen, Eggen mit schmiedeeisernen Zinken und gußeiserne Walzen. Im Jahre 1861 bediente man sich hingegen im Kreis Adenau noch »allgemein der althergebrachten Pflüge, deren 2 Gattungen existieren: der sogenannte Rehpflug und der Hundspflug.[282] Im Schlusse des Jahres 1861 waren an landwirthschaftlichen Geräthen und Maschinen neuerer Construktion 3 amerikanische Wendepflüge, 2 Dreschmaschinen und 2 Fruchtreinigungsmaschinen im Gebrauche«.[283]

In der Agrikulturchemie waren der Forschung seit den 1840er Jahren bahnbrechende Fortschritte gelungen. Justus von Liebig hatte als erster den Zusammenhang zwischen dem Mineralhaushalt des Bodens und dem Pflanzenwachstum erkannt. In der Folge seiner Studien entbrannte zwar ein heftiger Streit unter den Vertretern verschiedener Lehrmeinungen, aber seine Entdeckungen führten schließlich zu einer systematischen Verbesserung der Düngung. Im ausgehenden 19. Jahrhundert waren selbst die komplizierten Vorgänge der Stickstoffaufnahme der Pflanzen aus der Luft und aus dem Boden experimentell sowohl im Labor als auch im Feldversuch geklärt. Der Landwirt Schultz-Lupitz erkannte aufgrund seiner Versuche auf den sandigen Böden seines Altmärker Gutes, daß die Leguminosen als Vorfrüchte wichtige Stickstofflieferanten für den nachfolgenden Getreidebau waren, da sie mit Hilfe von Bakterien Stickstoff aus den Niederschlägen in ihrem Wurzelwerk speicherten. Wurde das Land anschließend umgebrochen, so reicherte sich der Boden automatisch mit Stickstoff an.[284] Ausgewaschene und ausgezehrte Böden, denen Stickstoff fehlt, erzeugen Getreidepflanzen von kleinem Wuchs, heller Farbe und Notreife. Beim Schiffeln machte sich dieser Effekt bereits im 2. Jahr bemerkbar. Die Forschung erkannte bald den Wert der Stickstoffsammler – der Lupinen, der Serradella, der Sonnenblumen, der Peluschken, der Felderbsen, der Wicken, des Inkarnatklees und des Senfes, die sich als Stoppelsaat allerdings vorwiegend für günstigere Standorte eignen. Allein durch eine Fruchtfolge mit Unter- und Stoppelsaat oder einer überwinternden Zwischenfrucht konnten in Gunstlagen Ertragssteigerungen erzielt werden, an denen die Eifelbauern, da sie den größten Teil der Ackerwirtschaft durch Schiffeln betrieben, mithin keinen Anteil hatten. Deshalb klaffte die Schere zwischen den nach fortschrittlichen Methoden arbeitenden Betriebssystemen anderer Regionen und den rückständigen Bodenwirtschaftsformen der Eifel immer weiter auseinander. Hatte die Entwicklung der Landmaschinentechnik, die Verbesserung der Fruchtfolge, die Zwischenfruchtforschung und die Mineraldüngung den Ackerbau bis zum Ende des 19. Jahrhunderts zu ungeahnten Ertragssteigerungen geführt, so bot die Eifeler Landwirtschaft kein Experimentierfeld für Innovationen. 1853 bemerkte Alexander von Lengerke, daß »in der Eifel ... Ruhe der Hauptcharakter des herrschenden Wirtschaftssystems«[285] sei. Zudem verhinderte die Marktferne der Eifel, daß neue Landkulturtechniken eindrangen und ein Interesse an der Überschußproduktion entstand.[286]

Folgen einer zyklischen Ernteschwankung

Ein Menschenalter lag die letzte schwere Hungersnot von 1772 in der Eifel zurück, als im Sommer 1816 »eine ungewöhnlich anhaltende regnerische und nebelige Witterung, ... die Vegetation so hinderte, daß fast keine Getreideart gedieh und die wenigen Feldfrüchte, die noch aufgekommen waren, nicht zur Reife kommen ließ, weswegen auch die meisten den Winter hinein und sogar bis zum darauffolgenden Frühjahr auf'm Halm stehen blieben, da Schnee und Frost vor ihrem Einheuern eintraten ...« Die Gemeindechronik von Kalterherberg bei Monschau im Regierungsbezirk Aachen, aus der dieser Bericht entnommen ist, hat die Auswirkungen des Ernteausfalls für das darauffolgende Jahr mit drastischen Worten festgehalten:

»Von denjenigen Fruchtarten, wozu Samen aus der Späternte des Jahres 1816 zur Aussaat gebracht worden war, kam fast nichts hervor. Hierauf entstand nun das große Mangeljahr 1817, welches sozusagen fast eine allgemeine Hungersnot herbeiführte, die allen noch härter gewesen wäre, wenn nicht des Königs Majestät aus ihr angeborener Liebe und väterlicher Vorsorge für ihre Untertanen zur Abhilfe der großen Not Ostsee-Roggen hätte ankaufen und unter die Gemeinden verteilen lassen ... Es verdient wohl hier berichtet zu werden, daß viele Einwohner, was bis dahin in hiesiger Gegend nie vorgekommen und bekannt war, Brot zu einem Teil aus Roggen oder Hafer und zu zwei Teilen aus Kartoffeln gebacken und gegessen haben, so wie sie sich sozusagen hordenweise verschiedenartige Kräuter des morgens vor Anfang der Arbeit sammelten, um sich vor dem schon drohenden Hungertod zu retten, die schon umgegrabenen Kartoffelfelder nochmals umgruben und von den dann gefundenen, aber ganz erfrorenen Kartoffeln Speisen verfertigten.«[287]

Im Kreis Schleiden sah es 1816 ähnlich aus:

»Bis in den Juni hinein lag stellenweise der Schnee, anfang November fiel schon wieder Schnee, nichts wurde reif, alles verdarb und verkam. Ende September brachte man das Heu ein. Die Kartoffeln erfroren und lagen unter dem Schnee begraben. Man grub diese walnußgroßen Früchte aus und buk Brot daraus. So kam 1817 die große Teuerung, das Malter Roggen kostete 23 Taler, ein achtpfündiges Brot kostete 15-17 Silbergroschen. Man aß Kartoffellaub, Wurzeln, Futterkräuter, man kochte Schnecken, um etwas Kräftiges zu genießen. Wolfsfleisch war sehr begehrt ...«[288]

Die Kartoffel hatte, wie aus diesen Berichten hervorgeht, in Kalterherberg bereits Eingang in das Nahrungssystem gefunden und trug dazu bei, daß die Hungersnot des Jahres 1817 nicht mehr dasselbe Ausmaß erreichte wie die Folgen der Ernteausfälle vergangener Jahrhunderte, als es noch keinen Ersatz für das Brotgetreide gab. In anderen Gemeinden, die den Anbau der Kartoffel noch in geringerem Maße betrieben, war die Not größer gewesen. Für die Bürgermeistereien Seffern, Bickendorf und Biersdorf im Kreis Bitburg weisen die Chroniken auf das Jahr 1816 als Brotfrüchte hauptsächlich Roggen und Hafer und zu einem geringen Teil Spelz aus. Heidekorn und Weizen bilden eine zu vernachlässigende Größe. Der Bürgermeister von Ließem notierte am 7. April 1817:

»Da dieses Jahr überhaupt ein naß-kaltes Jahr gewesen, das Getreide, besonders das Korn, keinen günstigen Fortgang noch Blüte haben konnte – sondern unbeständigem Regen erfühlt und verstockt dahin wachsen mußte – ungefehr einen Monath länger als gewöhnlich Zeit haben mußte ehe es reifen konnte, so daß sich durch all dieses vielfaules und verdorbenes Korn in den Äckern befande wo von die Bewohner ehe sie Kenntnis davon bekamen und ehe sie dieses verdorbene Korn von dem guten suchten abzusondern, so viel möglich bey dem Genießen desselben ganz ellendig und krank geworden sind. Die Haafer, welche ebenfalls durch die beständige naß-kalte Witterung nicht wie gewöhnlich reifen konnte, mußte endlich durch die Bedrohung des schnell ankommenden Winters gegen allen menschlichen Willen halbreif gemähet und eingescheuert werden, daher ihr Ertrag weit nicht vollkommen war. Das Heidekorn an einem guten Jahre eine sehr erhebliche sowohl bei Menschen als Vieh nützliche Frucht ist in diesem abgemelten Jahr ganz groß gefehlt und mißlungen. Kein Obst haben wir bekommen. Die Bienenstöcke sind fast alle ausgestorben.«[289]

Nachdem diese Hungerkrise überstanden war, konnte es keinen Zweifel daran geben, daß die Kartoffel das Mittel der Wahl gegen weitere Mißernten war. Die Forschung ist sich allerdings einig, daß der Durchbruch der Kartoffel als Volksnahrung nicht erst mit der Getreidemißernte des Jahres 1816 begann, sondern daß die Hackfrucht bereits seit dem späten 18. Jahrhunderts zunehmend an Bedeutung für die bäuerliche Kost gewonnen hatte. Mehrere Agrarkrisen zwischen 1799 und 1826, in denen sich Mißernten und Überproduktion, Preisverfall und Teuerung ablösten, hatten einen Zusammenbruch der deutschen Getreidemärkte bewirkt. Die Kontinentalsperre behinderte den Absatz des Getreides nach England, doch als sich der englische Markt wieder öffnete, erschwerten Schutzzölle den Vertrieb.

Überall in den Ungunstgebieten griff man nun vermehrt auf den Anbau der Kartoffel zurück, die eine dankbare Ausweichfrucht darstellte, weil sie genügsam war und auch auf mageren Böden gut gedieh, denn das Genzentrum der Kartoffel, einem Knollengewächs aus der Familie der Solazeen (Solanum Tuberosum L.), liegt im Kulturareal der Zentralanden. Spanische Mönche brachten sie um 1550 mit zurück in ihre Heimat, und bald darauf wurde sie in den spanischen Niederlanden und in Italien bekannt.[290] Im 16. Jahrhundert pflanzte man sie als botanische Rarität in englischen, irischen, deutschen und österreichischen Kloster- und Schloßgärten an. Der früheste ausgedehnte Feldbau mit Kartoffeln in Deutschland datiert um 1650 in Pilgramsreuth im Fichtelgebirge.[291] In anderen Mittelgebirgslagen, wie im Harz, wurde sie Mitte des 18. Jahrhunderts in größerem Maße angebaut. Friedrich der Große und Kaiserin Maria Theresia führten sie in verschiedene ihrer Provinzen ein. Nach der Hungersnot von 1771/72 weitete man die Anbauflächen zunehmend aus. Nach dem Dreißigjährigen Krieg drangen Piemonteser Waldenser in die unterbesiedelten Schadensgebiete der Pfalz ein und brachten – ebenso wie wallonische Hüttenarbeiter – die Kartoffel mit.[292] Südlich der Mosel, im Saarland und im Hochwald, wurde sie im 18. Jahrhundert bereits feldmäßig angebaut. Nördlich der Mosel erreichte sie zuerst die Westeifel, die Wittlicher Senke und die Schieferlandschaften. Am wenigsten weit vorgedrungen war die Kartoffel um 1830 in die Kalkmuldengebiete, hier wurde weiterhin bevorzugt Getreide angebaut.[293] Der bäuerlichen Bevölkerung wurde die Kartoffel durch Volksboten und praktische Anleitungen nahegebracht. Der Volkskalender für das Königlich-Preußische Rheinland-Westfalen bot sowohl 1823 als auch 1826 eine umfangreiche Beschreibung ihrer Verwendungsmöglichkeiten.

»Man müßte um die Menschheit fürchten, wenn ihr die Kartoffeln genommen würde. Wenn alle Getreide, Wurzeln, Früchte, Gemüse, Obst u. dgl. so allgemein und so häufig genossen werden sollten, wie diese Frucht, so wären sie längst zum Ekel geworden, und wenn alle anderen Sachen mißrathen und nur die Kartoffelerndte gut ausfällt, so ist bei weitem die Mehrzahl der Menschen geborgen ... Bloß durch die Kartoffeln ist der Möglichkeit einer allgemeinen Hungersnoth vorgebauet, und diese kann im eigentlichen Sinne nur dann entstehen, wenn und wo sie ganz fehlschlagen.«[294]

Dieser prophetische Satz sollte zur bitteren Wahrheit werden. Die der Bevölkerung anempfohlenen, bisweilen kuriosen Rezepte reichten von einfachen Dämpfkartoffeln bis hin zum Kartoffelwein, der aus erfrorenen Früchten, Wasser, Hopfen und Ingwer unter Zusatz von Hefe und Zucker zu gewinnen war.

Die folgenden Diagramme zeigen, wie in Kalterherberg zwischen 1826 und 1849 die Anteile des Kartoffelanbaus gegenüber dem Getreideanbau zunahmen.

Die Vermehrung der Ackerflächen war bedingt durch den Ausfall des Monschauer Tuchgewerbes nach der Schließung französischer Märkte. Die ehedem als Fuhrleute in Lohnarbeit stehenden Einwohner verlegten sich zunehmend auf eine kleine Ackerwirtschaft. Stellenweise wurde neues Land gerodet.[296]

Die Eifeler Bauern schlossen sich mit ihrem verstärkten Kartoffelanbau einer säkularen Grundbewegung an, da »der endgültige Marktdurchbruch der Kartoffel in Deutschland 1810/1815 mit der Ablösung

Die Anteile der Ackererzeugnisse haben sich in Kalterherberg von 1826-1846 zugunsten der Kartoffel verschoben.[295]

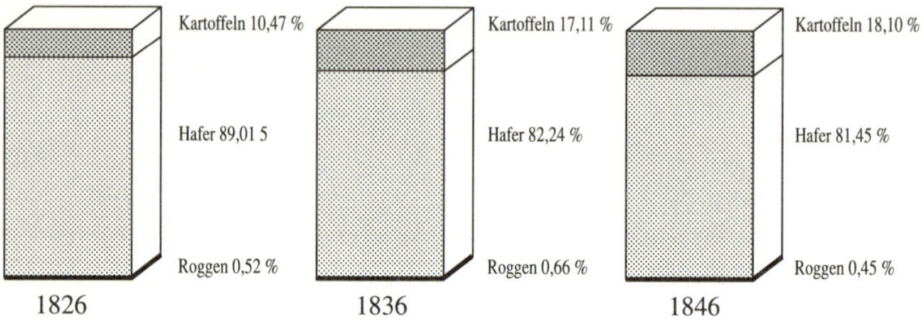

des Zehntwesens und der Aufhebung der Leibeigenschaft« erfolgte. Doch handelten sie sich mit den offenkundigen Vorzügen auch diejenigen Risiken ein, die generell mit dem Austausch von Grundnahrungsmitteln verbunden sind. Dazu gehören vor allem neue Pflanzenkrankheiten, gegen die keine traditionellen Bekämpfungsmittel zur Verfügung standen und eine Verschiebung im Nahrungsgefüge, welche die Armutszone in der Gesellschaft neu festlegte. Bei der Kartoffel fielen die Unkrautbeimischungen in der Nahrung im Gegensatz zum Brotgetreide weg. Christoph von Gundlach hat jüngst versucht, den Zusammenhang zwischen Kartoffelanbau und Bevölkerungsentwicklung näher zu beleuchten, indem er herausstellte, daß mit dem Abbau der Getreidekost das »antifertile Potential der Brotnahrung« ausblieb, da Beimengungen von Getreideunkräutern und Verpilzungen Aborte hervorrufen oder eine kontrazeptive Wirkung entfalten können. Ein Element der unbewußten Geburtenregulation wurde seiner Ansicht nach mit dem Wechsel zur Kartoffel ausgeschaltet: »In Räumen, deren Bevölkerung eine kleinbetriebliche Wirtschaftsweise mit Kartoffeln betrieb, reichte die Heiratsbegrenzung nicht aus. Die Kinderzahl pro Familie nahm dramatisch zu und führte zu Emigrationswellen, deren Quellgebiete im 18. und 19. Jahrhundert in den Zentren des Kartoffelbaus ... lagen. Der monophage Kartoffelkonsum entleerte die orale Umwelt von antifertil wirkenden Verbindungen und ließ die Bevölkerung so lange ungedämpft an die quantitativen Grenzen der Lebensmittelproduktion stoßen, bis ein erneuter Nahrungswechsel erfolgte oder aber die ausgefallene Geburtenregulation durch eine Geburtenkontrolle ersetzt wurde.«[297]

Eine Zuwachsrate der Bevölkerung von 49% im Regierungsbezirk Aachen zwischen 1816 und 1861 ist nach Georg Droeges Ansicht »so zu bewerten, daß in den gebirgigen Teilen der Eifel das Wachstum außerordentlich groß ist, während in den Getreidegebieten der Börde nur eine sehr schwache Zunahme feststellbar ist.«[298]

Bevölkerungsanstieg und Realteilung

Die weitere Entwicklung wird deshalb nur verständlich, wenn man sich die Auswirkungen des Bevölkerungswachstums unter gleichzeitiger Zersplitterung des Bodens vor Augen hält. Das Erbrecht wurde unter den Preußen nach dem »Rheinischen Recht« geregelt, welches im wesentlichen auf dem Code Napoléon fußte und nach einem Erlaß des Königs vom 19. November 1818 in Kraft trat.[299] Wie bereits zur Franzosenzeit sah der Modus eine gleiche Stückelung des Besitzes unter allen Nachkommen des Erblassers vor. Abweichungen davon praktizierte man lediglich in der Westeifel, im ehemaligen Territorium der Abtei Prüm, im Bitburger Land und im Islek. Dort ging der Haus- und Grundbesitz auch weiterhin ungeteilt auf den Stockerben über. Es bedarf keiner besonderen Rechnung, um sich die Folgen der Realteilung bei steigenden Bevölkerungszahlen zu verdeutlichen, da diese in wenigen Generationen merklich zu Tage traten. Die Katasterparzellen verkleinerten und zerstreuten sich durch jeden Erbgang.[300] Im Kreis Adenau lagen die Feldmarken eines Eigentümers um 1860 weit verteilt in allen Fluren seiner Gemeinde, zum Teil auch in denen der Nachbargemeinden. Die Entfernung der Grundstücke von den Wirtschaftsgebäuden belief sich dort zumeist auf zwanzig Minuten.[301] Nach 1840 waren Parzellen zu klein, um beim nächsten Erbgang noch weiter aufgeteilt werden zu können. In den Eifelkreisen des Regierungsbezirkes Trier verfügten im Jahre 1882 70% der Bauern über einen Besitz von 5 Morgen, von dem nur ein Teil einer regelmäßigen Ackerwirtschaft zur Verfügung stand. Zwar wurde auch in der Eifel zwischen 1820 und 1850 10%-20% mehr Land unter den Pflug genommen, aber die Bevölkerung stieg im selben Zeitraum um rund 40% an.

Zur Bodenzersplitterung kam ein Bevölkerungswachstum hinzu, das den allgemeinen Entwicklungen in der Rheinprovinz entsprach und auf den Rückgang der Säuglings-, Kinder- und Jugendsterblichkeit, auf den Wegfall vorindustrieller Zölibatsquoten, auf steigende Heiratshäufigkeit und sinkendes Heiratsalter und sowie eine zunächst ungebremste eheliche Fruchtbarkeit zurückgeführt werden kann.[302] Gert Fischer hat eine genaue Aufstellung der Wachstumsindices des Regierungsbezirkes Trier nach Kreisen vorgelegt, wobei die größten Zuwächse in den 1820er und 1830er Jahren zu verzeichnen sind. Seinen Berechnungen nach betrug der Zuwachs von 1820 auf 1846:[303]

1820		100
1846	Deutschland gesamt	138
	Rheinprovinz	142
	Reg.-Bez. Trier	140
	Kreis Daun	136
	Kreis Prüm	143
	Kreis Bitburg	143
	Kreis Wittlich	140

In der Gemeindechronik von Kalterherberg im Kreis Monschau sind personenbezogene Nachrichten in lückenloser Reihe ab 1816 festgehalten worden. Auch hier lagen die Wachstumsspitzen in den Jahren 1816 bis 1826 und dann wieder 1836 und 1846, was eine Besonderheit darstellt, denn ab Mitte der 1840er Jahre waren in vielen Gemeinden der Eifel bereits Bevölkerungsverluste durch die Überseeauswanderung zu verzeichnen. Dies deutet auf spezifische Einnahmequellen hin. Tatsächlich besserten die Einwohner von Kalterherberg durch Torfstechen, durch die Hausweberei und durch Waldarbeit ihren Lebensunterhalt auf; auch jagten sie Krammetsvögel, um sie auf den Märkten in Monschau, Eupen, Aachen, Stolberg, Düren und Köln zu veräußern.[301]

Die meisten Eifelkreise hatten vor 1820 eine sehr niedrige Bevölkerungsdichte aufzuweisen. Das Statistische Landesamt Rheinland-Pfalz hat für die Kreise Prüm, Daun, Bitburg und Wittlich eine Einwohnerzahl von bis zu vierzig Personen pro Quadratkilometer auf das Jahr 1815 errechnet, für den Kreis Ahrweiler und den Kreis Mayen bis zu sechzig. War auch 1840 die Dichte auf bis zu achtzig Einwohner angestiegen, so mag die Landschaft immer noch einen menschenleeren und kargen Eindruck hinterlassen haben.[305]

Die Kraut- und Knollenfäule

Zunächst schien es so, als könnten die Nahrungsengpässe mit Hilfe der Kartoffel überbrückt werden. Durch die zunehmende Vermarktung wurden »die Altsorten aus den Alpen durch irische und englische Sorten ersetzt ... Diese intraspezifische Verdrängung von Agrarrelikten führt zu einer Verengung der genetischen Basis, die sich 1846/47 durch eine plötzliche europaweite Infektionswelle mit dem Y-Virus Phytophtora investa als 2. Kartoffelfehlernte entlädt.«[306] In Kalterherberg kündigte sich die Kartoffelkrankheit bereits im Jahre 1845 an. In der Gemeindechronik wurde festgehalten:

»Gegen Ende Juli und Anfang August trat eine bis dahin ganz unbekannte Krankheit unter den Kartoffeln auf ... Die Kartoffel waren bei ziemlich warmen Frühlingstagen und viel Nässe üppig im Laub herangewachsen. Gegen Anfang August zeigten sich am Blatt wie am Stengel Veränderungen, welche ganz ähnlich so auftraten, als hätte das Laub vom Frost gelitten, die Blätter wurden schwarz und die Stengel anfangs spröde, so daß sie beim Abbrechen knackten, wonach sie bald zur Erde niederfielen und abfaulten und einen faulartigen stinkenden Geruch verbreiteten. Die Knollen selbst bekamen anfangs unter der Schale ein rötlich marmoriertes Ansehen, wobei sie in der Erde anfaulten. Die feinen und in den letzten Jahren hierher von auswärts gebrachten Sorten Kartoffeln wurden im allgemeinen viel stärker angegriffen als wie die gewöhnlichen (weißen) längst hier gezogenen.

Der Ernteertrag war im ganzen genommen im Kreise wie in der hiesigen Bürgermeisterei ganz schlecht ... Die bei der Ernte stark angefaulten Kartoffel waren nicht haltbar. Alle übrigen, die gesund geerntet, blieben, wie sie geerntet wurden und keimten bei der nächsten Aussaat ganz, wie gewöhnlich gut. Der Geschmack der gesund gebliebenen war sehr schlecht ...«[307]

Im Jahr 1846 setzte sich die Kartoffelkatastrophe fort. In der Nacht vom 29. auf den 30. Mai ging ein schweres Hagelwetter nieder, infolgedessen die Kartoffelstauden zum Teil auf dem Acker erfroren. Sämtliches Brotgetreide war ebenso davon betroffen. Ende August schließlich war nicht mehr zu übersehen, daß die Kartoffelkrankheit des Jahres 1845 zurückgekehrt war. Der Ertrag belief sich auf die Hälfte einer gewöhnlichen Ernte.

Im Jahre 1847, in dem es bis in den Juni hinein starke Fröste gab und den Sommer hindurch weitgehend regnete, »wurden die Kartoffeln wieder von der so verderblichen Krankheit heimgesucht«. Wie schon im Vorjahr erreichten die Erträge nur die Hälfte der gewöhnlichen Mengen.

Und 1848 wiederholte sich das Auftreten der Krankheit zum dritten Mal. 1849 schließlich machten starke Nachtfröste vom 19.- 21. August Teile der Kartoffelernte zunichte, das Kraut wurde schwarz, und die Knollen erfroren. Fünf Jahre hintereinander hatte die Kartoffel mittelmäßige bis schlechte Erträge gebracht, die zudem oftmals nicht lagerfähig waren.

Die Erinnerung an die Hungerjahre des 19. Jahrhunderts ist in der Eifelbevölkerung bis heute lebendig geblieben. Die Eifeldichterin Ida Schröder, Jahrgang 1912, hatte von ihrem Großvater folgendes erfahren:

»Watt in dä Zitt jekauch wue, weeß ich net. En dä Zitt soll äwwe ne Mann, däe ärch alt wor, jesoot haan, äe hätt jede Morje ne Haferbrey jeyße, wo ne Hahn se Kompliment dropp hatt mache konne. Me Jroosvatter, jebore 1828, hätt verzallt, 1847 oder 48 wäe ee ärch schläch Joohr gewäes. Dumols hätten se em Frööhjoohr Destele jekauch, datt se jett ze eyße jehatt hätte.«[308]

Aus Mangel an Kapital konnte das Pflanzgut im Jahre 1846 nicht ausgetauscht werden. Weitere Ertragsschäden waren somit unabwendbar, denn wie man heute durch Nachbauversuche weiß, bringen nur gering verseuchte Bestände bereits im dritten Jahr eine fast vollständig zerstörte Ernte hervor.[309] Die Kartoffelfäule wurde Jahr um Jahr verschleppt. Man hätte ihr nur durch den vollständigen Austausch des kranken Saatgutes gegen gesunde Pflanzkartoffeln entgegentreten können. Auffällig ist, daß in Kalterherberg in den 1840er Jahren die Anbauflächen erweitert wurden, während die Erträge pro Morgen durch die Infektion stark abnahmen. Aus Ratlosigkeit wurden einfach größere Flächen mit virösen Kartoffeln angebaut, die dem Getreidebau verloren gingen. In den Jahren 1916 und 1926 trat die Kartoffelfäule in Deutschland wiederum im größerem Ausmaße auf; man konnte ihr mit der sogenannten Bordelaiser Brühe, einer Kupferkalklösung, begegnen. Heute verhindert der Einsatz chemischer Mittel Ernteeinbußen.[310]

Positionsverlust und Verelendung

Die Folge dieser gesamtwirtschaftlichen Entwicklung – angefangen von der Zersplitterung des Bodens über das Bevölkerungswachstum bis zum partiellen Austausch der Grundnahrungsmittel – war eine stetig ansteigende Verelendung der klein- und unterbäuerlichen Schichten, die sich nicht nur durch akute Hungersnöte, sondern auch durch strukturelle Mängel in der Lebensorganisation auswirkten. Gottfried Korff hat anhand von Medizinalberichten über die hygienischen Verhältnisse in den ländlichen Behausungen der Eifel die Folgen dieses »kollektiven Pauperisierungsprozesses« herausgearbeitet, denn »Dauernot und Dauerarmut bilden über Jahrzehnte hinweg die Signatur des Bauernalltags.«[311] Er weist ausdrücklich darauf hin, daß wirkliche Notstände in der Eifel erst im 19. Jahrhunderts aufgetreten sind.

Wenige und unzulängliche Bettstellen wurden gleichzeitig von mehreren Personen benutzt. Niedrige Fachwerkbauten oder Lehmhütten ließen keine ausreichende Durchlüftung zu. Die Wohnräume waren kalt, feucht und eng, im Winter herrschte oft Mangel an Brennmaterial. Doch nicht nur die hygienischen Verhältnisse in den Wohnhäusern verschlechterten sich mit der zunehmenden Verarmung, auch der Arbeitsalltag war von neuen Erschwernissen begleitet. Mit dem Kartoffelanbau bekamen die Frauen und Kinder zusätzliche Tätigkeiten auferlegt, nämlich das Legen, Häufeln und Hacken der Früchte. In den Erntemonaten belief sich der tägliche Einsatz einer Eifeler Kleinbäuerin auf mindestens 12-14 Stunden.[312]

Wo Not herrscht, bleibt der Wucher und das informelle Kreditwesen nicht aus. Im Jahre 1887 verfaßte Kaplan Dasbach in seiner Funktion als Schriftführer des trierischen Bauernvereins eine Schrift mit dem Titel *Der Wucher im trierischen Lande*. Darin machte er vor allem Viehhändler für die Verschuldung der Landbewohner verantwortlich. Diese würden, so sein Vorwurf, beim Viehhandel, bei Viehprozessen und bei den Viehleihen hohe Gewinne erwirtschaften und den gutgläubigen und notleidenden Bauernstand vollends auslaugen. Viehleihe bedeutete, daß ein Händler ein Stück Vieh als Anlagekapital in den Stall eines Bauern einstellte. Nach einigen Jahren erhielt der Bauer den Arbeitslohn und das verbrauchte Futter erstattet, der Händler veräußerte das Vieh und die Nachzucht auf eigene Rechnung. Neben der Viehleihe gab es nach Dasbachs Angaben eine ganze Reihe von Tricks, die die Händler anwandten, um den ahnungslosen Bauern für Niedrigpreise Vieh abzukaufen. Beliebt war es, das Tier, sobald es sich unter der Obhut des Händlers befand, für krank zu erklären, um den Kaufpreis zu drücken. Nur selten beschäftigen sich die Gerichte mit solchen Vorgängen, wie in der Strafsache gegen zwei Händler von der

Mosel, die ein Gutachten ums andere heranbrachten, um zu beweisen, daß das von ihnen angekaufte Pferd tatsächlich vom »Dummkoller« befallen war. Es kam zum Prozeß, und nach eingehenden Recherchen mußten sie den vollen Kaufpreis und die entstandenen Kosten bezahlen.

Die meisten Bauern aber scheuten den Gang zum Gericht, und die Wucherer kehrten immer wieder in die Dörfer zurück, bis schließlich eine starke Abhängigkeit entstand, aus der heraus sich der Schuldner oft nur durch eine Überschreibung seines Besitzes retten konnte. Hypothekenschulden prägten den Alltag der bäuerlichen Bevölkerung, wobei auf dem Hypothekenamt Trier zwischen 1821 und 1847 nicht die Höhe der einzelnen Hypothek, sondern die Zahl der jährlich hinzukommenden Hypotheken drastisch angestiegen war.[313] Dasbach forderte daher die Einführung schriftlicher Kaufverträge, für die Händler eine Verpflichtung zur regelmäßigen Buchführung, ein verschärftes Wuchergesetz und den Ausschluß des Landmannes von der Wechselfähigkeit. Im März 1887 richtete der Trierische Bauernverein eine dementsprechend lautende Petition an das Abgeordnetenhaus.[314]

Die Verelendung, die sich bis Mitte des 19. Jahrhunderts manifestiert, spiegelte sich gleichermaßen in den Hygienezuständen wie im Wucher, in der Hypothekenlast, im einseitigen Kartoffelkonsum der Ärmsten sowie in der Zerplitterung der Parzellen. Sie war das Produkt eines fatalen Mechanismus, denn die Eifel ist einerseits, was etwa die Bevölkerungsentwicklung betrifft, »schon früh von den übergreifenden Strukturen der gesamtgesellschaftlichen Industrialisierungsvorgänge umklammert«[315], andererseits aber herrschten Bodenwirtschaftsformen vor, die keineswegs mit dem steigenden Bedarf Schritt halten konnten. Außer den bloß lokal bedeutsamen Kram- und Viehmärkten war der regelmäßige Handel mit landwirtschaftlichen Verbrauchsgütern in vielen Eifelkreisen weitgehend unbekannt. Der Bevölkerungszuwachs mußte unter diesen Bedingungen in wenigen Jahrzehnten zu einer Massenarmut führen.

KAPITEL 8

KERNPROBLEME DER ERSTEN JAHRHUNDERTHÄLFTE

Die Mangeljahre der Jahrhundertmitte sind freilich nur der akute Ausdruck des Zusammenbruches eines nicht mehr funktionsfähigen Gesamtgefüges gewesen. Läßt man die strukturellen Krisen des Gewerbes, des Ackerbaues und der Viehzucht, der Verkehrserschließung und der Bildung während der ersten Hälfte des 19. Jahrhunderts noch gebündelt Revue passieren, dann erkennt man die Dynamik des kulturellen Wandels, die die Bevölkerung der Eifel binnen weniger Jahrzehnte in eine Katastrophenfalle gelockt hatte. Es ist die unbewältigte Auseinandersetzung mit der Moderne, die sich gegen mittelalterliche Strukturen, welche auf dem Lande über eine Epochenschwelle hinaus weiter wirkten, zu behaupten versuchte. Beharrlich hielten die Bauern an bestimmten Inhalten und Formen des Volksglaubens fest; sie bewirtschafteten ihr Land bis in das 20. Jahrhundert hinein mit den Mitteln traditioneller Betriebssysteme, verbrauchten die Erträge selbst, anstatt sie auf den Markt zu fahren und boykottierten die Bildungsbemühungen des Staates.

Probleme stellten sich in dem Moment ein, wo die Eifelbevölkerung von der Industrialisierung erfaßt wurde, die in ihre abgeschiedene Welt eindrang und mit der man auf dem Lande nicht Schritt halten konnte. Daß die Bevölkerung vor allem ihrem eigenen Wachstum zunächst hilflos gegenüberstand, ist begreiflich, denn das generative Verhalten »der älteren Gesellschaft war durch die Verbindung von hohen Geburtenzahlen und hohen Sterbezahlen bestimmt.«[316] Dieses Gleichgewicht geriet schon in den ersten Jahrzehnten des 19. Jahrhunderts ins Wanken, die starken Wachstumsindices der Eifelkreise liegen zwischen 1820 und 1840, was für die Zeitgenossen eine beunruhigende Erfahrung gewesen sein mußte.

Sicherlich wären die fatalen Folgen der zunehmenden Bodenzersplitterung bei ansteigenden Bevölkerungszahlen bereits um 1830 abzusehen gewesen, jedoch wurde das Probleme gerade deswegen verschleiert, weil sich nach 1770 mit der Kartoffel eine Ausweichfrucht anbot. Dieses bereits im 18. Jahrhundert wurzelnde Nahrungskalkül führte in eine Sackgasse, als die Bevölkerung exponentiell anwuchs, die Erträge aber bloß linear stiegen und das Risiko des totalen Ernteausfalles mit der Tendenz zur Monokultur zunahm.

Weiteres kam hinzu: Wasserkraft, Rohstoffvorkommen und Holzkohle hatten seit dem Mittelalter das Eifeler Eisengewerbe befördert. Als die Wälder zerstört waren, entstand ein Engpaß, der das Hüttenwesen in Bedrängnis brachte, denn die unerschlossene Landschaft ließ keine Anbindung an die überregionalen Brennstoffmärkte zu. Durch die Bündelung dieser Faktoren wurde die einheimische Industrie soweit geschädigt, daß sie zugrunde ging.

Der tiefe Graben aus sozialen Mißverständnissen zwischen der Obrigkeit und der Bevölkerung sollte nicht unterschätzt werden. Seit der Zeit, als die aufgeklärten Kurfürsten die sinnlichen, unkontrollierbaren Ausdrucksformen der Volksfrömmigkeit zurückdrängten, wurde versucht, das Individuum zunehmend aus der lokalen Verantwortung herauszulösen und für seinen gewissermaßen universellen Einsatz in der keimenden Industriegesellschaft bereitzustellen. Doch anstatt sich davon mitreißen zu lassen, antworteten die Bauern mit einer untergründigen Kultpraxis, die alte soziale Bindungen verstärkte und festigte. Das Ringen um die allgemeine Schulpflicht markierte am deutlichsten die Interessenkollision zwischen den Lebensaufgaben der Bauern sowie den übergeordneten wirtschaftlichen und gesellschaftlichen Zielen des Staates und der entstehenden industriellen Gesellschaft im rheinpreußischen Raum.

Man könnte all diese Krisenphänomene der Eifel als unvermeidbare Effekte im Zivilisationsprozeß verstehen. Die allgemeine Verarmung der Landregionen stieg in der ersten Hälfte des 19. Jahrhunderts nicht in den Rang eines bedeutsamen gesellschaftlichen Konfliktes auf. Punktuelle Maßnahmen, wie Getreidelieferungen, schoben die Probleme nur auf. Die ländliche Spielart des sozialen Elends lag unterhalb der Schwelle jener Art von Konflikten, die die Entfaltung des Fortschritts gefährdet hätte. Die Not förderte sogar die Reproduktion des Arbeitskräftepotentials. Um 1816 betrug die Zahl der Fabrikarbeiter in Preußen etwa 186 000, um 1848 circa 556 000.[317] Man könnte auch pointierter sagen, daß »Entwicklungshilfe« erst dann ernsthaft betrieben wurde, als die Rationalisierung der Arbeitswelt weniger Menschen benötigte und die Hungerhilfe für die zurückbleibenden Massen zu teuer geriet.

Alles in allem entstand eine skeptische und ängstliche Gesellschaft aus Kleinbauern und unterbäuerlichen Schichten, die von der Außenwelt ob ihrer Armut bedauert wurde und in Zeiten besonderer Not von der Barmherzigkeit anderer preußischer Provinzen abhing. Der Dichter Wolfgang Müller, der zusammen mit Gottfried Kinkel in den 1840er Jahren die Hocheifel durchwanderte, drückte in seinem Lied *Die Eiffel* aus, was dem fremden Betrachter beim Anblick des Landes unwillkürlich in den Sinn kam: »Tiefernst und stumm ist hier die Welt, in diesen öden, unfruchtbaren Weiten.«[318] Stereotype Bilder prägten die kulturelle Zuordnung der fremden Beobachter schon seit den Tagen der Aufklärung. Sie haben einen wirksamen Beitrag zur Marginalisierung geleistet, weil seither all jene Formeln widerspruchslos anerkannt wurden, die von der Eifel als rauhem und ödem Land und von ihren Bewohnern als gutmütigen, aber einfältigen und fortschrittsfeindlichen Zeitgenossen sprachen. Dieser Prozeß schritt im Zeitalter der Industrialisierung stetig voran. Wilhelm Wilsing war 1897 nach eingehender Untersuchung der Eifeler Lebensart zu dem Schluß gekommen, daß »das ganze Verhalten des Eifeler Landwirts auf eine angeborene Bequemlichkeit« hindeute, und »eine weitere unschöne Eigenschaft ist das Mißtrauen und die Furcht vor dem Fremden, Mißtrauen gegen die Behörden, Mißtrauen gegen die Nachbarn, auch Mißtrauen gegen Bürgermeister und Pastor solange sie nicht durch jahrelanges uneigennütziges Streben den vollgültigen Beweis geliefert ›daß sie nichts davon haben‹. Von der Regierungshülfe in Futternotjahren wird wenig Gebrauch gemacht und zwar aus Furcht vor späteren Repressalien.«[319]

Das eigenkulturelle Wissen um die schmalen Ressourcen und engen Nahrungsspielräume weckte nie das besondere Interesse der zahlreichen Experten, die im Regierungsauftrag das Land bereisten. Weniges nur erschien den Inspektoren erhaltenswert, obwohl mancher einsehen mußte, daß die Schiffelkultur einen systemangepaßten Landbau darstellte und die Abkehr davon Schwierigkeiten bereiten würde. Die Ablehnung, die den Verwaltungsleuten seitens der Bauern entgegengebracht wurde, legten diese bloß als persönlichen Affront aus. *Tout le monde* erblickte in der Eifeler Bauernschaft einen sturen Menschenschlag, der für Neuerungen jedweder Art unzugänglich war und aufgrund seiner selbstverschuldeten Isolation keinen Anschluß an die Moderne fand. Allein die Dorfgeistlichkeit hatte in weiten Teilen das Vertrauen der Bevölkerung bewahrt. Neben der Lehrerschaft, die sich unter großen Mühen an die ländliche Gesellschaft annäherte, brachten die Pfarrer Neuerungen ein, wie etwa die Schutzimpfungen, und trugen damit zum Ungleichgewicht aus traditionellen und modernen Gesellschaftselementen bei. Die Atmosphäre der Jahrhundertmitte war für Verheißungen wie geschaffen. Aus den Brüchen mit den Lebensformen der vorindustriellen Zeit, den noch bestehenden Resten alter Bindungen, der Hungerkatastrophen und dem verwirrenden Kontakt mit der Moderne waren Zustände erwachsen, die ganz neue Probleme aufwarfen. Als diese Probleme überhand nahmen, kam es zur Massenauswanderung. Weil die Reaktionsketten sehr lang und undurchschaubar sind, gehört ein solches kollektives Verhalten »zu den beunruhigenden Erscheinungen der modernen Gesellschaft, die schwer zu fassen und zuzuordnen sind.«[320]

KAPITEL 9

AMERIKA IST EIN KUNSTREICHES LAND

SOZIALE HOFFNUNGEN UND DIE FASZINATION DER MASCHINENWELT

In diesen endzeitlichen Tagen der ländlichen Verelendung erreichten die Eifel Briefe aus Buffalo im Staate New York, in denen ein Auswanderer namens Fuchs aus Langenfeld im Kreis Adenau von den dortigen Zuständen berichtete und zum Nachkommen aufforderte. Er selbst werde, so hieß es in seinen Schreiben, nach Michigan weiterziehen und in Buffalo eine Nachricht über seinen Verbleib hinterlassen. Unter denen, die Fuchs nachfolgten, war auch der Virneburger Nikolaus Frett, der zusammen mit einigen Siedlern aus dem Kreis Mayen nordwestlich von Chigaco die kleine Kolonie Johnsburg im Staate Illinois gründete.[321] Gottfried Kinkel resumierte über die Lage der Ackerer, Tagelöhner und kleinen Handwerker aus den Dörfern der Oberahr um die Mitte des 19. Jahrhunderts:

»Einstweilen wird man sich nicht wundern dürfen, wenn in einem Landstrich, wo auch der getreueste Fleiß den Bewohner nicht vor bitterer Sorge schützt, die Sehnsucht nach einer glücklicheren Heimat erwacht. Die meisten Auswanderer gingen im Sommer 1842 den Rhein hinab, vorzüglich aus dem genannten Kreis Adenau; doch hatte die Luft auch da und dort schon die eigentlichen Weindörfer ergriffen, welche näher nach der Mündung des Flusses hin gelegen sind. Rührend, wie überall, und hier noch mehr, wo die Auswanderer ein unvergeßlich schönes Land verlassen, war dieser Trieb in die Ferne, der in jenem Sommer das ganze Ahrtal ergriffen hatte. Greise und Kinder zogen mit.«[322]

Als die Massenauswanderung aus der Eifel in den 1840er Jahren über die Pfalz und den Hunsrück kommend einsetzte, verlief die amerikanische Frontier von Süd nach Nord durch Louisiana über Arkansas, Missouri und Iowa und führte in einem scharfen Knick bis hin zum Lake Michigan. In Michigan, Illinois und Wisconsin ließen sich die ersten Eifeler Auswanderer der 1840er Jahre nieder, hier errichteten sie

Einzelhofstreusiedlungen mit einem festen Siedlungskern und waren bestrebt, für ihre Gemeinden eine Pfarrkirche zu erbauen. Nicht zufällig bot sich den Eifelern der damalige Nordwesten zur Einwanderung an. War der Migrantenstrom in den 1830er Jahren noch über St. Louis und Memphis geflutet, so öffnete sich in den 1840er Jahren eine weitere Einfallsroute von New York aus nordwestwärts über Albany und Buffalo bis hin zu den Großen Seen nach Detroit und Chicago. Chicago, um 1835 eine Stadt mit rund 150 Einwohnern, wuchs in der Mitte des 19. Jahrhunderts unter Beteiligung deutscher Siedler rapide an. An der westlichen Peripherie der Stadt und in Milwaukee ließen sich weitere Farmer nieder, und als die rheinischen Auswanderer eintrafen, waren die Auseinandersetzungen um die Landrechte mit der indigenen Bevölkerung bereits abgeschlossen.

Im westlichen Bereich der Großen Seen[323] herrscht ein kontinentales Klima mit kalten Wintern vor, die Landschaft ist im nördlichen Teil reich an Ahorn- und Eichenwäldern und geht südlich von Milwaukee in die Prärie über. In den Waldzonen war also ausreichend Bauholz und Wasser vorhanden, um Holzhütten zu errichten. Der Boden jedoch war erst urbar zu machen, die Prärie hingegen bot fruchtbares Land. Der Landeigner mußte zunächst Kapital aufbieten, um darauf eine Farm anzulegen und Weizen anzubauen. Das Land war für eine Dauerbesiedlung mit festen Wohnbauten geeignet. Die indianische Bevölkerung dieses Kulturareals, wie etwa die Potawatomi, die im südlichen Umfeld des Lake Michigan ihre Sommersiedlungen errichteten, hatte hier vor der Ankunft der Europäer Mais angepflanzt, ernährte sich von reichlichem Fischfang an den zahlreichen Flußläufen, sammelte Beeren, gewann Ahornsirup und erjagte Bären und Elche, Büffel und Wölfe, Schildkröten, Wildenten und Wildgänse.

Erfolgsgeschichten aus Illinois, Michigan und Wisconsin

»Westfalia den 21ten Abriell 1847

Vilgeliebte Eltern jch kan nicht Unter laßen An euch zu schreiben ich hoffe das diß Mein Schreiben, Euch bej gutter gesuntheit Andreffen wirt wie wir jetz auch noch sint Aber noch nicht lange, den wir haben das letzte Jahr Vill mit Kranckheiten heim gesucht worten ... Jetzt Sint wir Aber wietter gesunt, die arbeit ist doch noch Gut vor An gegangen ... ich brauch nicht mehr zu Fuhrwercken wen

ich nicht will, ich muß euch benachrichtigen das die Katuffelen Zimlich gefault Sint, Sojahr das wir nicht wohl mehr zu flanzen haben Aber es ist noch keine deurigkeiten hir Von lebensmiteln ich muß euch benachrichtigen, das wir dieses jahr eine Neue Kirch bauen, und auch wie ville Vamilligen hir Sint 75 Sint Jetz hir und giebt noch jedes Jahr mehr das dauert noch manches Jahr den Sint es Über 100 Welche Alle Katollisch Sint, und wie es heisch das in Zeit 2 Jahren die Eisenbann hir Verbej kumen solte Welche uns Großen nutzen Machte Übrigens kan ich euch nicht viele Neuichkeithen schreiben Als das ich 6 Söhne haben und ein Methgan ... .
Die Atrest ist An Mathias
Simon in Westfalia Deutsch Silament per
Lions Stet Michan Nort Amirca.«[324]

Wie Mathias Simon, so berichteten auch andere Auswanderer ihren daheimgebliebenen Eifeler Verwandten vom Leben in der Neuen Welt, einem Leben, das ganz augenscheinlich besser war, als man es sich in der Eifel im Hungerjahr 1847 hätte träumen lassen. Die Briefe, die die Siedler oft in Form von Jahresabschlußberichten verfaßten, gaben Zeugnis von den Lebensumständen im fernen Land, und ermutigten viele Menschen der Region, den langen und beschwerlichen Weg nach Amerika anzutreten. Sie zeichneten zugleich ein Bild von den Zuständen, mit denen die Ausgewanderten in der neuen Heimat fertig werden mußten. Die private Korrespondenz berichtete über den Standard des Ackerbaus und der Viehzucht, fächerte die Produktvielfalt auf, lieferte minutiöse Beschreibungen der Preise und Löhne und öffnete damit ein Fenster zu einer nie zuvor erahnten Welt. Besonders bei der Eifeler Geistlichkeit trafen die Schilderungen auf ungläubiges Staunen, sie bewirkten Mythenbildungen und trugen so dazu bei, daß der Sog nach Amerika über viele Jahrzehnte anhielt. Die Erfahrungen ihrer Verwandten und Freunde waren für die Zurückgebliebenen von großem Interesse. Obwohl die Eingliederung oft beschwerlich und mit jahrelangen Entbehrungen verbunden war, vermitteln die Briefe ein positives Bild von den Lebensumständen in der Neuen Welt:

»Wir wohnen 5 Meilen von der Stadt (3 3/4 Std.) und gehen alle Sonntage dahin zur Kirche, ... wenn wir nicht gehen wollen, so spannen wir die Ochsen vor den Wagen und fahren dahin. Nun, ihr werdet sagen, das wird eine erbärmliche Fahrt geben, aber nein, die Ochsen gehen hier geschwinder als die Pferde bei Euch.«

An einer anderen Stelle des Briefes heißt es jedoch:

»Ochsen sieht man gar keine, nur Pferde und Maulesel. Und alles geht im Galopp. Wenn die Leute hier einen so langsam fahren sähen wie draußen, man würde wirklich ausgelacht werden. Sie gaben aber auch fast nichts darum, wenn eins den Hals zerbricht. Der Pfarrer Lethert hat auch 2 Pferde. Es sind von den wilden Indianer Pferde. Aber ich sage Dir, ich habe noch nie so Dirchen laufen sehen wie die am Schlitten: 6 Std. gemächlich in 5/4 bis 1/2 Std. Ich bin schon einigemale mit ihm gefahren. Aber der kann sie auch züchtigen; er ist glaube ich noch kräftiger wie sein Pate Heinrich Dauben. Er hat aber auch eine schöne Köchin 24 Jahre Alt ...«[325]

Die neuen Verkehrs- und Transportmittel spielen in den Briefen eine große Rolle. Die gebräuchlichen Wagen und Karren werden genau beschrieben, das Zugvieh gerühmt, aber das Hauptaugenmerk gilt bald den dampfbetriebenen Fahrzeugen, an vorderster Stelle der Eisenbahn, deren Bau sehnlichst erwartet wird. Fünfundzwanzig Jahre, bevor in der Eifel mit dem Bau des ersten Schienenweges begonnen wurde, rechneten die Bewohner der abgelegenen Siedlungen in Wisconsin bereits mit dem baldigen Ausbau der Infrastruktur.

Maschinen hinterließen bei vielen Auswanderern einen tiefen Eindruck. Sie bedeuteten nicht nur eine Revolution in der Fortbewegung, sondern verringerten auch den Anteil der manuellen Arbeit in der Landwirtschaft und im Handwerk:

»Amerika ist ein kunstreiches Land. Hier sind Maschinen, die alles verfertigen; hier sind Maschinen, die Wagen machen. Es wird ein Stück Holz hineingesteckt, und wenn es herauskommt, ist eine Speiche, eine Felge oder was es sonst werden soll, fertig. Hier sind Maschinen, die Früchte mähen, sie dreschen, reine machen, in die Säcke tun, dann kommen die Leute, laden sie auf und fahren sie nach Hause. Das Merkwürdigste ist das Schuhmacherleisten auf der Maschine machen. Es wird ein Stück Holz hineingesteckt in die Maschine, der Leisten kommt heraus und ist fertig. Du lieber Gott, ich könnt euch noch vieles sagen ... Ich habe vernommen und eingesehen, wie allmächtig Gott ist, wie kunstreich er die Welt eingerichtet hat, das würde mir nie so bekannt geworden sein, wenn ich auf Dedenborn geblieben wäre.«[326]

Berichte über landwirtschaftliche Maschinen und über die Fertigung von Halbzeug setzten bereits in den 1840er Jahren ein. Wenn sich ein Bauer ein neues Gerät erwarb oder im Dorf unter den Handwerkern innovative Techniken in Gebrauch kamen, dann wurde dies den Daheimgebliebenen mitgeteilt:

»Wir haben uns 2 Pferde gekauft für 60 Dolar und eine Dreschmaschine für 90 Dolar, die wird mit 2 Pferden gezogen, und haben damit 7 Tage Weizen gedroschen, ... es sind größere hier, womit sie alle Tage 100 Malter dreschen können. Und so werden auch die Früchte mit Maschinen abgemacht, da wo keine Stöcke mehr stehen.«[327]

Immer dienten diese Meldungen auch dazu, den eigenen, verbesserten Lebensstandard zu markieren. Die Mechanisierung, von der in der Eifel noch nichts zu spüren war, prägte den amerikanischen Arbeitsalltag, wodurch das Arbeitstempo beschleunigt, die körperliche Belastung verringert und die Effizienz gesteigert wurde. Mit den stärkeren und schnelleren Transportmitteln konnten die Waren auf weiter entfernt liegende Märkte gebracht werden. Man mußte den Eindruck gewinnen, dort seien Handel und Gewerbe, Landwirtschaft und Viehzucht in einer steten Bewegung:

»Die Stadt Milwauki hat 16 Meilen im Umfange und liegt am Michiansee. Der Räber fließt mitten dadurch und ist schiffbar. Über den Räber sind Brücken gebaut, die sich mitten auseinanderteilen, damit die Schiffe durchkommen können, und sie sind sehr schön. Hier in der Stadt ist mehr Handel und Wandel als in Aachen und Köln zusammen. Es sind 20 Kirchen darin ...«[328]

Ähnlich wie Johann Schroeder äußerte sich auch Johann Fuß:

»Es wird hier meistens alles mit Maschinen betrieben. Und dieses Jahr wird auch eine Eisenbahn gemacht von Milwauke bis an den Missisipien Fluß ... im vorigen Jahr sind in dem Milwauke 285 neue Häuser gebaut worden.«[329]

Die neue Zeit, die für die Auswanderer heranbrach, wurde sichtbar durch das explosionsartige Anwachsen der Städte. In der Nähe einer solchen Stadt zu leben, in der Jahr um Jahr mehr Häuser gebaut wurden, vermittelte das Gefühl, an die Adern der Zivilisation angeschlossen zu sein und hautnah den Anstieg des allgemeinen Wohlstandes mitzuvollziehen. Von sozialen Konflikten war sehr selten die Rede, und das Zusammenleben verschiedener Einwanderergruppen, in Milwaukee etwa mit den Hessen, Nassauern und Mecklenburgern, wurde als harmonisch geschildert.

Schier unerschöpflich schienen die Bodenschätze und die Fruchtbarkeit des Landes zu sein. Die mühevollen Tätigkeiten in der Landwirtschaft reduzierten sich durch die Qualität des Bodens. Für das Vieh »braucht man kein Futter dafür zu haben, bloß im Winter Morgens und Abends; sonst gehen sie das ganze Jahr hindurch in den Busch ihr Futter selbst holen.«[330]

Die Vielfalt der Produkte in der Neuen Welt füllte ungezählte Seiten der Briefe. Einheimische Tier- und Pflanzenarten wurden genauestens aufgelistet, die exotischen unter ihnen einzeln erklärt. Einem ungläubigen Eifeler Lehrer, dem die Existenz von Zuckerbäumen nicht einleuchten wollte, wird dies nachdrücklich bestätigt:

»Wir haben hier auch einen schönen Zuckerbusch und 150 Zuckertrög, wo wir den Saft sammeln ... Nun lieber Vetter, grüße mir den Lehrer Küpper von Kesternich und sage ihm, er solle nun glauben, daß es Zuckerbäume hier gäbe, denn ich allein kann 1000 Pfund Zucker machen in meinem Busch, wenn ich will.«[331]

Der Umgang mit den unbekannten Gütern war schnell erlernt, bald ihr Wert für den Handel erkannt: die Bauern pflanzten Rauchtabak an und ernteten Ahornsirup. Durch die Briefe wurde das Bild einer handeltreibenden bäuerlichen und handwerklichen Mittelschicht gezeichnet, deren Horizont weit über die Lokalgeschehnisse hinausging und die an den Warenverkehr und die Errungenschaften des technischen Fortschritts angeschlossen war. Gemessen an den Verhältnissen daheim hatte das Dasein eine Leichtigkeit gewonnen, welche die Überlebensbemühungen in der Eifel geradezu widersinnig erscheinen ließ: »Unsere Schuster hier sind beinahe reich. Ist nicht ein armer Schusterjunge zu Kempenich, so schick ihn hierhin, in 10 Jahren kann er sich reich verdienen. Sage es gefälligst den armen Schustern.«[332]

Aber es war ja nicht die wirtschaftliche Not allein, die jede Hoffnung auf ein besseres Leben zu Hause zunichte gemacht hatte, sondern auch Identitätskonflikte und das verlorene Vertrauen in die Fürsorgefähigkeit des Staates. Dem Ausgewanderten eröffneten sich hingegen mit steigendem Wohlstand Freiheiten, die in der Heimat undenkbar waren:

»Es ist hier nicht wie in Deutschland, daß man dasjenige, was man im Schweiße seines Angesichts gewonnen hat, an Steuern und Beischlägen bezahlen muß; hier ist der Bauer auch mit Herr ... Die Stückelchen Fleisch werden auch nicht so klein geschnitten wie draußen. Die Leute essen sich satt Fleisch.«[333]

Zum Maßstab für mehr Wohlstand und Freiheit wurden die verbesserte Nahrung, die gute Kleidung, die Ausstattung der Häuser und vor allem auch die Zierde in der Kirche:

»Auf Maria Himmelfahrt hielt der Bischoff ein hohes Amt. Die Zierde, die ich damals in der Kirche gesehen habe, kann ich Euch nicht beschreiben, ich habe vor Freude die ganze Messe ausgeweint und konnte mich nicht beten.«[334]

Das soziale Angebot Amerikas war verlockend vor dem Hintergrund der Hypothekenlast, die auf vielen bäuerlichen Wirtschaften der Eifel lag:

»Du mein lieber Hubert, wärst Du doch mit Deinen Kindern hier, so könntest Du sagen, ich bin ein reicher Mann. Wenn Deine Mädchen alle 4 dienten, so brauchtest Du und Deine Frau nicht mehr zu arbeiten, und Du könntest leben wie eine reiche Herrschaft ... Hier wohnen viele reiche Leute ...«[335]

Auch die Altersversorgung war durch die Arbeitsmöglichkeiten der Kinder gesichert.

Vom armen Mann zum reichen Mann, vom Knecht zum Herrn, vom Handarbeiter zum Besitzer eines Maschinenparkes, vom kleinen Bauern zum Grundbesitzer, das sind die Aufstiegsträume, die die Briefe vermitteln. Demgegenüber mußte das Leben zu Hause in der Eifel grenzenlos rückständig und ungeheuer beschwerlich wirken. Inwiefern die Berichte sich mit der Wirklichkeit vor Ort deckten, blieb den Adressaten natürlich verborgen. In der Tat boten sich deutschen Handwerkern in bestimmten Gewerben, wie dem Schneider-, Schuster- oder Schreinerhandwerk, sehr gute Verdienstmöglichkeiten. Für andere Branchen, wie etwa für die Gerber, traf dies allerdings nicht zu, auch sie mußten sich bisweilen mit Tagelöhnerdiensten zufrieden geben oder gar umherziehen.[336]

Der Sog nach Übersee

Die Auswanderungswelle erfaßte die verschiedenen Eifelkreise in unterschiedlicher Stärke. Im fünften Dezennium waren besonders der Kreis Adenau und der Kreis Daun vom Fortzug betroffen, weil hier die Auswirkungen der Kartoffelfehlernte am stärksten nachwirkten. Die Mindestzahl der legal ausgewanderten und damit registrierten Personen zwischen 1840 und 1847 lag im Kreis Adenau bei 1810 Personen, wobei in den Jahren 1841/1842 und noch einmal 1846 Wanderungsspitzen zu verzeichnen waren.

Zahl der legalen, registrierten Auswanderer aus dem Kreis Adenau zwischen 1840 und 1847[337]

1840	1841	1842	1843	1844	1845	1846	1847
30	423	486	57	27	189	450	48

Am Beispiel des Kreises Adenau als einer Zone stärkster Abwanderung lassen sich die Beweggründe der Handwerker und Ackerer, die das Land bereitwillig mit ihren Familien verließen, deutlich machen. Hier zeigt sich zunächst ein Stadt-Land-Unterschied, denn die bäuerliche Bevölkerung aus den Dörfern der Oberahr war von der allgemeinen Not stärker betroffen als die Einwohner der Stadt Adenau, die vom Handwerk und Gewerbe lebten. Zwar entwickelte sich Adenau gegenüber den aufstrebenden Industriestädten ebenso verspätet wie die meisten Landstädte der Eifel – der Eisenbahnanschluß erfolgte 1888 und wurde erst 1912 weitergeführt –, aber der Ort verfügte in der zweiten Jahrhunderthälfte über eine Reihe von kleineren Fabriken und Betrieben. 1861 produzierten dort die Rolltabak-, Zigarren- und Schuhnagelfabrik Anton Ludowisy, die Hut- und Mützenfabrik Friedrich Habig, die Zigarrenfabriken Baur, Kaspers und Kettel und Hagemann, die Faßdaubenfabrik Kläß, die Tuchfabriken Friedrich und Knoll, das Dampfsägewerk der Gebrüder Leininger und das Schlachthaus Klein. Als Durchreisestation in das Innere der Eifel verfügte der Ort über Hotellerie, etwa das Wirtshaus »Zum halben Mond« oder den »Eifeler Hof«. Beide Etablissements erwarben sich später, in den 1920er und 1930er Jahren einen bis heute legendären Ruf, weil dort berühmte Rennfahrer wegen der Nähe zum Nürburgring mitsamt ihrem Troß abzusteigen pflegten. Adenau war in der Mitte des 19. Jahrhunderts keine reiche Stadt, aber sie ernährte die verschiedensten Handwerke: Sattler, Polsterer, Schneider, Uhrmacher, Gerber, Färber, Schuh- und Stiefelmacher, Klempner und Schreiner fanden hier ein Auskommen.[338]

Die Not auf dem Lande, die engen verwandtschaftlichen Bindungen auch über große Entfernungen hinweg und die Berichte vom besseren Leben in Amerika verfehlten nicht ihre Wirkung auf die Eifeler Bevölkerung. Unvermindert hielt der Wegzug in den 1860er und 1870er Jahren an. Es war keine Seltenheit, daß Familien fortzogen, wo die Eltern bereits das vierzigste Lebensjahr überschritten hatten.

Die Gesuche der 1870er Jahren sind an den »Königlichen Landrat Herrn Dillenburger« in Adenau gerichtet, der diesem Antrag einen Vermerk über die Erteilung einer Entlassungsurkunde zufügte. Neben einer Eingangsformel enthielt die Supplik Angaben über persönliche Gründe, die den Auswanderer zum Fortzug veranlaßten, wie im Falle der Familien Wittersheim und Lückenbach:

»Denn, den 8ten Januar 1874
Gesuch des Nicolaus Wittersheim und Anton Lückenbach von Denn um Erlaubniß nach Nord Amerika auswandern zu können.
Wir unterzeichneten Nicolaus Wittersheim und Anton Lückenbach von Denn, sind gekommen mit unseren Familien nach Nord Amerika auszuwandern und bitten Euer Wohlgeboren hierzu die Consens zu ertheilen.«[339]

Der Antrag wurde von der Abteilung des Inneren in Koblenz geprüft und vom Landrat in Adenau bewilligt. Dann wurde dort die Entlassungsurkunde ausgehändigt. Ab diesem Tage war der Auswanderer ohne Staatsangehörigkeit. So erging es auch im März 1870 Anton Johann Thelen aus Herresbach, der, da er Vollwaise war, zu seinem Bruder nach Amerika auswandern wollte:

»Seinen Ackerbau sei er nicht im Stande, selbst zu bauen, käme aber seine Grundstücke augenblicklich nicht verwerthbar, da die Eingesessenen von Herresbach, durch die im Jahre 1868 stattgehabte Auswanderung von 13 Familien so tief in Schulden geraten seien, daß es ihnen in den nächsten Jahren nicht möglich sein werde, weitere Lasten zu übernehmen. Er versuche darauf vorläufig seine Mobiliare zu verkaufen und hoffe hieraus mindestens 350-400 Thaler zu erhalten und hiermit die Reise anzutreten. Was er später mit seinem Immobilar=Vermögen mache, wolle er mit seinem Bruder berathen.«[340]

Auch in der Begründung, die Leonard Seurer der Königlichen Regierung zu Koblenz abgab, spielten die Familienbeziehungen eine große Rolle:

»Ich habe 2 Brüder schon seit vielen Jahren in Amerika, welche mich zu sich wünschen und mir behülflich sein wollen. Darum habe ich mich entschlossen, dieses Frühjahr nach Amerika auszuwandern mit meiner Familie, welche aus meiner Ehefrau Gertrud Hoff und drei Kindern, nämlich:
1. Nikolaus Seurer, 5 Jahre alt
2. Mathias Seurer, 3 Jahre alt
3. Peter Joseph Seurer, 11/2 Jahre alt
besteht. Meine Mutter mit Namen Johanna Müßeler nehme ich ebenfalls mit. Ich war früher Soldat, und bin seit 2 Jahren aus der Landwehr ausgeschieden. Euer Wohlgeboren bitte ich nun ganz gehorsamst, mir verhelfen zu wollen, daß mir die Erlaubnis, nach Nord Amerika auswandern zu dürfen, ertheilt werden.
Leonard Seurer +++ Handschrift der Johanna Müßeler«[340]

Seurer hat nicht versäumt, seinen abgeleisteten Landwehrdienst anzumerken. Da er seinen Wehrverpflichtungen gegenüber dem Preußischen Staat nachgekommen war, bestand ein Grund weniger, die Familie im »Preußischen Unterthanen- Verband« festzuhalten.

Ab 1888 wurde das Verfahren stärker standardisiert. Der Beamte führte für jeden Antragsteller einen »Nachweis über die betreffenden Verhältnisse der umstehend aufgeführten Individuen, welche behufs der Auswanderung die Entlassung aus dem Preussischen Unterthanen-Verbande nachgesucht haben«. Dem Antragsteller wurde nach der Eintragung aller erforderlichen Daten eine Belehrung vorgelesen, nach deren Anhörung er das Formular unterschreiben mußte. Die hatte dann den folgenden Wortlaut:

»Dem Nebengenannten wurde durch den unterzeichneten Bürgermeister eröffnet, daß er im Falle der wirklichen Auswanderung die Rechte eines preussischen Staatsbürgers verliert, und wenn er etwa mit der Zeit verarmt wieder zurückkehren sollte, unnachsichtlich an der Grenze zurückgewiesen und bei einem etwaigen Einschleichen als Landstreicher behandelt werden würde. Auch wurde er auf die vielen Gefahren und Beschwernisse der Übersiedlung nach Amerika sowie auf die Bestimmungen in Betreff der Reisemittel mit dem Bedeuten aufmerksam gemacht, daß er sich über deren Besitz vor Aushändigung des Consenses ausweisen müsse. Gleichzeitig wurden diejenigen Nachrichten mitgetheilt, die in dem Aufsatze des Doktor Schmidt aus Hamburg vom Oktober 1848 enthalten sind, ferner die Verhaltensmaßregeln der Direktion des Nachweisungs-Bureaus für Auswanderer zu Bremen (Regg.=Verfgg. v. 30 Sep. 1854 –.I.Nro.2706), sowie 1 Exemplar des von der Emigrations-Commission zu New=York im November 1855 veröffentlichten Memorials mitgetheilt. Nach gehöriger Verwarnung erklärte er bei seinem Vorhaben zu verharren und hat nach der Vorlesung unterschrieben.«[341]

Das Reisemittelaufkommen des Auswanderungswilligen stammte aus dem Verkauf des mobilen und immobilen Vermögens. Gottfried Kinkel faßte seine Beobachtungen so zusammen:

»Häuser und Güter wurden losgeschlagen; ohne Auswanderer war auf der Oberahr keine Ortschaft. Ganze Dörfer wollten ihre Stätte räumen; das Dorf Hümmel nahe beim Aremberg gedachte seine ganze Dorfgerechtigkeit aufzulösen, seine Gemeindewälder dem Herzog von Aremberg zu verkaufen und auszuziehen, der Priester voran mit Kreuz und Fahne. Brüder teilten sich; der eine ging in die Fremde mit dem baren Geld voraus, der andere blieb auf dem Erbgut, damit beide für alle Fälle gesichert seien. Täglich liefen Briefe von Angehörigen in Amerika ein, welche zur Nachfolge aufforderten.«[342]

Das bare Geld wurde für die Schiffspassage gebraucht und für den Ankauf von Land oder bereits vermessenen und mit Wirtschaftsgebäuden versehenen Farmen in der neuen Heimat. Gunther Hirschfelder hat die im Schleidener Wochenblatt zwischen 1841 und 1865 an-

Abb. 20: Ausreisewillige Familien wurden auch über Zeitungsannoncen für eine Überfahrt nach Amerika angeworben.

noncierten Haushaltsauflösungen, die im Zusammenhang mit der Auswanderung stehen, analysiert. Dabei wurde deutlich, daß in denjenigen Bürgermeistereien, welche von der Eisenindustrie abhängig waren, bis 1860 10-15% der Haushalte wegen Auswanderung aufgelöst wurden. Die von der Landwirtschaft lebenden Gemeinden waren im Kreis Schleiden insgesamt weniger stark von der Auswanderung betroffen.[343]

Das Auswanderergewerbe oder wie Agenten an der Armut verdienten

Aus der Auswanderung entwickelte sich in den Landstädten ein Geschäft. In Adenau war der Kaufmann J.L.J. Baur ansässig, in Virneburg sein Kollege Carl Knoll, die beide Konzessionen zum Betrieb von Unteragenturen für die Beförderung von Auswanderern besaßen.[344] Knoll in Virneburg war vertraglich an den Kaufmann Carl

Vogelsang in Minden gebunden, welcher ihn 1874 zu seinem Spezialagenten ernannt hatte. Vogelsang wiederum betrieb eine Generalagentur des Bremer Hauses Siebers »zur Beförderung von Auswanderern aus den Preussischen Staaten«.[345]

In der Konzession, welche die Königliche Regierung im März 1868 an Vogelsang übergab, war ausdrücklich folgender Hinweis vermerkt: »Diese Erlaubnis ist jedoch an die Bedingung geknüpft, daß Verträge mit Auswanderern welche auf der Leistung von Vorschüssen beruhen, gegen Übernahme der Verpflichtung, dieselben späterhin abzuarbeiten (Begründung des Halbpacht=Verhältnisses) ohne Ausnahme ausgeschlossen bleiben.« Dies galt auch für den Unteragenten Knoll. Der Kaufmann Baur in Adenau, der seit 1869 als Unteragent für das Unternehmen Leroy in Koblenz und ab 1875 für das »Auswanderer-Beförderungs-Unternehmen Wilhelm Maßen in Cöln am Rhein« seine Vermittlungsgeschäfte betrieb, war befugt, in dessen Namen mit den Auswanderern Verträge »auf den Ihm von mir bezeichneten Seehäfen und für die Ihm angegebenen Schiffe und Abfahrten abzuschließen«, wie es in der Vollmacht heißt. Im Nachtrag zu dieser Vollmacht vom 1. Juli 1876 wurden von Wilhelm Maßen in Köln die Seehäfen näher bestimmt, über die Baur Passagen ausstellen durfte, nämlich von Hamburg, Bremen, Antwerpen, Rotterdam, Liverpool und Havre nach New York, Philadelphia, Boston, Baltimore, Quebec, Halifax, Havana, New Orleans, Galveston, Montreal, San Francisco und Australien. Ausdrücklich wurde hingegen verfügt, daß »sich derselbe den Abschlüssen von Überfahrt-Verträgen nach den Staaten Brasilien, Peru und Venezuela gehorsamst zu enthalten« hat.

Die reibungslose Organisation der Überfahrt war eine wichtige Voraussetzung für den massenhaften Abzug, denn 1826 hatten schauerliche Geschichten über die schlechte Abwicklung in deutschen Seehäfen dazu geführt, daß sich die Auswanderung in der Eifel bis auf einige wenige Brasilienfahrer nicht durchsetzen konnte. 1828 untersagte Brasilien die Einwanderung, und »manche, die erst in den Hafenstädten zu dieser bitteren Erkenntnis gelangten, kehrten völlig verarmt als abschreckendes Beispiel gegen jegliche Auswanderung in ihre Heimat zurück.«[346]

Aufbruchstimmung

In den 1840er Jahren wanderte die Bevölkerung aus denjenigen Landstrichen der Eifel besonders stark ab, die von der Kartoffelfehlernte am meisten betroffen waren. 24333 registrierte Personen verließen zwischen 1840 und 1871 die Region, und einschließlich der illegalen Auswanderer waren es rund 40000-60000 Menschen, die binnen dreißig Jahren ihre Heimatdörfer in der Eifel aufgaben, um in Amerika eine neue Existenz zu gründen, denn »die rheinischen Industriereviere an Inde, Ruhr und Saar wurden in der Zeit von 1840-1871 zwar stark genug, die Eifeler Eisenindustrie langsam auszuschalten, aber sie waren noch nicht so stark, daß sie schon den größeren Teil der brotlos werdenden Eifeler Menschen zu sich aufnehmen und vor dem Verlassen des Vaterlandes bewahren konnten.«[347]

Einige Dörfer der Oberahr dürften in den 1850er Jahren einen recht trostlosen Eindruck erweckt haben, da die meisten Bewohner ihre Häuser verlassen hatten. 20-30 Prozent der Auswanderer waren Handwerker, die übrigen Ackerer, Tagelöhner, Knechte und Mägde aus der Landwirtschaft. Kehrt man dieses Verhältnis um, so handelte es sich bei den Zurückgebliebenen zumeist um alte Menschen sowie um jüngere, unverheiratete Mädchen und Frauen. Mit der Amerikaauswanderung hatte sich eine Dynamik etabliert, die Maßstäbe setzte, weil die aktiven Kräfte der verarmten Landstriche es vorzogen, woanders ihr Glück zu suchen.

KAPITEL 10

SELBSTHILFE UND ENTWICKLUNGSHILFE

An Erkenntnissen über den unmenschlichen Status, in dem die Landbevölkerung um die Jahrhundertmitte ihr Dasein fristen mußte, hat es nicht gemangelt. Sie ziehen sich wie ein roter Faden durch die Geschichte der gesamtkulturellen Verarmung der Region seit den Tagen, als französische Beamte erstmals umfassend auf die mannigfaltigen Mißstände aufmerksam machten. Übereinstimmend berichteten auswärtige Beobachter Dekade für Dekade von den schlechten hygienischen Verhältnissen in den Behausungen, vom Niedergang des Gewerbes und dessen Folgeerscheinungen, vom Bildungsnotstand und der Kinderarbeit und immer wieder auch von der Agonie, in der die Ackerer und Tagelöhner verharrten.

Hätten nicht die Briefe aus Amerika einen Hoffnungsschimmer in das Lebensdunkel gebracht und viele Menschen zur Auswanderung bewogen, so wäre die Lage vor Ort binnen weniger Jahre durch relative Überbevölkerung, Nahrungsmittelknappheit und Energiemangel geprägt gewesen, mit der Tendenz, sich zu einer umfassenden ländlichen »Kultur der Armut« auszuwachsen, wie sie für urbane Unterschichten von Oscar Lewis 1961 erstmals ethnographisch erfaßt und theoretisch umrissen wurde. Es machten sich durchaus erste Anzeichen einer kollektiven Verelendung mit Dauercharakter vor allem unter der kleinbäuerlichen Bevölkerung bemerkbar, wie etwa das informelle Kreditwesen und die wucherische Viehleihe sowie der permanente Mangel an Nahrungsreserven und die kritische Distanz zu den Behörden, selbst wenn diese im Sinne der Betroffenen handelten.

Daß die Strukturkrisen der ersten Jahrhunderthälfte die ländliche Gesellschaft dennoch nicht in eine dauerhafte Elendskultur zu treiben vermochten, hatte eine Ursache im beharrlichen Festhalten der volksfrommen Bauern an überlieferten Ordnungen und der daraus resultierenden Trägheit, mit der sich der innere Wandel trotz äußeren Drucks vollzog. Einerseits gerieten durch Anpassungsbarrieren Handel und Gewerbe immer mehr ins Hintertreffen, und die staatliche Aufklärungsarbeit blieb erfolglos, andererseits vertrieb das Vertrauen in das Leistungsvermögen der Schutzpatrone und Nothelfer, dem das Mißtrauen gegen die weltlichen Mächte gegenüberstand, manchen Zweifel an den Weltläuften. Die Eifeldichterin Clara Viebig hat in ihrer Novelle »Die Schuldige«, die in der Gegend um Ehrang spielt, dieses Verhalten in eine kurze Geschichte eingebunden. Im Wald entdeckten spielende Kinder in einer Höhle eine junge Frau mit einem kleinen Kind, eine Verstoßene, die sie aber für die Heilige Genovefa hielten. Einer der Jungen wurde daraufhin schwer krank: »›Modder, et sein net de onreifen Kerschen, et es de Genovefa. Eck gänn gestroft, ech haon mit de Fingren uf er gezeigt!‹ Und die Mutter heulte und rief die Gebenedeite und alle Nothelfer; nur keinen Doktor. ›Wat soll hän aach hei? Dao hilft kein Medezin einholen, ons Pittchen muß doch stärwen.‹«[348]

Solange zudem die Landgeistlichkeit, deren Vertreter oftmals eine Mittlerstellung innehatten zwischen den Kleinbauern, den Behörden und den Erscheinungsformen des allgemeinen Fortschritts oder gar selbst noch tief verwurzelt waren in überkommenen Glaubensmustern, die Leitlinien des sozialen Lebens bestimmte, solange gab es noch eine religiös fundierte Hoffnung auf Rettung. Doch dieser Durchhaltewillen rückte eine Lösung der ökonomischen Probleme in weite Ferne: »So sehr sich dem einfühlsamen Beobachter diese außerordentliche Frömmigkeit erschließen mag,» unterstrich Herbert Schwedt nachdrücklich, »der Entwicklung der Region steht sie als ›endogenes Potential‹ nicht zur Verfügung, es sei denn als die Kraft, die hier das Überleben auch in verzweifelten Zeiten ermöglichte, sei es in den Hungerjahren des vorigen Jahrhunderts, sei es in den Wochen der Ardennenoffensive im Winter 1944.«[349]

Der Staatswissenschaftler Peter Kaufmann zählte auf den Einfluß der Landgeistlichen bei der Einführung von Neuerungen in Landwirtschaft und Gewerbe: »Die Herren Pfarrer, welche der Pflege der höheren Angelegenheiten der Gesellschaft vorstehen, können unter allen Männern des Eifellandes das Meiste zur Erreichung unserer Zwecke beitragen, sie genießen das Vertrauen ihrer Gemeinden und führen sie daher leicht zum Bessern.«[350] Und in der Tat kam einigen Geistlichen eine entscheidende Rolle in der Entwicklung einzelner Gewerbe zu.

Butter und Milch als neue Einnahmequellen

Der kleinbäuerlichen Wirtschaft mangelte es vor allem an Bargeld, um die Nahrungs- und Energieengpässe zu überwinden. Das Selbstversorgersystem eröffnete wenig Spielräume für die Herstellung von Erzeugnissen, die sich gewinnbringend verwerten ließen, denn die einzelnen Familien waren, zumal die Zahl ihrer Mitglieder bis zur Jahrhundertmitte anstieg, auf den vollen Umfang der eigenen Produktion angewiesen. Als der Zuzug eines Teiles der Landbevölkerung in die wachsenden Industriereviere begann, entstanden dort neue Märkte, deren Ausstrahlung bis in die innerste Eifel spürbar werden sollte. Es geriet etwas in Bewegung, als der steigende Bedarf an Grundnahrungsmitteln in den städtischen Ballungsgebieten für die umgebenden Landregionen die Chance entstehen ließ, auch solche Produkte anzubieten, die nie zuvor zu den Exportgütern gehört hatten und sie durch Hausierhandel, durch Zwischenhändler oder durch Genossenschaften in den Zentren abzusetzen.

Doch die Auswahl war beschränkt. Brotgetreide und Kartoffeln hätten nur im Überschuß produziert werden können, wenn man zuvor in Mineraldünger investiert und die Ackerlandflächen erweitert hätte, aber dafür fehlte gerade den Parzellenwirten und Kleinbauern die finanzielle Grundlage. Zudem traten häufig witterungsbedingte Fehlernten auf. Ungenutztes landwirtschaftliches Potential bot nur die Milchwirtschaft – zum einen durch die Möglichkeit, Öd-, Wald- und Dauerackerland in Grünland umzuwandeln, und zum anderen durch die schrittweise Hebung des Viehschlags. Solange keine kontrollierte Großviehzucht betrieben wurde, solange wären mit besseren Futtermitteln allein auch keine nennenswerten Ertragssteigerungen zu erwarten gewesen.

Bereits zur Franzosenzeit wurden entsprechende Verordnungen erlassen, um die alten, unbrauchbaren Landschläge zurückzudrängen. Die Befürworter dieser Initiativen mußten gespürt haben, daß das unansehnliche einheimische falbe Zottelrind, welches jedem Landwirtschaftsexperten wie eine lebende Karikatur und Kümmerform eines brauchbaren Landviehs vorkam, dem zukünftigen Nahrungs- und Arbeitskraftbedarf der Bevölkerung hemmend im Wege stand. Die Großviehschläge, die in den Höhenlagen der linksrheinischen Lande heimisch waren, erweckten den Eindruck, als ob sie mit ihrer eigenen Überlebenssicherung vollständig ausgelastet gewesen wären, denn jenes krummhörnige, niedrige, dünnbeinige und schlappohrige Huftier mit den tiefen Hungergruben war im Frühjahr nicht einmal mehr in der Lage, allein aufzustehen, weil es in den ausgehenden Wintermonaten ausschließlich mit nährstoffarmem Strohhäcksel gefüttert wurde.[351] Gewöhnlich überschritt eine »fett gemachte Kuh« nie ein Gewicht von 225 Pfund.[352] Überlange Klauen wuchsen den liegenden Tieren über den Winter hindurch aus, und der Bauer rollte sie in den kalten Monaten im Stall schließlich alle Tage von einer Seite auf die andere, um ein Wundliegen zu verhindern. Man nannte das »Viehlüften«. Nach besonders langen Wintern schleppten die Wirte, sobald die Temperaturen anstiegen, die verschmutzten und erbärmlich knochigen Tiere auf Leitern und Gerüsten zu den Naturweiden, damit sie sich dort von den Folgen der Hungerkost erholen konnten.[353] Die Laktationsperioden waren kurz, und die Qualität der Milch sank während des Abmelkens von Tag zu Tag. Die niedrigen, feuchten, dunklen und rattenbewohnten Ställe, in denen sich der Mist durch den Winter hindurch aufgestapelt hatte, boten ein ideales Klima für chronische Katarrhe.

Die Abstammungslinien dieses Rindes liegen im Dunkeln; es handelte sich wahrscheinlich um Ardenner und Westerwälder Höhenvieh, gemischt mit holländischem Niederungsvieh.[354] Da Kör- und Zuchtordnungen fehlten, Herdbücher unbekannt waren und auf die sorgfältige Auswahl geeigneter Beschäler kein Wert gelegt wurde, blieb die Qualität des Bestandes stets dem Zufall überlassen.

Erst mit der Einführung des Glan-Donnersberger Rindes, einem Dreinutzungsrind, das in der Summe seiner Eigenschaften wesentlich besser die Anforderungen der kleinbäuerlichen Wirtschaft erfüllte als das alte Landvieh, ließen sich höhere Milchleistungen erzielen. Der gelbe Pfälzer Höhenschlag entstand in der zweiten Hälfte des 18. Jahrhunderts durch Einkreuzung von Schweizer Gebirgsvieh mit der Landrasse.[355] Wegen seiner guten Anlagen deklarierte es der französi-

Abb. 21: Das Glan-Donnersberger Rind hatte beste Voraussetzungen für die Viehhaltung in der Eifel – es eignete sich für Gespanndienste, erbrachte eine gute Milchleistung und lieferte außerdem noch Fleisch.

sche Präfekt Lezay-Marnesia bereits 1810 zum Normalvieh der östlichen Provinzen.[356]

Es war Schwerstarbeit, die der 1833 gegründete Landwirtschaftliche Verein für Rheinpreußen durch seine Wanderlehrer, die Landräte einiger Eifelkreise und die Züchterverbände leisten mußte, um die Bauern der Eifel davon zu überzeugen, das Glan-Donnersberger Rind zu ihrem Vorteil in die Bestände einzukreuzen. Einzelne Stiere gelangten in den 1830er Jahren von Süden her über die Mosel in die Eifel hinein. Frühe Züchtungsversuche wurden 1848 von dem Landwirt Johann Arnoldy in Masholder bei Bitburg durchgeführt. Ab 1850 kaufte die Gemeinde Bitburg regelmäßig Glanstiere in der Pfalz an, und in Bitburg entstand 1866 auch die erste Molkereigenossenschaft des Eifelraumes. 1864 wurde am Ort ein Zuchtverein für die Eifel und den Hunsrück gegründet, in dessen Statuten die Hebung der einheimischen Rassen durch Glan-Donnersberger und südfranzösische Charolaisrinder festgelegt wurde.[357] Tatsächlich verbesserten die durch den Verein angekauften und versteigerten Stiere die Bestände im Bitburger Raum entscheidend. Um 1900 hatte sich die Glanviehrasse im Kreise

Bitburg vollständig durchgesetzt und führte später zu großen Zuchterfolgen: Mit der Pascha-Baronlinie begründeten einige Züchter aus dem Kreis zwischen 1900 und 1930 eine der bedeutenden Linien der rheinischen Glanviehzucht. Vor dem Ersten Weltkrieg gab es im südlichen Eifelraum vier Glanviehgenossenschaften. 1891 beschrieb der Direktor der Landwirtschaftlichen Schule in Hillesheim, Ernst Kloepfer, die Zuchtziele der Glan-Kreuzungen. Erwartet wurde ein »semmelfarbiger«, auch erbsen- bis goldgelber, an den Gliedmaßen »vortrefflich gemuskelter« Mittelschlag mit mäßig großem Euter, behaarten Ohrmuscheln, rosa Flotzmaul und Stirnschopf.[358]

Von der Körung der ersten Glanbullen bis zur vollständigen Durchdringung der Bestände vergingen in den einzelnen Kreisen zumeist fünfzig bis siebzig Jahre, und noch in der Zwischenkriegszeit traf man vereinzelt, vor allem im Kreis Ahrweiler, Reste der Altrassen an. Nach der Viehzählung vom 1. Dezember 1927 hatten die Kreise Bitburg, Daun, Prüm, Adenau und Cochem an der Mosel zwischen 80% und 100% Glanviehbestände, der Kreis Wittlich 55% Glanvieh und 40% Simmentaler Vieh und der Kreis Schleiden 57% Glanvieh, ansonsten Niederungsvieh. Nur im Kreis Ahrweiler herrschte noch ein Gemisch aus schwarzbuntem Niederungsvieh und altem Eifeler Höhenvieh vor.[359]

1891 wurden nach einer Erhebung bei Eifeler Metzgern folgende durchschnittliche Schlachtgewichte festgestellt:[360]

	Eifelrind	Glanrind
fette Kuh	113 kg	190 kg
fetter Ochse	250 kg	320 kg

Die Milchleistung wurde im ausgehenden 19. Jahrhundert von Kontrollstellen durchschnittlich mit 1900-2500 Liter pro Jahr bei 3,5% – 4% Fett, unter besonders guter Fütterung auch mit bis zu 3240 Litern, angegeben. Diese Werte wurden selbst bei Arbeitskühen mit einer Arbeitsleistung von rund 650 Stunden im Jahr nicht unterschritten. Richard Mühleis errechnete allerdings für das Eifel- und Venngebiet auf das Jahr 1929 einen Ertrag von bloß 1650 Litern Milch pro Kuh und Jahr[361], aber selbst dieser Wert lag weit über den früheren, denn das Eifelrind der alten Zeit erzeugte bei guter Haltung 1200-1500 Liter Milch pro Jahr, bei schlechter sogar nur unter 1000 Liter.

Das Hauptproblem der Eifeler Rinderzucht stellte noch in der Zwischenkriegszeit die unsachgemäße Aufstellung und Fütterung der Bestände dar. Franz Josef Ferber berichtete aus der Gemeinde Hörschhausen im Kreis Daun, daß im Ort im Jahre 1940 nur ein einziger Stall nach modernen Erkenntnissen erbaut war, alle anderen boten dasselbe Bild, wie es in den Darstellungen des ausgehenden 19. Jahrhunderts gezeichnet wurde.[362] Selbst das Viehlüften war zumindest in einigen Orten des Kreises Daun bei den ärmeren Bauern noch üblich. Die Anlagen der Züchtungen konnten sich aber naturgemäß nur dort voll entfalten, wo die Zusammensetzung und Menge der Futtermittel sowie die Haltungsumstände den Bedürfnissen der Tiere entsprachen.

Der Gutsbesitzer Karl Schneider hat 1926 in einer Aufklärungsschrift vor allem den Bewohnern westdeutscher Mittelgebirge vorgeworfen, daß sie zuwenig Interesse an einer Umwandlung von Ödland in Dauerweiden zeigten. Er stellte anhand der Beschreibung von Musteranlagen im Westerwald heraus, welche Mittel zur Kultivierung öder Flächen eingesetzt werden müßten. An vorderster Stelle nannte er die Entwässerung, da ein hoher Grundwasserspiegel zu kalten Böden und sauren Wiesen führe, was auch in der Eifel häufig der Fall sei.[363] Zur anschließenden Entsäuerung empfahl er das Ausbringen von mindestens 20 Doppelzentnern Kalk pro Hektar. Der Diplom-Landwirt Julius Mayer stellte im selben Jahr in einer Studie über die Allgäuer Rundkäserei ebenfalls die Bedeutung des Kalkes zur Senkung hoher Bodenazidität heraus und rechnete vor, wie bei Fütterung mit kalkarmen Produkten die Milchsekretion allmählich nachläßt.[364] Was die Düngung anbelangt, so fehlte es dem ausgelaugten Boden vor allem an Stickstoff, der in Form von schwefelsaurem Ammoniak oder Natriumsalpeter verabreicht werden sollte. Auf gut gedüngtem, drainiertem Grund wären Wiesen und Weiden binnen weniger Jahre erheblich verbessert worden. Doch nur schrittweise gelang es den Landwirtschaftsexperten, die Eifeler Bauern mit den Erkenntnissen der Grünlandforschung vertraut zu machen. Im ersten Viertel des 20. Jahrhunderts wurden zwar in fast allen Eifelkreisen Klee, Luzerne und Rüben oder Erdkohlrabi als Winterfutter angebaut und die Kühe im Sommer auf kultivierte Genossenschaftsweiden getrieben[365], doch herrschte vielerorts noch bis zum Zweiten Weltkrieg bei den Kleinbauern die traditionelle Viehhaltung vor, wobei die Tiere im Sommer auf dem nährstoffarmen Gemeindeland, im Winter unter kärglicher Heu- und Strohfütterung im Stall verblieben. Am Niederrhein hingegen erlebte der Feldfutterpflanzen- und Rübenbau nach der Mitte des 19. Jahrhunderts einen großen Aufschwung und mit ihm die Milchleistungen. Eine Faustregel, die Benno Martiny 1871 in seiner Abhandlung über die Milchwirtschaft aufstellte, besagte, daß eine gute Kuh einen mittleren Milchertrag des fünf- bis sechsfachen ihres Lebendgewichtes im Jahr erbringen kann, wozu sie allerdings das Zwölffache ihres Lebendgewichtes an Heu verbraucht.[366]

In der kleinbäuerlichen Wirtschaft waren vor der Jahrhundertwende zwei Voraussetzungen für eine Milchwirtschaft, die mit den Niederungsgebieten auf gleicher Ebene hätte konkurrieren können, nicht gegeben. Zum einen hielten gerade die kleinen Bauern zuviel schlecht ernährtes Großvieh – zwischen 1816 und 1906 hatte sich der Rindviehbestand der gesamten Rheinprovinz von rund 600 000 auf rund 1 200 000 Stück geradezu verdoppelt[367] –, zum anderen wurde zuwenig Öd- oder Ackerland in Dauerweiden umgewandelt oder für den Feldfutterpflanzenbau verwandt, und damit fehlte es an der erforderlichen Menge und Qualität des Futters.

Zuchterfolge und nährstoffreichere Futtermittel hatten eine bescheidene Entfaltung der Milchwirtschaft bewirkt. Nun fehlte es an einem Produkt, das für den Fernhandel haltbar genug war, denn auf den lokalen Märkten waren Butter und Milch nur in geringem Maße abzusetzen. Erst die Entwicklung der Süßrahmbutter bot den Eifelbauern eine gewisse Chance, an der Butterversorgung der Städte mit einer weniger verderblichen Ware zu partizipieren.

Um die Mitte des 19. Jahrhunderts waren unterschiedliche Verfahren zur Buttergewinnung gebräuchlich; Milch und Milcherzeugnisse avancierten zu wichtigen Handelsprodukten, und man versuchte, die Buttergewinnung zu optimieren. In europäischen und amerikanischen Labors versuchten erstmals Wissenschaftler mit verschiedenen Methoden, die festen von den flüssigen Bestandteilen der Vollmilch zu trennen.[368] Dabei experimentierte man noch nicht mit der Zentrifugalkraft, obwohl sie bereits seit 1859 zur Milchuntersuchung eingesetzt wurde. Erst im Jahre 1864 baute Antonin Prandtl den Prototyp einer brauchbaren Milchschleuder, 1876 stellte der Schöninger Ingenieur Wilhelm Lefeldt eine Weiterentwicklung auf der Bremer Landwirtschaftsausstellung vor, wo die Präsentation allerdings mit einem Malheur endete: Da die Energiezufuhr zu hoch war, wurde die Eimerschleuder aus der Halterung gerissen und sauste in voller Fahrt über die Köpfe der Besucher hinweg in die Holzwand eines Schuppens.[369] Bis zur Jahrhundertwende war das Gerät schließlich zur Serienreife gelangt, und sogenannte Milchseparatoren wurden von einer ganzen Reihe von Firmen, vor allem von der Firma Miele, gebaut und vertrieben. Mit diesen Geräten begann in der Milchverarbeitung das Zeitalter der Molkereien.

Doch in den 1850er Jahren richteten sich die Experimente zunächst auf die optimale Lager- und Verarbeitungstemperatur von Milch und Rahm, auf die Formen und Materialien der Aufstell- und Butterungsgefäße und auf Zusätze, die die fertige Butter haltbarer machten. Dabei standen wenigstens zwölf verschiedene Verfahren zur Diskussion: Es waren dies neben den traditionellen holländischen, holsteinischen, englischen und schottischen Butterbereitungen z.B. wassergefüllte Zinkblechwannen, in denen die Milch in Weißblechsatten auf etwa 15 Grad Reaumur (18,75 Celsius) kühlte, dabei aufrahmte und schließlich zu Butter geschlagen wurde.[370]

Das Gussandersche Verfahren arbeitete mit den entgegengesetzten Vorzeichen, denn die Milch wurde bei hohen Temperaturen von rund 24 Grad Reaumur (30 Grad Celsius) aufgerahmt. Die Ausnutzung der Vollmilch war dabei schlechter als bei der Kältebehandlung, aber dafür säuerte der Rahm auch langsamer. Die Wärmebehandlung erbrachte aus hundert Litern Milch mit einem Fettgehalt von 3,6% zwischen 7,6 und 9,7 Kilogramm Butter.

In Amerika war die Entwicklung bereits weiter in eine andere Richtung geschritten, es gab bereits regelrechte Butterfabriken und in der Butterfactory von Orange County bei New York wurden im Jahr 1865 aus achtzig Litern frischer Milch ein Kilogramm Butter sowie zusätzlich ein Kilogramm Käse gewonnen. Dabei wurde die Milch von vierhundert Kühen in zylindrischen Gefäßen auf 7-10 Grad Reaumur (8,75-12,5 Celsius) abgekühlt, am nächsten Tag entrahmt und anschließend bei leicht erhöhten Temperaturen verbuttert.

Auch das Swartz'sche Verfahren, das letztlich wegen seiner geringen Investitionskosten durch den 1841 in Woffelsbach geborenen Pfarrer und Schulrektor Peter Cremer in die Eifel eingeführt wurde, basierte auf Wasserkühlung. Der Rahm sollte nicht säuern, damit aus ihm eine feine und haltbare Süßrahmbutter gewonnen werden konnte. Die Milch wurde nach Cremers Anleitung nicht mehr, wie allgemein üblich, im Milchschrank in der Küche aufbewahrt, in dem es vor allem im Sommer viel zu warm war, sondern in Aufrahmsatten in speziellen Milchkellern gelagert. Die Gefäße wurden in Wassertrögen oder mit Fließwasser im Bach gekühlt. Das Verfahren erforderte keine neuen Butterfässer, das traditionelle Eifeler Stoßbutterfaß aus Holz wurde auch weiterhin zur Süßrahmbutterproduktion verwendet. Cremer hatte richtig erkannt, daß den Bauern nur mit einer Hilfe zur Selbsthilfe auf der Grundlage ihrer eigenen technischen Mittel, ohne teures Gerät und ohne gravierende Eingriffe in die Betriebsstruktur, geholfen war.

In Hinterzimmern dörflicher Gaststuben entstanden die ersten Buttervereine der Eifel auf genossenschaftlicher Basis. Cremer gründete 1879 in Nieder-Emmels einen Verein, dem vierzehn Bauern beitraten und der zumindest für diesen organisierten Teil der Produzenten den reinen Naturaltauschhandel beendete. Zweimal in der Woche lieferten sie ihre Butter ab, die genau ausgewogen, verpackt und verschickt oder über Händler vertrieben wurde. Am Monatsende zahlte der Verein jedem Mitglied den Erlös aus seiner Ware in Bargeld aus. Schnell gründeten sich Filialen, 1884 gab es im gesamten Eifelraum 25 Buttervereine in 106 Ortschaften, denen 926 Haushalte angeschlossen waren. Bis 1900, dem Jahr, in dem der Butterverein aufgelöst wurde, setzte er auf diese Weise rund zwei Millionen Pfund Butter ab.[371]

Nach dem Bau der Bahn wurde die Butter zu bestimmten Bahnstationen gebracht und bis nach Berlin geliefert:[372]

Reg.-Bez.	Kg	% Anteil an der Butterversorgung
Aachen	34,0	0,0002
Trier	113,0	0,0007
Koblenz	136,0	0,0009
Köln	863,0	0,0056
Düsseldorf	2963,0	0,0193

Legt man die Angaben der Kontrollstellen zugrunde, so konnten von einer guten Kuh zwischen 190 und 242,5 Kilogramm Butter im Jahr erzeugt werden. Bei einem Erlös von 2,10 Mark pro Kilogramm erwirtschaftete eine Milchkuh vor der Jahrhundertwende zwischen 400 und 500 Mark pro Jahr ohne Abzüge der Haltungskosten. Im kleinbäuerlichen Betrieb waren die Summen sicher niedriger, aber drei bis vier Milchkühe erlaubten ihren Besitzern dennoch bescheidene Anschaffungen, wie etwa Hauszentrifugen.[373] Georg Labion berichtete, daß in Harperscheid im Kreis Schleiden, einem Ort mit 75 landwirtschaftlichen Betrieben, um das Jahr 1900 zur Rahmgewinnung insgesamt drei Zentrifugen vorhanden waren: »2 Alfa-Separatoren für Handbetrieb und 1 von der Aktiengesellschaft Burmeister und Wain hergestellte Handzentrifuge ›Perfekt‹. Die Verarbeitung des Rahmes zu Butter findet allgemein in Schlagbutterfässern mit horizontaler Welle statt.«[374]

Für diesen Zeitraum werden auch veränderte Kleidungsgewohnheiten registriert, die möglicherweise eine Nebenfolge der gestiegenen Bargeldeinnahmen sind: »Jetzt verschwinden auch die wichtigeren noch erhaltenen Trachtenstücke. 1890 trug man in Udenbreth noch allgemein die Haube, 1900 zählte ein Junggeselle von der Empore in der Kirche bereits 48 Frauenhüte.«[375]

Der Fortschritt schlug sich auch in der Gründung von überwiegend genossenschaftlichen (Dampf-)Molkereien nieder, denen allerdings keine große Zukunft beschieden war, denn »von den 17 Molkereien des Eifel- und Venngebietes mußten 13 größere und zwei kleinere Betriebe schon in der Vorkriegszeit liquidieren.«[776] Bis auf wenige Ausnahmen wurden sie erst in den 1890er Jahren gegründet – zum Teil wiederum von katholischen Geistlichen – und gingen zumeist noch vor dem Ersten Weltkrieg ein. Josef Krewel analysierte 1932 die Gründe für das Molkereiensterben und fand heraus, daß die Betriebe deshalb unrentabel arbeiteten und in Zahlungsschwierigkeiten gerieten, weil die Milchanlieferung aufgrund schlechter Anfahrtswege zu gering war. Auch schien die Qualität der Werkmilch nicht den Anforderungen zu entsprechen, denn »in Gebieten mit Molkereien wird vielfach über starke Ansäuerung und Verschmutzung geklagt.«[377] 1928 wurden 50% der Gesamtmilchproduktion der linksrheinischen Höhenlagen verbuttert, davon allerdings nur 7,1% in Molkereien und 92,7% in der bäuerlichen Wirtschaft. Nach dem Ersten Weltkrieg zogen vermehrt Händler durch das Land, mit denen die Kleinbäuerin direkt abrechnete: »Durch die persönliche Beeinflussung des Butterhändlers (meist besorgen die Frauen das Geschäft des Verkaufes, denen ein verständnisvolles Eingehen auf die Psyche des Verbrauchers besser als den Männern liegt), durch die Auswahl der besten Butter für die festen Kunden ... hat die Landbutter sich noch einen Abnehmerkreis erhalten können.«[378]

Käse und Quark aus Kuh-, Ziegen- oder Schafsmilch spielten weder in der bäuerlichen Kost, noch für den Handel eine bedeutende Rolle. Solange die morgendliche Breinahrung vorherrschte, paßte der Quark nicht in das Nahrungssystem, allerdings wurde der »Klatschkäse« kurz vor dem Ersten Weltkrieg auch in einigen Eifelorten konsumiert. In der Eifel wurde entgegen anderer Mittelgebirgsregionen weder Sauer- noch Süßrahmkäsezubereitung in größerem Maße betrieben. Die Gründe hierfür sind im geringen milchwirtschaftlichen Aufkommen zu suchen.

Die Buttervereine, die Molkereien und der private Landbutterhandel erreichten bis zum Ersten Weltkrieg zwar keine optimale Nutzung der milchwirtschaftlichen Ressourcen, aber sie markierten zumindest eine gewisse Abkehr der bäuerlichen Bevölkerung vom Selbstversorgersystem. Durch die laufenden Einnahmen wurde das Betriebskapital schneller umgeschlagen. Da die Investitionskosten nicht hoch waren, kamen keine Neuschulden hinzu, es konnte sogar ein Teil der alten Hypothekenlast abgetragen werden. Wilhelm Wilsing berichtete 1897, daß diejenigen Dörfer in der Gegend von Daun, die nach Anweisung des Pfarrers Winter aus ihrem Butterverein eine Molkerei aufgebaut hatten und zudem der Drahtflechterei nachgingen, »vollständig schuldenfrei sind.«[379] Das informelle Kreditwesen und die wucherische Viehleihe, bei der eine Kuh gegen Naturalleistungen gemästet wurde, fanden ein Ende. Ab 1884 begann die Kreishilfskasse Daun auf Betreiben des Dauner Landrates Graf von Brühl durch Normalverträge Vieh an bedürftige Bauern zu verleihen. Diese konnten es entweder nach sechs Monaten erwerben oder aber verkaufen, wobei die Kasse 1/4, der Wirt 3/4 des Erlöses erhielt.[380]

Selbst wenn von Wohlstand keine Rede war, so verhinderten vor allem die lokalen Erzeugervereine die Abhängigkeit der Produzenten von Wucherern und zeigten mit ihrer einfachen Organisationsform, daß der Zusammenschluß mehrerer Bauern in einer Körperschaft Nutzen brachte. Die Buttervereine waren daher auch eine vertrauensbildende Maßnahme. Ernst Adolf Kloepfer, der wie viele andere Beobachter den Eifelbauern für einen ausnehmend mißtrauischen Zeitgenossen hielt, befürwortete die lokalen Vertriebs- und Versicherungsvereine, da der Eifeler Viehbesitzer gewöhnlich jeder Einrichtung fern blieb, »dessen Verhältnisse er nicht zu überschauen und an dessen Verwaltung er nicht Theil zu nehmen vermag. Dies alles fällt fort bei den lokalen Vereinen, wo ein Jeder mit zu rathen und zu thaten hat ...«[381] Daher ist auch der am 20. März 1884 von Staat und Provinz ins Leben gerufene Eifelfonds mit einem jährlichen Etat von 300 000 Mark von großer Bedeutung, weil mit dessen Mitteln eine Entwicklungshilfe betrieben wurde, die der Eifeler Milchwirtschaft direkt zugute kam. Er entstand als prompte Reaktion auf die Mißernte von 1882. Bodenmeliorationen und Grundstückszusammenlegung, die Anlage von Dauerweiden, der Ankauf von Düngemitteln und Saatgut, die Aufforstung, die Organisation der Molkereien sowie die Einrichtung von Spar- und Darlehenskassen wurden bis 1901 nach Prüfung der Landeskulturämter mit ca. 5,5 Millionen Mark unterstützt, wobei der größte Anteil für die Zusammenlegung aufgebracht wurde. War zuvor im gesamten Eifelraum durchschnittlich der Hektar Land in 7,88 Parzellen aufgeteilt, so entfielen im Jahre 1929 nur noch 2,01 Parzellen auf einen Hektar Nutzfläche, was die Produktivität landwirtschaftlicher Betriebsmittel, etwa von Maschinen und Dünger, erhöhte. 1901 ging der Eifelfonds im Rheinischen Westfonds auf, aus dessen Etat Entwicklungsprojekte auf dem Gebiet der gesamten Rheinprovinz finanziert wurden.[382]

Einkünfte durch Hausierhandel – lokale Initiativen

Einen gelungenen Versuch, durch Eigeninitiative der zunehmenden Verarmung zu entgehen, stellte das Drahtwarengewerbe in Neroth im Kreis Daun dar. Anders als die Töpfer der Südwesteifel, die von alters her »im Dreieck der Städte Bitburg, Wittlich und Trier eine ihrer Eigenart bewußte Sondergruppe im Bauernland« waren und alle Phasen der Entwicklung eines traditionellen Handwerks im 19. Jahrhundert erlebten, waren die Drahtwarenhersteller kein »als Handwerker und Bauern integrierter Bestandteil des sozialen Lebens.«[383] Es handelt sich nicht um traditionelles Handwerk, sondern um eine neben der Bauernwirtschaft betriebene Heimarbeit als Folge der Verarmung.

Messen läßt sich der Erfolg der Initiative an der niedrigen Auswanderungsquote, an der Tatsache, daß um 1860 nach einem Bericht des

Abb. 22: Bescheidener Wohlstand und geordnete Verhältnisse – das Gasthaus bildete wie hier in Waldorf einen Mittelpunkt des sozialen Lebens.

Gerolsteiner Bürgermeisters im Dorf »kein Bettler mehr vorhanden sei«[384] und daß sogar nach der Eröffnung der Bahnlinie *wegen* des Gewerbes eine Drahtfirma im benachbarten Gerolstein ansiedelte, weil sich der Fabrikant Christian Oos ein Geschäft mit den Drahtflechtern versprach. Neroth war ein Einzelfall, aber er zeigt, daß mit einem geringen Materialaufwand durchaus Einkommensquellen erschlossen werden konnten, welche die Engpässe in der landwirtschaftlichen Produktion milderten.

Die Herstellung und der Vertrieb von Ratten- und Mausefallen entstand in Neroth in den dreißiger Jahren des 19. Jahrhunderts und baute auf Dispositionen auf, die die Gesellschaft durch ihr Streben nach kontrollierter Reinlichkeit im Haushalt und in der Fabrik bereitstellte. Hildegard Ginzler hat in ihrer aufschlußreichen Studie über die Entwicklung des Drahtwarengewerbes gezeigt, daß die Produktion von Lebendfallen aus geflochtenem Draht einem Bedürfnis nach einer *sauberen* Lösung des Rattenproblems entgegenkam – so sehr, daß Neroth regelrecht zum Innovationszentrum des rheinischen Fallengewerbes emporstieg.[385] Die älteren Formen der Ratten- und Mäusevernichtung, wie sie etwa in Zedlers Universallexikon aus dem Jahre 1741 erörtert wurden, machen deutlich, daß die modernen Nerother Fallen bereits auf ein verändertes Bewußtsein reagierten.

Im 18. Jahrhundert wurde, folgt man dem Verfasser des Lexikonartikels, Jagd gemacht auf »die Haus-Ratten, welche zu den Mäusen gezählet werden, doch wohl zwey oder drey mahl grösser, als die ordentlichen und gemeinen Haus-Mäuse sind, und in Scheunen, Kornböden, Ställen, am Getreyde und Früchten, auch im Hausrathe und Kleidern grossen Schaden thun.«[386]

Den geplagten Müllern riet der Verfasser, fellbespannte, mit Wasser gefüllte Tonnen aufzustellen, diese alsdann mit Mehl zu bestäuben und – sobald sich die Tiere an die Futterstelle gewöhnt hätten – das Fell kreuzförmig einzuritzen. Die Nager würden durch den Schlitz in die Wassergrube fallen und solange darin verbleiben »bis ihnen das Springen und Zappeln vergangen.« Lebende Ratten sollten in irdene Töpfe eingeschlossen und diese alsdann befeuert werden, aufgrund der Todesschreie würden die Artgenossen von selbst das Weite suchen. Ein ganzer Komplex probater Mittel bestand aus Giften, welche zu sogenanntem Rattenkonfekt oder Rattenpulver aufbereitet wurden; auch Eisenfeilstaub oder Arsen mit Brotkügelchen vermischt oder ein in Schmalz gebackener, zerschnittener Badeschwamm, neben eine Schale Wasser plaziert, der nach dem Verzehr im Magen der Ratten aufquoll, führten sicher zum Tode. »Den im Lande hin und wieder herumstreiffenden Rattenfängern, oder so genannten Cammerjägern« solle man wenig Glauben schenken, da sie durch betrügerische Machenschaften, wie etwa der Erhebung von Sonderpreisen zur Vernichtung des geheimnisumwitterten Rattenkönigs, im Ruf standen, die Bürger zu prellen. Gifte und Katzen möchten daher »nebst etlichen gut gebaueten Rattenfallen wohl die besten Dienste wider die schädlichen Thiere thun.« Die meisten Bauern mußten sich mit der Mäuseplage jahrein, jahraus herumärgern, denn kaum jemand hatte solches Glück wie jener Dauner Hausbesitzer, in dessen Keller ein trockener Kohlendioxidaustritt das Problem von selbst löste: »Das Gas tödtet hier die Mäuse, bei Wetterveränderung erhöht sich seine Schädlichkeit, Lichter erlöschen und Menschen, die sich nicht in Acht nehmen, fallen in Ohnmacht.«[387]

Unerquickliche Rezepte gegen Mäuse waren auf dem Land in großer Zahl bekannt. Alle Formen der Ratten- und Mäusevernichtung hinterließen aber Kadaver, denen die Spuren ihrer Todesart anhafteten und die Berührung mit ihnen war dem Vernehmen nach gefährlich, denn sie »tragen Gifft im Schwantze« und wenn »ihr Harn den Menschen bloß anrühret, so machet er ihm sein Fleisch bis auf die Knochen faulend, und solche Wunde heilet nimmermehr zu.« Der Kontakt mit dem toten Tier konnte, welche Ängste auch immer damit verbunden waren, durch Lebendfallen vermieden werden. Eine Lebendfalle war ohne teure Spezialwerkzeuge und zudem arbeitsteilig aus den Grundstoffen Holz und Draht herzustellen, der Absatz ließ sich durch die Produzentengruppe organisieren, Märkte waren vorhanden, und der bäuerliche Alltag bot genügend Gelegenheiten, sich der Produktion zu widmen, ohne daß die Arbeit im Betrieb davon beeinträchtigt wurde. Diesen Zusammenhang hatte der Nerother Theodor Kläs (1802-1860) auf der Suche nach Nebenerwerbsmöglichkeiten erkannt. Kläs war in vielen deutschen Provinzen herumgereist und dabei auf Drahtfallenflechter aus der Slowakei gestoßen. Nachdem er in den 1830er Jahren ins Dorf zurückgekehrt war, bildete er unter der Mithilfe des dortigen Lehrers Peter Michels Verwandte und Bekannte in der Technik des Drahtflechtens aus und bereitete den Boden für den lokalen Hausierhandel. Bald war die Konkurrenz im Dorf so groß, und die Geschäfte florierten derart, daß Kläs es vorzog, nach Paris abzuwandern. Durch die Unterstützung des Lehrers war das neue Gewerbe von Beginn anerkannt. Das war durchaus nicht selbstverständlich, denn der Hausierhandel lag zuvor in den Händen sozialer Außenseiter, denen man auch in Neroth keine große Achtung entgegenbrachte. Clara Viebig schildert in einer kurzen Szene in ihrer Novelle *Die Schuldige*, wie man in Ehrang mit dem Hausierervolk umgegangen war:

»Die Männer hatten langes, straffes Haar, trugen runde Filzhüte, blaue Hemden, dazu allerhand Drahtwaren über der Schulter – armes Slowakengesindel – das Weib war gelb, schwarzäugig, früh verblüht und schleppte ein Kind, in eine Plane gebunden, auf dem Buckel. Sie sahen alle müde, hungrig und verkommen aus; man hatte sie aus dem Dorf gejagt, nun versuchten sie's hier an dem einsamen Gehöft.«

Doch die Bauersleute waren ebenso ungnädig wie die Dorfbewohner und liefen den Hausierern, mit dem Knotenstock drohend, hinterher:

»Häh, ihr doa, packt eich! Ludervolk! Zigeiner! Watt? Honger! Brud! Cloa kommen ech – han sälwst neist ze fressen! – Schärt eich zom Deiwel.«[388]

Auf der sozialen Skala rangierte der Hausierer in der bäuerlichen Bevölkerung ganz unten, und so ist es nicht verwunderlich, daß manch eine Dorfschaft eher arm blieb oder auswanderte, als Existenzlösungen in Erwägung zu ziehen, die unterhalb der Schicklichkeitsgrenze lagen. So ist ja vielfach belegt, und auch Pfarrer Dasbach hat in den Berichten des trierischen Bauernvereins immer wieder davon gesprochen, daß die kleinen Bauern im Trierer Land oftmals lieber heimlich Schulden auf ihren Besitz luden, als sich zu ihrem Elend öffentlich zu bekennen und um Unterstützung anzusuchen oder Auswege zu akzeptieren, die nicht in die traditionelle Lebensform der bäuerlichen Schichten paßten. Neroth ist auch deshalb ein außergewöhnlicher Fall, weil im allgemeinen die Widerstände gegen jegliche Form von Heimarbeit größer waren als die Einsicht, daß durch einen vermeintlichen sozialen Abstieg Verbesserungen der Lebensverhältnisse zu erzielen waren.

Binnen fünfzig Jahren hatte sich in Neroth ein stabiler Zyklus herausgebildet. Zwischen Weihnachten und der Feldbestellung im März,

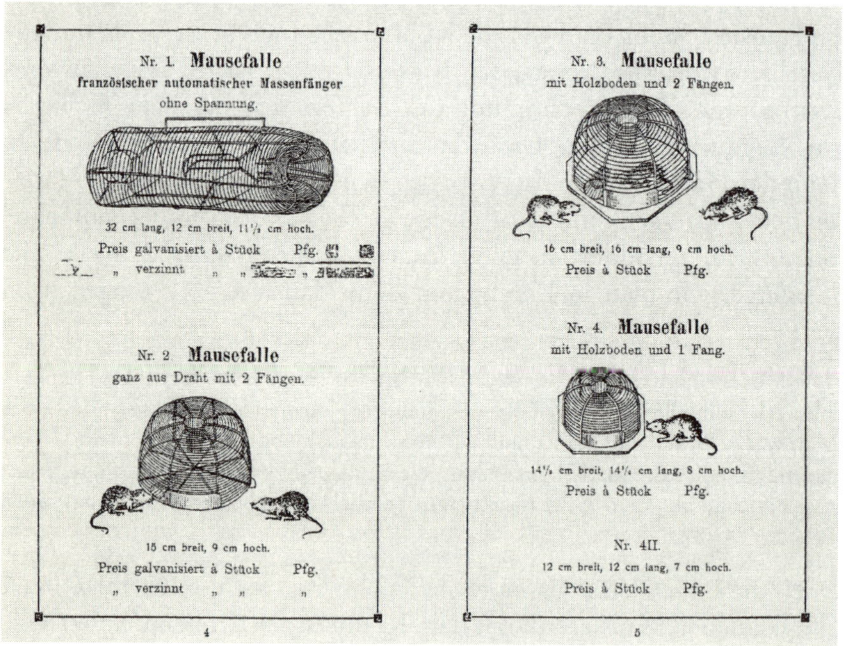

Abb. 23: Die Firma J.J. Pfeil aus Neroth bot verschiedene Fallentypen für jeden Bedarf an. Die Fallen waren stabil und wiederverwendbar.

nach der Feldbestellung bis zur Heuernte, nach der Heuernte bis zur Herbstsaat und von Allerheiligen bis Weihnachten wanderten die Männer jeweils zu zweit umher, bestückt mit geschulterten Drahtringen oder Rucksäcken, an denen vor allem Fallen, aber auch andere Erzeugnisse, wie etwa Topfuntersätze oder Schaumschläger, hingen.[389] »Es sind meist Dinge, die z.T. dem Bauernhause der südlichen Rheinprovinz noch unbekannt waren, alle aber bei ihrer Billigkeit, Solidität und gefälligen Form auch in besseren Bürgerkreisen Eingang zu finden hoffen durften.«[390]

Nach dem Bau der Eisenbahnen führte der Weg die Hausierer tief in deutsche Provinzen hinein. An Knotenpunkten machten sie in einfachen Unterkünften Quartier und marschierten die Umgegend ab, bis nichts mehr zu verkaufen war. Der Handel erfolgte an Haustüren und an Fabriktoren, der Nachschub kam per Bahn; die Männer zogen durch ländliche Bezirke wie durch Klein- und Mittelstädte, besuchten Flensburg und die norddeutschen Küstengebiete ebenso wie die Bodenseeregion und alpine Bergdörfer. Die Hausierer, die aus einer vernagelten Welt stammten, erlebten auf ihren Fahrten das Fluidum des städtischen Lebens, sahen sich Boxkämpfe an, bestaunten die beleuchteten Flanierstraßen und wurden das Tempo gewahr, mit dem sich das moderne Leben außerhalb ihrer stillen Heimat entwickelte. Obwohl das eigene Dorf dazu einen scharfen Kontrast bot, wechselten die Hausierer nicht ihren Wohnort.

Der Erlös floß direkt in die Tasche der Händlerproduzenten, und anders als bei den Sauerländer Wanderhändlern, die ihre Ware aus heimarbeitenden Dörfern bezogen[391], mußte außer dem Drahthersteller niemand davon bezahlt werden. Große Reichtümer waren durch den Hausierhandel nicht zu erzielen, aber das Dorf hatte eine Erwerbsquelle entdeckt, die die schlimmste Not abwehrte und keine Lohnarbeit bedeutete. Ein Strukturwandel wurde jedoch eingeleitet, als sich der Düsseldorfer Central-Gewerbeverein im August 1885 anschickte, die Drahtfallenproduktion in Neroth durch Kurse noch mehr zu befördern. Die Handarbeit wurde professionalisiert, um eine gleichbleibende Qualität der Waren zu sichern, und »die Erziehung zu regelmäßiger, kontrollierbarer Arbeit war gleichzeitig eine Erziehung zur abhängigen Arbeit, da sie auf Steigerung der ökonomischen Verwertbarkeit der Arbeitskraft hinauslief.«[392] Das Gewerbe dehnte sich auf die umliegenden Ortschaften aus. Firmen gründeten sich in

Neroth, in Gerolstein, in Dockweiler und in Daun, die Drahtwaren von Arbeitern herstellen ließen, Werbeprospekte verschickten und die Fallen per Bahn an den Kunden brachten. Zugleich betrieben diese Unternehmer häufig einen Kolonialwarenladen, so daß der Verdienst wieder zurückfloß. Bis zum Ersten Weltkrieg waren rund ein Dutzend Drahtfirmen registriert. Die von Pfarrer Winter in Neuerburg mit Erfolg betriebene Drahtwarengenossenschaft, welche er dort neben einer Molkerei eingerichtet hatte, fand in Neroth keine Nachahmung. Mit Fallen allein, so gab Wilhelm Hohn 1899 zu bedenken, wäre das ohnehin schwer möglich gewesen, denn man »konnte nicht auf die kleinen Krämer in den Dörfern und Städtchen als auf ständige gute Kunden rechnen. Die Artikel ... hatten die fatale Eigentümlichkeit, mit einem Male den Bedarf einer Gegend auf Jahre hinaus zu decken.«[393]

Die Arbeitsbedingungen in der Hausindustrie waren hart und die Löhne niedrig. Ein Arbeiter erhielt bei einem fünfzehnstündigen Arbeitstag, den er nur zur Winterszeit durchhalten konnte, um die Jahrhundertwende zwischen einer und drei Mark Lohn. Bei drei Kühen kamen dazu noch monatlich 30-50 Mark von der Molkerei.[394] Wilhelm Wilsing bestätigte diese Bilanz und stellte den Löhnen die Ausgaben gegenüber. Er bezifferte die Lebenshaltungskosten im Kreis Daun pro Tag auf zwei Mark, für Kleidung mußten pro Jahr zusätzlich 40-60 Mark ausgegeben werden. Ein Liter Petroleum kostete 1899 im Kreis 28 Pfennige, ein Kilogramm Kaffee 2 Mark 80 und ein Kilogramm Zucker 90 Pfennige. Doch genauso groß wie die Abhängigkeit der lohnarbeitenden Drahtfallenmacher war diejenige der Knechte und Mägde in der Landwirtschaft: ein Knecht verdiente im Kreis Daun pro Jahr zwischen 100 und 300 Mark, eine Magd zwischen 80 und 250 Mark. Tagelöhner erhielten nach 1871 eine Mark pro Tag bei freier Kost, Handwerker 1,20 Mark, ebenfalls bei freier Kost.[395] All diese Berufsgruppen mußten um die Jahrhundertwende aufgrund der Einkommensverhältnisse und der herrschenden Lebenshaltungskosten zu den unteren Straten der ländlichen Gesellschaft gerechnet werden, aber dennoch lebten sie nicht im Elend.

Erwachendes Selbstbewußtsein – der Eifelverein von 1888

Spontane Hilfsaktionen hatte bereits Joseph Görres für die notleidende Eifel in den Jahren 1816/17 organisiert. Doch der eigentliche Vater eines systematischen Entwicklungshilfegedankens, der mehr als nur eine kurzfristige Beseitigung augenfälliger Symptome einschloß, war der Bonner Staatswissenschaftler Professor Peter Kaufmann (1803-1872). In seinen 1826 erschienenen *Skizzen zu einer ökonomisch-kameralistischen Verbesserung der Eifel*[396] warb er für Schutzzölle, um die englische Konkurrenz vom Eifeler Eisengewerbe fernzuhalten. Dieses Anliegen erneuerte er noch einmal, als sich am 10. September 1832 in Schleiden unter seinem Vorsitz der »Verein für gemeinnützige Bestrebungen zur Beförderung der Landwirthschaft, des Gewerbefleißes, der Intelligenz und der Sittlichkeit in den Eifelgegenden« konstituierte. Wie im Rheinischen Provinzialblatt auf das Jahr 1832 zu lesen war, nahmen an der Versammlung »die Beamten, Gutsbesitzer, Bergwerks-und Hütten-Eigenthümer« teil[397]. Kaufmann hatte klar erkannt, daß vor allem drei Faktoren für den Niedergang der Eifeler Landwirtschaft verantwortlich waren – die fehlende infrastrukturelle Erschließung, der schlechte Stand der Viehzucht und die unproduktiven Bodennutzungsformen: »Und ich bemerke, meine Herren«, rief er in seiner engagierten Rede den Anwesenden zu, »daß in der Schöpfung der Landstraßen ... eine Aufforderung zur Gründung unseres Vereins enthalten ist.« Nächst dem Straßenbau plädierte er vor allem für eine Umgestaltung der Landwirtschaft: »Das Ziel und Streben der Landwirthe muß es sein, menschliche Kraft so sparsam wie möglich anzuwenden ... Das Arbeitsvieh ist schlecht und in weit geringer Zahl vorhanden.« Der Zustand des Viehs war seiner Meinung nach »die schwächste Seite der Eifelländischen Ökonomie.« Die Viehzucht aber war untrennbar mit einem verbesserten Ackerbau und einer zeitgemäßen Landmaschinentechnik verbunden, wie sie in England bereits verbreitet sei:

»Und wie weit, meine Herren, ist nicht das Eifelland im Gebrauche landwirthschaftlicher Maschinen zurück, eine Dreschmaschine, eine Säemaschine, eine Heuwendemaschine, ein Exstirpator, eine Stachelwalze, ein Schaufelpflug, würde unsere Landleute in nicht geringe Bewunderung versetzen. ... Wir ... werden eine unserer wesentlichen Aufgaben lösen, indem wir das Eifelland mit diesen Maschinen vertraut machen.«[398]

Schließlich empfahl Kaufmann, Sämereien anzukaufen und durch Aufklärungskampagnen die Bauern von der Notwendigkeit der Vereinsziele zu überzeugen; unter tatkräftiger Unterstützung des Prümer Landrates Georg Bärsch forderte er den Einsatz von staatlichen Mitteln zur zügigen Behebung der Mißstände. Die Lokalabteilungen des Vereins wurden von den jeweiligen Landräten geführt und konnten einige Erfolge in der Hebung der Viehzucht, der Bienenzucht und des Obstanbaus vermelden. Im Jahre 1840 ging der erste Eifelverein im »Landwirtschaftlichen Verein für Rheinpreußen« auf. Unter seinem Dach wurden einige Projekte, die der Kaufmannsche Verein begonnen hatte, weitergeführt. So kaufte etwa eine Aachener Firma seit 1878 in der Eifel Honig an und vertrieb ihn en gros weiter. Der durchschnittliche Einkaufspreis pro 100 Kilogramm betrug zwischen 1878 und 1886 82,96 Mark, der Verkaufspreis lag bei 120,44 Mark, was einen Aufschlag von 45,18% bedeutete.[399]

Rund fünfzig Jahre später bildete sich erneut in der Region eine Organisation, die sich ausdrücklich nur mit den Bedürfnissen der Eifelbewohner und der Erschließung der Landschaft befaßte. Mit einem ganzheitlicheren Programm als demjenigen des Kaufmannschen Vereins, der ja nur auf die Hebung von Landwirtschaft und Gewerbe ausgerichtet gewesen war, wurde 1888 in Düren der zweite – bis heute bestehende – Eifelverein gegründet.[400] Mehr als seinem Vorgänger, und vielleicht zum ersten Mal überhaupt in der Geschichte des 19. Jahrhunderts, ging es dem neuen Verein darum, Wirtschaftsförderung und Identitätsstiftung zu verbinden. Die Besinnung auf das Kulturerbe, wobei darunter vornehmlich die Lebensformen der vorindustriellen Zeit verstanden wurden, war ein nicht zu unterschätzender emanzipatorischer Vorgang, wenngleich auch die Wirkungen noch einige Zeit auf sich warten ließen und erst nach dem Ersten Weltkrieg zur Entfaltung kamen. Von ebensolchem Wert erwies sich der zunehmend selbstbewußte Blick auf die eigene Landschaft, die in den Augen der Fremden seit den Tagen der Aufklärung immerfort als öde, kalt und rauh angesehen wurde. Die Anstöße, die der Alpenverein und andere Mittelgebirgswandervereine im letzten Jahrhundertdrittel als Träger der touristischen Erschließung und Entdeckung marginaler Räume gaben, wirkten sich auch in der Eifel aus. Nach 1869 schossen in Manderscheid, Gerolstein, Monschau, Waxweiler, Kyllburg, Daun und Gillenfeld Verschönerungsvereine aus dem Boden, die eine Erschließung des jeweils lokalen Umfeldes für den Fremdenverkehr anstrebten.

1889, ein Jahr nach der Gründung des Eifelvereins, erschien der erste Eifelführer mit Wanderkarten von Manderscheid und Bad Bertrich. Am 1. Juli 1891 trat der Eifelverein dem Allgemeinen Verband deutscher Touristenvereine bei.

In den ersten Jahren seines Bestehens bemühten sich die Mitglieder um die Bestimmung der Aufgaben und Ziele, die zum einen in der Gewerbeförderung und zum anderen in der touristischen Erschließung, der Denkmalpflege und dem Landschaftsschutz gesehen wurden. Schließlich tendierte der Eifelverein vor der Jahrhundertwende in seinem Selbstverständnis mehr zu einer Heimatschutz-Organisation. 1891 übernahm Oberpfarrer Pauly die Eifelbücherei zur Förderung des Geschichtsbewußtseins im Lande. Binnen drei Jahren wurden in der Eifel 500 Wegweiser aufgestellt, 300 Ruhebänke errichtet und zudem rund 80 000 Forellen in Bächen und Flüssen ausgesetzt.

Die Mitgliederzahl entwickelte sich in den 1890er Jahren recht ungünstig. 1890 waren in 40 Ortsgruppen 2600 Mitglieder organisiert, und hatte der Verein 1892 noch 3400 Mitglieder, so ging diese Zahl auf 2600-2700 Mitglieder im Jahre 1897 zurück. Eine gleichermaßen ideelle wie finanzielle Krise war die Folge.

Es war wohl der herausragenden Persönlichkeit Adolf Dronkes, des ersten Eifelvereinsvorsitzenden zu verdanken, daß die verbleibenden Mitglieder den Mut nicht sinken ließen. Kurz vor seinem Tode zog Dronke Bilanz über die Leistungen des Vereins in den zurückliegenden zehn Jahren und beschwor im Juni 1898 die Mitglieder eindringlich, am Wohlergehen des Landes mitzuwirken: »Nicht von aussen her soll den Eiflern die Hülfe kommen, sondern sie sollen lernen, sich aus sich selbst zu entwickeln zu kräftigen Bauern und thätigen Gewerbetreibenden.«[401] Immerhin hatte der Verein es geschafft, rund 500 Kilometer Wanderwege und Brücken zu errichten, und seine Hauptaufgabe bestand bis zum Ersten Weltkrieg in der weiteren touristischen Erschließung der Landschaft, wozu auch der Erwerb und der ansatzweise Wiederaufbau mittelalterlicher Burgruinen zählte, wie etwa der Niederburg in Manderscheid. Nach dem Kriege beteiligte er sich am Bauverein für das von den Franzosen zerstörte Kloster Himmerod im Salmtal, das seit 1919 im Besitz der Salvatorianer war. Die allmählich gewachsene Rückbesinnung auf die eigene Vergangenheit spiegelte ge-

Abb. 24: Das Kloster Himmerod wurde in der Franzosenzeit zerstört und ist heute vollständig wiederaufgebaut.

wiß mehr als bloße Suche nach touristisch verwertbaren Kulturdenkmälern wider: »Der Bedarf an Reproduktion von Geschichte scheint immer dann groß zu sein, wenn Subsysteme in ihrer Zukunftsperspektive beschnitten sind ... Durch eine ungleiche Entwicklung zurückgebliebene oder zurückgeworfene Systeme sind in der Regel in ihrem Blick auf die Vergangenheit fixiert, um daraus Impulse für eine identitätsstiftende Selbstmontage zu beziehen.«[402]

Unter dem Vorsitzenden Karl Leopold Kaufmann (1863-1944) erholte sich der Verein und hatte 1914 bereits rund 150 Ortsgruppen mit über 20 000 Mitgliedern zu verzeichnen. Die Vorsitzenden der Ortsgruppen waren zu einem großen Teil Bürgermeister, Verwaltungsbeamte, Geistliche und Lehrer.

Notprogramme und Entwicklungsinseln

Selbsthilfe hatte nur dort eine Chance, wo sie durch finanzielle oder organisatorische Unterstützung von außen systematisch befördert wurde. Bestrebungen, die über spontane Hilfsaktionen zur Überwindung der Hungerwinter hinausgingen, setzten relativ früh ein. Dachte Peter Kaufmann noch in den 1830er Jahren daran, durch Schutzzölle die einheimische Eisenindustrie am Leben erhalten zu können, so wurde auch ihm recht bald deutlich, daß es keine Wiedererweckung der ehemals blühenden Hüttenwirtschaft geben würde. Vielmehr mußten die Weichen für eine produktive Milchwirtschaft und für sonstige neuartige Gewerbe, die mit den Industriezentren korrespondierten, gestellt werden. Um die Eifeler Ökonomie aus der Passivität und Resignation zu lösen, in die sie die sterbenden Gewerbe getrieben hatten, waren kleine Schritte nötig, die verhinderten, daß neben der Industrie auch die bäuerlichen Betriebssysteme mit ihrer traditionellen Wirtschaftsweise zugrunde gingen. Dort lag ein Entwicklungspotential brach, das mit der entsprechenden Aufbauarbeit durchaus Erwerbsquellen bot.

Doch die Probleme sollten nicht unterschätzt werden, die mit dem Übergang vom Selbstversorgersystem zum Marktsystem verbunden waren. Ein Blick auf die Preisbewegungen im Aachener Kleinhandel zwischen 1876 und 1885 dämpft einen allzugroßen Optimismus in bezug auf die Gewinne, die mit einheimischen Erzeugnissen zu erzielen waren: »Gerade die wichtigeren Konsumgegenstände werden im allgemeinen dem Publikum mit einem mehr oder weniger bescheidenen Aufschlag überlassen.«[403] Ein durchschnittlicher Arbeiterhaushalt in Aachen konnte im Jahre 1885 dem Kaufmann dafür, daß er ihm Artikel des täglichen Bedarfes bereithielt, pro Jahr einen Aufschlag von 12,08 Mark bezahlen. Mochte der Aufschlag beim Honig auch recht hoch gewesen sein, so zählten zu den Waren, die nur mit mäßigem Gewinn zu verkaufen waren, Butter, Buchweizenmehl, Rüböl, Eichelkaffee und Zichorien. Daher lohnte es sich für die Erzeuger kaum, selbst auf die städtischen Märkte zu gehen. Mehr wäre mit Putzmitteln und Brennstoffen zu verdienen gewesen, aber das waren Produkte, an denen die Eifel selbst Mangel litt. Ausschlaggebend ist das Verhältnis der Erzeugerpreise zu den Einkaufspreisen für all jene Waren, die in der bäuerlichen Wirtschaft benötigt wurden. Wenn ein Kilogramm Honig etwa achtzig Pfennig einbrachte und ein Kilogramm Butter rund zwei Mark, demgegenüber aber ein Kilo Eichelkaffee fünfzig Pfennig, Ölseife ebenfalls fünfzig Pfennig und Spiritus achtzig Pfennig kostete, dann waren mit dem Detailverkauf keine großen Sprünge zu machen.[404]

Die Erzeugergenossenschaften erfüllten eine wichtige Aufgabe, nämlich die Organisation des Absatzes. In Handelsfragen waren die Eifeler Bauern unerfahren, und ohne die Unterstützung von Personen, die eine gewisse Garantie für das Gelingen boten, wären die Kooperativen kaum zustande gekommen. Die wichtigsten Projekte, wie die Buttervereine, fußten auf den praktischen Kenntnissen, welche einzelne Initiatoren, die nicht der bäuerlichen Schicht entstammten, in die ländliche Gesellschaft einbrachten und aus karitativen Motiven damit zur Hebung des Gewerbes beitragen wollten. Der Erlös sollte ohne Abzüge den Erzeugern zufließen. Es gab in der Region ohnehin wenig Ansätze zu einem frühen Unternehmertum und wenn, dann entstammte es dem traditionellen Handwerk, wie etwa das der Krugbäcker. Die Eifel ist nicht primär durch Lohnarbeit ausgebeutet worden, sondern am Niedergang der Gewerbe und einer rückständigen Landwirtschaft zugrunde gegangen.

Sowohl Pfarrer Winter und Pfarrer Cremer als auch der Schulmeister Dronke und die Landräte Bärsch und von Brühl sowie der Staatswissenschaftler Kaufmann hatten erkannt, daß zunächst einmal marktfähige Handelsartikel auf der Grundlage der bäuerlichen Wirtschaft erzeugt werden mußten und daß diese gewinnbringend allerdings nur durch Körperschaften abzusetzen waren. Dabei wurde stets das gesamte Regionalkorpus im Auge behalten, immer wieder ist von »der armen Eifel« die Rede als einer kulturellen Gesamtheit, die es nicht dorfweise, sondern als zusammenhängende Kulturlandschaft zu fördern galt. Karl Kollbach bemerkte 1897 in seinem *Rheinischen Wanderbuch*, daß die Eifeler gerade durch die Modernisierung noch mehr ins Hintertreffen geraten seien:

»Aber auch der veränderte Weltverkehr brachte der Eifel noch in jüngerer Zeit bedeutende Nachteile. Die großen Straßen von Bonn nach Wittlich, von Koblenz nach Aachen, von Köln nach Trier und manche andere gingen quer durch das Gebirge hindurch. Mancher weit hinaus reisende Fremde, der nun mehr im eleganten Eisenbahnwagen über die Schienengeleise der großen Thalbahnen fliegt, mußte ehemals in mehrtägigen Postfahrten durch die Eifel und ließ manch hübsches Geld in der armen Gegend, das nun nimmermehr seinen Weg dorthin findet. Das ganze Leben, welches an einen solchen regen Postverkehr gebunden ist, zog sich aus dem Gebirge weg und ließ größere Armut zurück. Sonstiger Nebenverdienst blieb bei dem Mangel jeglichen Gewerbebetriebes und bei der Entfernung von den Absatzgebieten den Leuten der innersten Eifel schwer, und mochte auch mancher in einem einzigen Sommer für 25 Thaler Wacholderbeeren schlagen oder Körbe voll Heidelbeeren pflücken, solche Fälle waren vereinzelt und halfen der Gesamtheit wenig.»[405]

Der Hausierhandel bildete zwar ein erfreuliches Beispiel für eine erfolgreiche Eigeninitiative, kann aber nur als Übergangslösung be-

Abb. 25: Die Sonntagsausflügler aus Eisenschmitt, die sich um die Jahrhundertwende vor dem Gasthof Müllejans photographieren ließen, präsentieren stolz ihre Gefährte.

tracht werden, da er zwei gravierende Mängel in sich barg. Zum einen zerfielen die Preise, als die Nachbardörfer sich denselben Markt zu eigen machten und die Gefahr wuchs, daß die Hausierer sich gegenseitig unterbieten mußten, da Absprachen zwischen den einzelnen Herstellern schwieriger waren als zwischen Genossenschaften. Zum anderen war die Handelsform zu aufwendig und gegenüber einer fabrikmäßigen Herstellung derselben Produkte auf Dauer nicht konkurrenzfähig. Der Hausierhandel ließ temporäre Entwicklungsinseln entstehen, linderte die Not, als sie am schwersten drückte, schuf Perspektiven und verhinderte die Abwanderung, aber er stellte keine dauerhafte Lösung zur Überwindung ökonomischer Probleme dar.

Aufs Ganze gesehen hatte sich die Lage der Eifeler Bauern bis zum Ersten Weltkrieg ein wenig verbessert. Notprogramme, Erzeugergenossenschaften und Einzelinitiativen führten einen Teil der Bevölkerung aus der gröbsten Not. Inzwischen aber hatte sich auf dem Lande herumgesprochen, daß in den rheinischen Industrierevieren mehr Geld zu verdienen war. Nach dem deutsch-französischen Krieg setzte der Aufbruch nach Norden ein, und die Männer wanderten, wie die

Eifeldichterin Clara Viebig schrieb, »nach Westfalen und tief in's Rheinland, wo auf der meilenweiten Ebene düstere Fabrikstädte sich zusammendrängen.«[406]

KAPITEL 11

DIE ZUKUNFT LIEGT IM NORDEN

DER FORTZUG IN DAS RUHRGEBIET

Bis in das Jahr 1840 hinein war die Bevölkerung des Eifelraumes noch weitgehend seßhaft. Sie umfaßte zu diesem Zeitpunkt etwa 315 000 Menschen, die von den niedrigen Erträgen der Landwirtschaft und des absterbenden Gewerbes leben mußten. Erst durch die Auswanderung von rund 60 000 Personen im Zeitraum von 1840 bis 1871 erholte sich die Region, da nunmehr weniger Menschen zu ernähren waren. Doch weil der produktivste Teil der Bevölkerung fortzog – die qualifizierten Handwerker, Ackerer mit ihren Familien und ledige Männer und Frauen im heiratsfähigen Alter –, bedeutete dies zugleich einen Verlust an innovativem Potential.

Der ungeachtet der Auswanderung anhaltende Geburtenüberschuß trug allerdings dazu bei, daß bis zum Jahr der Reichsgründung die Wohnbevölkerung der linksrheinischen Höhenlagen, das heißt der Kreise Bitburg, Prüm, Wittlich, Cochem, Daun, Schleiden, Adenau, Altenahr und Mayen weiter anstieg. 1871 umfaßte sie rund 345 000 Personen.[407]

Im Vergleich mit der gesamten Rheinprovinz nahm die Bevölkerung der Eifel nach 1840 nur geringfügig zu.[408]

	1822-1840	1840-1843	1840-1871
Eifel	12,3 %	3,2 %	3,2 %
Rheinprovinz	12,6 %	11,1 %	10,1 %

Nach 1871 wurde der Sog der Industriereviere stärker, was zum einen auf das Lohngefälle, zum anderen auf die Inbetriebnahme der Eifelbahn zurückzuführen ist, denn sie ermöglichte, daß die Arbeitskräfte schneller in die Industriereviere gelangen konnten. »So günstig die Eisenbahnen in vielen Beziehungen auf die Eifeler Landwirtschaft eingewirkt haben,« bemerkte der Agrarökonom Ludwig Schmitz 1910, »so ungünstig ist ihr Einfluß hier; ist doch durch die Fahrpreisermäßigung die Abwanderung der landwirtschaftlichen Arbeiter nach den Industriezentren sehr gefördert worden.«[409]

Doch lange vor dem Eisenbahnbau machten sich erste Anzeichen für diese Entwicklung hin zur Binnenwanderung bemerkbar, sie nahm bereits in der sechsten Dekade des 19. Jahrhunderts ihren Anfang, als es noch keine Transportmittel gab, die größere Massen von Industriearbeitern aus der Region herausführen konnten.

Der Abzug von Arbeitskräften zwischen 1871 und 1914

Parallel zur Überseewanderung hatte in den 1850er Jahren langsam eine Tendenz zur Pendel- und Saisonarbeit eingesetzt. Eifeler Arbeitskräfte gingen als Gesinde, Schnitter und Tagelöhner in die niederrheinische Landwirtschaft, weil dort unter der Konkurrenz der nahegelegenen Industriereviere ebenfalls die Löhne gestiegen waren, später dann in den Aachen-Eschweiler Raum und in zunehmendem Maße auch in den Bergbau an Rhein und Ruhr.

Im statistischen Bericht des Kreises Adenau für die Jahre 1859-1861 wurde dieses Phänomen bereits angesprochen und mit einiger Aufmerksamkeit registriert, denn »namentlich aus den Bürgermeistereien Adenau, Brück und Virneburg wandern im Winter Tagelöhner in die Gegend von Commern, Eschweiler und Essen, um in den dortigen Bergwerken Arbeit und Verdienst zu suchen. Auch verlassen Eingesessene des Kreises zur Erntezeit und im Winter ihren Wohnort, um in den Rheingegenden und auf dem Maifelde als Schnitter und Drescher in Arbeit zu treten.«[410]

Dies war nur der Anfang einer großen Migrationswelle. Eine Dekade später sah das Bild schon ganz anders aus. In den Territorien des Norddeutschen Bundes wurde am 1. November 1867 das Niederlassungsrecht gesetzlich eingeführt, das jedem Bürger erlaubte, sich an einem Ort seiner Wahl niederzulassen, Grundeigentum zu erwerben und einem Gewerbe nachzugehen. Damit öffnete sich eine Schleuse, die es den Eifeler Arbeitskräften ermöglichte, ihren Wohnsitz dauerhaft zu verlegen.

Inzwischen hatte die Aus- und Binnenwanderung den Charakter eines Massenexodus angenommen, der bis zum Ersten Weltkrieg anhielt, denn zwischen 1871 und 1910 wanderten rund hunderttausend Eifeler direkt in die wachsenden Industriezentren ab oder verließen über Zwischenstationen, wie dem Aachen-Eschweiler Montangebiet, ihre Dörfer: »Besteht auch bei den jungen Leuten die Absicht, oft nur den Winter in der Fremde zu weilen, um den Verdienst dann in der Heimat als landwirtschaftliches Betriebskapital anzuwenden, so wird dieser Plan doch selten ausgeführt, da die jungen Leute das Stadtleben liebgewinnen ... Die Abwanderung wird noch von einzelnen Behörden begünstigt, indem die Bürgermeister und Gemeindevorsteher den industriellen Arbeitgebern Arbeiter nachweisen und vermitteln in der guten Annahme, durch bessere Verwertung ... in anderen Bezirken den heimischen Wohlstand zu heben. Aber infolge des flotten Lebens sind die Ersparnisse gering und kommen nicht der heimischen Scholle zugute.«[411]

Als Folge des Drucks, der von den höheren städtischen Löhnen auf das Lohngefüge ländlicher Räume ausging, verteuerten sich die Betriebsausgaben für Knechte und Mägde in der Eifeler Landwirtschaft und machten die aufwendigen Formen des Ackerbaues allmählich unrentabel. Eine Rentabilitätsrechnung, die im Kreise Schleiden um die Jahrhundertwende durchgeführt wurde, verdeutlich, daß die in den Betrieben steckenden Kapitalien sich wegen der hohen Lohnkosten nicht oder nur niedrig verzinsten, höchstens aber bis zu zweieinhalb Prozent. Wertpapieranlagen brachten demgegenüber etwa dreieinhalb Prozent Zinsen. »Je kleiner der Betrieb, desto schlechter werden die Arbeitskräfte ausgenutzt; 1 Stück Vieh erfordert mehr als 1/4 der Arbeit, die für 4 Stück aufzuwenden ist, während bei gleicher Qualität und Haltung der Rohertrag nicht dementsprechend größer ist. Ebenso ist in den kleinsten Betrieben der Fall nicht selten, daß nur weibliche Arbeitskräfte zur Verfügung stehen, so daß manche Arbeit, für die diese sich nicht eignen, schlecht oder mit unverhältnismäßig großem Aufwand an Zeit ausgeführt wird.«[412]

Ein kleiner Betrieb mit einer Anbaufläche von einem dreiviertel Hektar wies pro Jahr ein Minus von sechzig Mark auf, ein Betrieb mit fast acht Hektar Land erwirtschaftete ein Plus von dreihundertfünfzig Mark und ein großer Betrieb mit fünfzehn Hektar kam auf sechshundert Mark Verdienst. Auf den Märkten des Kreises Prüm kostete zum Vergleich ein Glanstier im Jahre 1904 durchschnittlich 350-450 Mark, zwei Gespannochsen 600 Mark und ein halbjähriges Ziegenlamm 15-20 Mark.[413] Die Arbeitslöhne betrugen pro Tag 2 Mark für Männer und 1,35 Mark für Frauen. Besonders teuer, da langwierig und arbeitsintensiv, war die Bearbeitung von Brachland zwecks späterer Roggeneinsaat, sowie der Anbau von Kartoffeln und das Ausbringen von Dünger.

Aus der Sicht der Tagelöhner war die Arbeit in der Landwirtschaft ebensowenig lukrativ. Im Jahre 1902 verdiente ein Fabrikarbeiter im Kreis Schleiden durchschnittlich zwischen 2,30 und 2,80 Mark, im Akkord sogar bis zu 3,00 Mark per Schicht. Wenn die Frauen auch weiterhin eine kleine Landwirtschaft betrieben und sich damit die Lebenshaltungskosten nicht wesentlich erhöhten, lohnte sich für die bäuerlichen Familien der Umstieg ihrer männlichen Mitglieder in die Lohnarbeit, selbst wenn damit täglich ein längerer Fußmarsch oder sogar wochenweises Fernbleiben verbunden war.

Der Bedarf von Industrie und Handel an Frauenarbeit war in den 1890er Jahren in Preußen ebenso wie der an männlichen Arbeitskräften rapide angestiegen. Gesucht wurden Arbeiterinnen, aber auch Handlungsgehilfinnen, Kontoristinnen und einfaches Ladenpersonal, sowie Dienstboten für die städtischen Haushalte. In den industrienahen Flachlandkreisen war die Nachfrage nach Mägden für die Landwirtschaft weiterhin groß. Die Zahl der Kontoristinnen stieg allein zwischen 1895 und 1907 von 13 763 auf 110 220 an; es entstand eine neue Schicht niedrigentlohnter Angestellter, von denen zu Beginn des Ersten Weltkriegs rund ein Drittel am Rande des Existenzminimums wirtschaften mußten, denn die Lebenshaltungskosten waren in der Stadt wesentlich höher als auf dem Lande.[414] Entstammte die Bürokraft der Jahrhundertwende mehr dem städtischen Kleinbürgertum und den unteren Mittelschichten, so rekrutierte sich die Arbeiterin und Dienstmagd häufig auch aus dem ländlichen Raum. Gesindevermittler suchten in der Eifel gezielt und mit Erfolg nach Arbeitskräften für die städtischen Haushalte. Die Gesindemärkte, ehedem Vermittlungsstellen für die einheimische Landwirtschaft, gingen zugrunde, »denn viele Mägde wollten nicht mehr das Vieh versorgen, sondern einen feinen Dienst haben; und die größere Freiheit in Bezug auf Vergnügungen, der leichter zu erwerbende und scheinbar höhere Lohn, die immermehr zu Tage tretende Putzsucht und die Aussicht auf baldige Verheiratung treiben sie der Stadt zu, kurz, sie wollen auf der sozialen Stufenleiter höher hinauf, und das Stadtleben erscheint ihnen als bessere Daseinsform.«[415]

Selbst die im Kreis Bitburg an die Stelle der Gesindemärkte getretenen Vermittlungsbüros für ländliche Arbeitskräfte konnten diese Entwicklung nicht aufhalten. Einige größere Betriebe griffen wegen des einheimischen Arbeitskräftemangels auf Saisonarbeiter aus Galizien zurück, die niedriger entlohnt wurden und außer einem Naturaldeputat und der freien An- und Abreise pro Tag zwischen 0,90 und 1,20 Mark verdienten.[416]

Der Abzug von Arbeitskräften hat nach 1871 drei Phasen durchlaufen. Zunächst stieg die Zahl derer sprunghaft an, die in die Industriezentren wanderten. Während der Wirtschaftskrise zu Beginn der 1880er Jahren stagnierte diese Bewegung, und es waren sogar Rückwanderungen zu verzeichnen. Kaum war die Krise jedoch überwunden, folgte eine weitere Abwanderungswelle. Nach der Jahrhundertwende schwächte sich der Wanderungsstrom allmählich ab, was durch die Stabilisierung der Eifeler Landwirtschaft mitbedingt war.

Insgesamt betrug der Wanderungsverlust der Eifel zwischen 1840 und 1910 etwa 160 000 Menschen, die vorwiegend nach Übersee, in die Köln-Bonner Bucht oder in die rheinpreußischen Montanzentren übersiedelten.

Der Wanderungsverlust aus der Eifel war zwischen 1871 und 1905 noch größer als der benachbarter Mittelgebirgsregionen.[417]

	mittlere Bevölkerung 1871/1905	Wanderungsverluste absolut	Ø jährl. %
Eifel	373 000	92 500	7,3
Hunsrück	301 900	68 300	7,1
Taunus	301 900	50 500	4.9
Westerwald	495 800	80 000	4,7

Um das Jahr 1900 durchzog die Eifel eine Scheidelinie der Wanderungsrichtung. Während nördlich von Bitburg und Wittlich die Binnenwanderung ausschließlich nach Norden gerichtet war, gingen aus der Wittlicher Senke und der Moseleifel Arbeiter in den saarländischen Bergbau. Verantwortlich dafür war einerseits der Bau der Moselbahn und andererseits die fehlende Anschlußverbindung Wittlich-Daun, die erst 1910 fertiggestellt wurde. Trotz der Abwanderung von rund 100 000 Menschen und der auch weiterhin hohen Kindersterblichkeit[418] sorgte der anhaltend hohe Geburtenüberschuß dafür, daß die Bevölkerungsbilanz der Eifel bis zum Ersten Weltkrieg positiv blieb.

An der Entwicklung der Kleinstädte läßt sich ablesen, daß es nur ganz wenige Faktoren gab, die den Bevölkerungsverlust aufhalten konnten, denn außer den wenigen Orten, die als Marktorte in dieser Hinsicht vom Bau der Eisenbahn profitierten, wie Hillesheim und Gerolstein, gelang dies nur den Verwaltungsstädten mit neuen zentralörtlichen Funktionen, vor allem Bitburg und Wittlich. Beide Städte hatten nach 1871 sogar einen recht steilen Bevölkerungszuwachs zu verzeichnen. Obwohl die rund 2000 Einwohner von Bitburg um 1850 »mehrentheils vom Ackerbau und einigen Gewerben« lebten und der Ort keine Fabriken besaß, hatte sich daraus seit der Franzosenzeit ein prosperierendes Verwaltungszentrum entwickelt. Bitburg war zunächst Sitz einer Unterpräfektur, »eines Gerichts erster Instanz, eines Domainenbureaus's und eines Hypothekenamtes« sowie nach 1816 »Sitz des Landrathsamtes, des Kreisphysikus, einer Post-Expedition, eines Steueramtes 2. Klasse und eines Friedensgerichts.«[419] Außerdem befand sich am Ort eine Apotheke.

Die wenigen Zuwanderungsherde blieben auf diese Kleinstädte und ihr Umland beschränkt. Prüm und Daun wuchsen hingegen erst nach dem Ersten Weltkrieg an, und wieder andere – alte Marktorte wie Kyllburg oder Neuerburg – stagnierten in ihrer Einwohnerzahl, verloren ihre alte Stellung und bewegten sich um die Jahrhundertwende ohne große zwischenzeitliche Schwankungen auf fast demselben Stand wie um das Jahr 1820. Es ging also nicht nur die rein bäuerliche Bevölkerung aus den Dörfern der Eifel fort, sondern auch die Handwerker und Tagelöhner derjenigen Kleinstädte, deren Gewerbe rückläufig waren und die keinen Zugang zu den infrastrukturellen Verbesserungen erhielten oder sogar wegen der Entstehung von bahnbegünstigten Marktorten ins wirtschaftliche Abseits gerieten.

Trotzdem hat sich in manchen Ortschaften die Zusammensetzung der Berufe nur langsam verändert und erst nach dem Zweiten Weltkrieg wirklich entwickelt. In Dahlem waren im Jahre 1796 ebenso wie 1824 rund 75% der Bevölkerung in der Landwirtschaft tätig. 1933 waren es immer noch 52%, aber 1966 nur noch 8%. Bei den Handwerkern, Beamten und Angestellten stieg deren Anteil an der Erwerbsbevölkerung nach 1945 merklich an. 1796 arbeiteten 13% der Dahlemer Bevölkerung im Handwerk, 1933 15%, aber 1966 32%. Bei den Beamten und Angestellten zeigt sich ein ähnliches Bild. Waren es 1796 nur 1% und 1933 7%, so stellte diese Berufsgruppe im Jahre 1966 24% der Erwerbsbevölkerung.[420] Daraus geht deutlich hervor, daß es zumindest bis in die Zwischenkriegszeit hinein zu den traditionellen Einkommensquellen keine Alternativen gab.

»Das Weiberdorf« – ein Exempel lokaler Verödung

Die massenhafte Landflucht in schlechten Zeiten blieb nicht ohne Auswirkungen auf das soziale Klima der Dörfer und Kleinstädte der Eifel. Während sich auf der einen Seite die Städte und zwischenstädtischen Gebiete an Ruhr und Wupper immer dichter besiedelten, entleerten sich auf der anderen Seite diejenigen Regionen, aus denen das Arbeitskräftepotential abzog.[421]

Einerseits ließ damit der beträchtliche Bevölkerungsdruck nach, der schwer auf den rheinischen Mittelgebirgen gelastet hatte, andererseits aber entwickelte sich nicht nur in der Eifel ein kulturelles Brachland, auf dem bloß noch einige wenige Reste der früheren Lebensformen vorzufinden waren und wo wenig befriedigende Ersatzlösungen angeboten wurden. Aus manchen Dörfern wanderte die gesamte Bewohnerschaft ab und hinterließ nichts als ihr immobiles Vermögen. Probleme traten besonders deutlich in denjenigen Dörfern zutage, in denen die Männer bloß zur Saisonarbeit in die Industriereviere gingen und ihre Familien mit der Landwirtschaft zurückließen. Kaum jemand hat sich mit der Lage dieser Frauen und Kinder mehr beschäftigt als die in Trier geborene Dichterin Clara Viebig. Durch ihren Onkel, einen Trierer Landgerichtsrat, den sie öfters auf seinen Dienstfahrten durch die Eifel begleitete, lernte sie in ihrer Jugend die Kargheit der Landschaft und die Sorgen der Leute aus eigener Anschauung kennen.

In seinem Hause erfuhr sie erste Anregungen für ein selbständiges literarisches Schaffen. Als ihr Vater starb, zog Clara mit ihrer Mutter nach Berlin, um dort ein Gesangsstudium aufzunehmen.

Clara Viebig (1860-1952) geriet in Berlin unter die Einflüsse des Naturalismus, der damals neuesten literarischen Strömung, die wir heute vornehmlich mit dem Namen des schlesischen Dichters Gerhart Hauptmann (1862-1946) verbinden, obwohl sie ursprünglich sehr stark durch den 1840 in Paris geborenen Émile Zola beeinflußt wurde. Die Naturalisten wollten Zustandsschilderungen geben. Sie warfen Schlaglichter auf die soziale Wirklichkeit und fühlten sich dem künstlerischen Realismus verpflichtet; ihre Texte waren frei von schwellendem Pathos und moralischen Fingerzeigen, wie sie die populäre Erbauungsliteratur der Zeit zuhauf enthielten. Sie beschrieben soziales Elend fast erbarmungslos direkt, doch wollten sie gleichzeitig nicht als politisches Sprachrohr der Unterdrückten verstanden werden. Clara Viebig bezog aus den frühen Eindrücken ihrer verschiedenen Landfahrten von Trier aus ihre Stoffe. Das Elend der Eifeler Menschen in den Jahrzehnten des Kaiserreichs paßte in das Spektrum der gängigen naturalistischen Sujets. Die Sozio- und Dialekte waren stets dem Milieu abgelauscht: Clara Viebig kannte die Mundart der Westeifel wie Gerhart Hauptmann das Schlesisch seiner »Weber«, der »Rose Bernd« oder seines »Fuhrmann Henschel«. Sie erfaßte das Typische auf eine künstlerische Weise, und es hat den Anschein, als habe sie in ihre Erzählungen gewissermaßen die Methoden der Erfahrungswissenschaften leichthändig und sehr kunstvoll hineingewoben. So kam ihre Literatur einem ethnopoetischen Programm recht nahe und stellt eine besondere Quelle dar.

Das gilt am eindrucksvollsten für den spätnaturalistischen Roman *Das Weiberdorf*, ihr wichtigstes Werk. Im Jahre 1900 erschienen, strahlte das Buch einen bitteren Charme aus, der es damals landauf, landab sehr populär machte, nicht nur in der Eifel. 1903/04 nahm Clara Viebig mit ihren Büchern den ersten Platz unter den meistgelesenen Autoren in öffentlichen Bibliotheken ein, zwischen 1908 und 1914 den vierten Platz in sozialdemokratischen Arbeiterbibliotheken. Allerdings wurde das *Weiberdorf* vom Eifeler Publikum nicht nur positiv aufgenommen, weil man die Schilderungen der bitteren Armut vor allem in Eisenschmitt als zu drastisch und als herabwürdigend für die Menschen des Landes empfand.

Das Weiberdorf[422] erzählt die Geschichte der Frauen von »Eifelschmitt«, deren Männer zweimal im Jahr, nämlich am 29. Juni zu Peter und Paul – das war der Termin, an dem im Dorf die Kirmes gefeiert wurde – und zum Weihnachtsfest für wenige Tage nach Hause zurückkehrten. »Eifelschmitt« ist identisch mit Eisenschmitt im Salmtal, die Schauplätze sind also nicht frei erfunden. Durch die Stillegung der Eichelhütte in den 1860er Jahren verlor der Ort seinen gewerblichen Nährboden. Zwischen 1843 und 1871 reduzierte sich die Einwohnerzahl fast um die Hälfte von 1239 auf 646. Bereits während dieses Zeitraums waren Eisenschmitter Einwohner nach Übersee und in die Industriezentren abgewandert. Bis 1905 sank die Zahl noch einmal um dreißig Personen auf 516.[423] Wenn die Hütten schlossen, blieb den Bewohnern nur die Landwirtschaft als Einkommensquelle. Eisenschmitt erlitt damit ein Schicksal, das stellvertretend für alle Eifeler Dörfer angeführt werden kann, in denen die Menschen aus Armutsgründen zur Abwanderung gezwungen wurden. Die Romanfigur Niklas Densborn, ein Eifelschmitter Saisonwanderer, brachte die Situation, in der sich die Arbeiter und Bauern befanden, auf den Punkt: »Hei owen kannste Hongerpoten kötschen!« Wie in der Wirklichkeit, so hatte auch dort »ein Agent irgendeinen Eifelschmitter hinausgelockt, der kam zu Besuch heim, Geld in der Tasche; nun zogen die anderen hinter ihm drein ...« Die zurückbleibenden Frauen mußten ihren täglichen Unterhalt ohne männliche Hilfe verdienen. Arbeit, Armut, Angst und Entbehrung, aber auch neue Freiheiten prägten den Alltag der Eifelschmitterinnen, die mit ihren Kindern der Landwirtschaft karge Erträge abrangen, während ihre Männer in den Bergwerken und Stahlbetrieben des Ruhrreviers in Arbeit standen.

Sicherlich ist vieles an der Erzählung erdacht, jedoch halten eine ganze Reihe von Details einer volkskundlichen Überprüfung durchaus stand, wie etwa die Praktiken des Landbaus, die Kinderarbeit oder die Formen der Frömmigkeit. Es wäre allerdings ein ebenso sinnloses Unterfangen, den Roman etwa durch Interviews mit der älteren Generation von Eisenschmitter Bürgern mit der Realität abgleichen zu wollen oder andere Primär- und Sekundärzeugnisse zur Rekonstruktion der Geschehnisse heranzuziehen. Anliegen der Romanautorin war es, die atmosphärischen Stimmungen von Menschen zu schildern, die in eine solche Notlage geraten waren. Viele zeitgenössische wissenschaftliche Autoren, wie etwa Georg Labion, Otto Beck, Karl Kollmann,

Karl Kaufmann, Adolf Dronke und Ludwig Schmitz haben ihrerseits auf die soziale Lage in den Eifeldörfern mit beeindruckendem Zahlenmaterial und scharfsichtigen Analysen aufmerksam gemacht und aufschlußreiche Studien vorgelegt. Was Clara Viebig der Nachwelt überliefert hat, ist weniger der Versuch einer genaue Beschreibung ländlicher Elendskultur vor der Jahrhundertwende als vielmehr ein dichter effektvoller Abgesang einer Zeitzeugin auf eine kulturelle Normalität, die mit der Binnenwanderung unwiederbringlich aus den Eifeldörfern verschwand. Ganz gleich, ob die Sehnsüchte, Gedanken und Dialoge der von der Binnenwanderung der Männer betroffenen Frauen so gelautet haben mögen: die Probleme, die in ihrem Roman erörtert werden, waren soziale Realität. Die fiktiven Ereignisse in Eifelschmitt ergänzen den aus anderen Quellen gewonnenen Eindruck, daß mit der Abwanderung ein tiefer kultureller Schock verbunden war, indem eine ganze Generation zu einem provisorischen Dasein gezwungen wurde. Es ist Clara Viebigs Verdienst, ein Zeitbild entworfen zu haben, das den Nöten der kleinen Leute Rechnung trägt, ohne Patentlösungen anzubieten, tendenziöse Botschaften über sie zu verbreiten oder sie in ihrer Armut zu verklären. Damit hält sie bis heute die Erinnerung an eine destruktive soziale Phase in der Geschichte der Eifeler Bevölkerung wach und fungiert als wichtiges Element des kollektiven Gedächtnisses.

Die Geschichte spielt irgendwann zwischen dem deutsch-französischen Krieg und der Jahrhundertwende. Sie kreist um den Schlosser Peter Miffert, einen jüngeren Mann, der nicht mit den anderen in die Bergwerke fortzog, sondern im Dorf blieb und dort für allerhand Verwirrung sorgte. Aus Liebe zu seiner Frau Lucia wurde er zum Falschmünzer, indem er das alte silberne Taufbecken und allerhand Zinngeschirr aus der Eifelschmitter Pfarrkirche zu Talern verarbeitete. Auf Miffert konzentrierten sich die erotischen Träume der einsamen Frauen, denn, das wußte man auch in Eifelschmitt, »›en hongrig Laus beißt am stärksten‹«.

Und jenseits moralischer Schranken hatte sich im Dorf längst der Wahlspruch eingebürgert: »Besser half geleiert, als ganz gefeiert.« Sobald Lucia das Haus verlassen hatte, bekam Miffert unter allerlei Vorwänden Besuch. Seinem »Angtré!« konnte keine widerstehen. Die halbwüchsigen Mädchen erprobten an ihm ihre Verführungskünste, und die verheirateten Frauen kühlten ihr ungestilltes Verlangen durch gelegentliche, eindeutige Angebote, wobei eine der anderen im Wege stand.

Gegen Miffert als dem mehr oder weniger heimlichen Objekt des Begehrens richtete sich daher auch der Argwohn der Männer, wenn sie in den wenigen Tagen, in denen sie im Jahr zuhause waren – »mir Bochumer han zehn Dag, de annern von Dortmund on Steele han aach net länger« – im Wirtshaus zusammensaßen und einer dem anderen sein Leid klagte: »Framenscher sein Framenscher. On Dag on Nacht allein!«

Sobald die Männer zur Kirmes im Dorf erschienen, begann eine ausgesetzte, eine närrische Zeit. Männer, Frauen und Kinder gerieten außer Rand und Band, drei Tage lang gebärdeten sie sich wie Rasende, und vor allem die jungen, unverheirateten Mädchen hatten nur noch eines im Sinn: »Danzen! Danzen!« Wenn die fünf Musikanten von Manderscheid aufspielten, fielen sie »wie erschrocknes Hühnervolk in die Ackerfurche, ... in die Stube ein.« Für einen Augenblick war das Dorf komplett, schien alles beim alten zu sein. Man war ausgelassen und fröhlich, »die Männer tanzten mit der Cigarre im Mund, über die Schulter der Tänzerin paffend ...« Die Gaststube wurde zum Kristallisationspunkt der lange niedergedrückten und nun für kurze Zeit befreiten Gefühle. Stühle fielen um, Betrunkene drückten sich an den Wänden entlang und selbst die Mütter verrichteten nur notdürftig ihre familiären Pflichten. Lucia Miffert setzte sich einfach »auf den Prellstein, knöpfte ihre Taille auf und legte das Kind an die volle Brust.«

Mit der Feierwut ging ein hastiges, trunkenes Liebesleben einher in einer der dunklen Ecken zwischen Regentonne und Stalltür oder in den Chausseegräben unter den neugierigen, suchenden Blicken der Halbwüchsigen. Die Folgen waren Eheversprechen, Blitzhochzeiten und Schwangerschaften: »Mir maachen stracks Hochzeid, on dann, ... jao, dann es dän Urlauw zu End.« Nach dem dritten Kirmestag war der Rausch verflogen, wenige Stunden später legte sich der Spuk, ein tiefes Schweigen breitete sich in den Familien aus »als wäre ein Toter im Haus«. Die Männer sammelten sich im Dorf, um gemeinsam zur nächsten Bahnstation zu wandern und das Tippelgeräusch ihrer Nagelschuhe klang beim Abgang über die Dorfstraße »wie Hammerschläge auf einen Sargdeckel«. Bis zu einem bestimmten Busch vor Schwarzenborn zogen die Frauen mit, dort blieben sie zurück: »Eweil sein se weg.«

In den langen Monaten zwischen Kirmes und Weihnachten bestand das Leben der Eifelschmitter Frauen aus Feldarbeit, Kindererziehung und einigen wenigen Abwechslungen. Die Ernte einzubringen war eine sehr mühevolle Arbeit, die früher von Männerhand verrichtet wurde, doch nun den Frauen und Kindern oblag:

»Auf den Äckerchen an den Hängen schimmerten weiße Kopftücher, wie hellere Flecken auf blassgelblichem Grund – da schafften jetzt die Weiber. Aber keine Sense blitzte und legte in langen Schwaden das Korn nieder; die Weiber rutschten auf den Knieen und schnitten den Roggen mit der Sichel, wie man Gras schneidet. Sie arbeiteten hart, der Schweiß rann in Strömen; das Hemd klebte, naß zum Auswinden, am Leib, die braunen Beine, von den Stoppeln zerkratzt und zerstochen, steckten nackt unter'm kurzen Rock. Kein Mann zwischen den Arbeitenden; nur hier und da saß so ein Alter am Grasrain, als Aufseher, und stopfte sich die Pfeife, oder ein paar halbwüchsige Jungen hetzten mit ›Hot und Hahrüh‹ eine magere Kuh, die mühsam den Pflug durch die Stoppel schleifte.«

Kaum eine Familie besaß Ackergeräte, und der reiche Gerbereibesitzer Schmitz aus Köln, der sich in Eifelschmitt niederließ, um dort seinen Lebensabend zu verbringen, bemerkte dann auch mit abfälligem Ton gegenüber dem preußischen Gendarm aus Oberkail: »Die sind ja hier so arm wie Feldmäus' bei der Mißernt'.« In Ermangelung arbeitserleichternder Landmaschinen bestimmte die Handarbeit und mithin die eigene Körperkraft die Frauenarbeit auf dem Feld, sogar Kinder wurden in den Pflug gespannt.

Selbst die hochschwangeren Frauen verrichteten bis zur Niederkunft ihr schweres Tagewerk, um sich und ihre Kinder zu ernähren, und manch einer Eifelschmitterin fehlte es dennoch an den paar Kreuzern, die sie benötigte, um die weiße Frau aus Manderscheid für die Geburtshilfe zu bezahlen.

Kleine Freuden – das waren die Tanzvergnügen im Nachbarort und die wenigen Fremden, die ab und zu das Dorf aufsuchten. Lucia Miffert machte sich an einem Sommertag den Besuch eines Handelsvertreters zunutze: »Ein Reisender in Knöpfen, Litzen und Kleiderstoffen hatte das Dorf passiert, auf dessen Wagen war sie in aller Frühe mit dem Kind zu ihren Verwandten nach Manderscheid gefahren.« Und ein andermal nahm sie einem Hausierer ein wenig Zierat, ein paar Messingohrringe, gegen alte Lumpen und Bettfedern ab. Dieser Mann war im Dorfe wohlbekannt, da er »jahraus, jahrein mit seinem Karren voll Irden-Geschirr die Eifel durchquerte.« Doch zu kaufen gab es nicht viel in Eifelschmitt, die meisten Haushalte lebten von der Subsistenzwirtschaft und dem bißchen Bargeld, was die Männer dann und wann nach Hause schicken konnten. So war auch der Küchenzettel recht eintönig, denn »Grombieren met Griewen on Kaabes«, also Kartoffeln mit Kohl und Speck, stellten die Hauptnahrungsquelle dar.

Nur weil Peter Miffert über falsche Taler verfügte, konnte er den Frauen zu einem Tanzvergnügen in Oberkail, einem Nachbardorf, verhelfen: »Als sie endlich die Chaussee gen Schwarzenborn hinaufstiegen, trabte Pittchen inmitten von zehn Weibern.« Im Tanzsaal angelangt, trank man Apfelwein, feierte ausgelassen, ließ es sich für einen kurzen Moment gutgehen und trat dann später gemeinsam in dunkler Nacht den Heimweg über die Höhen nach Eifelschmitt an. Kinder und Halbwüchsige waren heimlich dem Troß ihrer Mütter und Schwestern gefolgt. Selbstvergessen schoben und drückten sich die Frauen auf der Tanzfläche herum und achteten nicht auf ihren Nachwuchs; manch ein Kind kam im Tanzrummel abhanden und nächtigte in einer Ecke des Saales auf der Ofenbank, wie die vierzehnjährige Billa, die sich, vom Alkohol benebelt, unter den in Oberkail zurückgebliebenen Kindern befand. Am nächsten Tag fanden die verlorenen Kinder allein ihren Weg nach Eifelschmitt zurück, und dem Vergnügen folgte wieder der arbeits- und entbehrungsreiche Alltag.

In den letzten Sommertagen gingen die Frauen mit Hotten in den Kunowald, um Brennholz auf Vorrat zu holen, denn wenn der Herbst kam, wurde es klamm und feucht, und »wer kein Reisig aufgestapelt hatte, fror; die Hütten waren dumpf wie die Keller.« Das soziale Leben spielte sich nunmehr in den Häusern ab, deren lumpenbehängte Fenster wenig von dem nach draußen dringen ließen, was die Frauen an Leid und Sorgen im Inneren mit ihren Kindern teilen mußten. In der dunklen Jahreszeit hatte manch eine nur ein kleines Talglicht brennen, das auf eine leere Flasche aufgesteckt war. Allerseelen war gleichbedeutend mit der schwersten Zeit des Jahres, die Tage waren kurz und dunkel im engen Tal, der kalte Wind pfiff um die Hütten herum, und man mußte von den kärglichen Erträgnissen der sommerlichen Ernte leben.

Bei den jungen Frauen kamen die Nöte der Schwangerschaft hinzu; Krankheit und Tod gingen in den Häusern um; die junge Bäb vertraute Peter Miffert in einer schwachen Stunde an: »Ech haon de Engel schuns Hallelujah singe gehört; ech danzen net mieh!«

Abb. 26: In der kalten Jahreszeit fehlte es oft an genügend Brennmaterial. »Wer kein Reisig aufgestapelt hatte, fror; die Hütten waren dumpf wie die Keller«.

Und als Weihnachten vorbei, und die Männer von ihrem kurzen Besuch wieder in die Fabrikstädte gezogen waren, warteten alle sehnsüchtig auf die ersten Regungen der Natur. »›Es muß doch mal Frühjahr werden, auch in dieser verfluchten Gegend‹, tröstete sich der Gendarm.«

Sobald die Fröste nachließen, bestimmte die Arbeit auf dem Feld den Lauf der Dinge, der Acker wurde mit der Hacke umgemacht, Kartoffeln ausgesät und das Roggenfeld vom Unkraut befreit. Schließlich war es dann soweit, Peter und Paul nahte, sehnsüchtig wurden die Männer von Eifelschmitt daheim erwartet, und dann hieß es wieder, als man sie auf der Höhe von Schwarzenborn sichtete: »Gelowt sei de Jongfra Maria! ... Könner, dän Vadder es elao!«.

Die zunehmende Verwahrlosung der Umgangsformen konnten selbst die wenigen Autoritäten, die im Weiberdorf verblieben waren, nicht aufhalten. Wütende Zänkereien begleiteten immer häufiger den Arbeitsalltag, die manchesmal in grobe Handgreiflichkeiten übergingen, denn keine wollte ihre Interessen hintanstellen. Rangkämpfe um Führungpositionen brachen aus, doch in Notsituationen rückten die Frauen wieder enger zusammen. Als einmal ein Hagelunwetter aufzog, rotteten sich die Frauen in ihrer Hilflosigkeit und ihrer Angst vor der Vernichtung der Ernte trotz ihres Streites zusammen und liefen gemeinsam los, um die Muttergottes um Verzeihung zu bitten und den Schutzpatron anzurufen: »Maria, Jongfra voller Gnaden, bewaohr ons! Heiliger Donatus, sänftig dat Ongewieder, dau kannst et!«

Doch selbst der Beistand des gutmütigen Pfarrers mit seinen ständigen Ermahnungen, gottesfürchtig zu leben, hielt die Frauen nicht von weiteren Reibereien ab. Der Bäb, die ungezähmt auf ihre böse Schwiegermutter eingeschlagen hatte und um Haaresbreite mit der blanken Sichel auf diese losgegangen wäre, schärfte er zwar ein: »Nächsten Freitag von fünf bis sieben Ohrenbeichte«, in Wahrheit ließ sich aber keine der Frauen mehr innerhalb der dörflichen Welt, in der alle sozialen Bezüge ins Wanken geraten waren, davon überzeugen, daß ein Repräsentant der alten Mächte sinnvolle Rezepte für die Rettung der maroden Sozialordnung anbieten konnte. Am Ende stand der Pfarrer den Zuständen genauso hilflos gegenüber, wie die Frauen ihnen ausgeliefert waren.

Selbst die Gebäude litten darunter, daß sich niemand intensiv um ihre Erhaltung kümmerte, denn unter den Fortgegangenen befanden sich auch die dörflichen Handwerker. In der Kirche »lag der Kronleuchter unten. Die Vergipsung an der Decke hatte sich gelöst, in einer Wolke von Staub war er niedergefahren, mit einem dumpfen Dröhnen aufschlagend; Schutt und Kalk kamen nachgeprasselt, ja, ein ganzer Mauerstein.« Widerstrebend erklärte sich schließlich Peter Miffert bereit, ihn zu reparieren: »Nä, nä, dat es net mein Metjä!« Und er tat es auch nur, weil er auf diese Weise an die metallenen Geschirre im Sakristeischrank kam, die er für seine heimliche Talerherstellung benötigte. Als Miffert schließlich gestellt wurde, wollte der Pfarrer die Schuld seines Pfarrkindes dennoch nicht glauben: »In unserer Eifel ist man fromm und ehrlich; aus der bösen Welt wird uns die Sünde eingeschleppt. Hier betrügt keiner den andren.«

Mißtrauisch war man in Eifelschmitt gegenüber den Vertretern der preußischen Obrigkeit. Die Frauen verkannten zwar nicht, daß der Oberkailer Gendarm ein hübscher und schneidiger Mensch war, aber ihre Männer schärften ihnen nachhaltig ein: »Willste met de grußen Hähren Kerschen äßen, maach, datste de Steiner net an dän Koap kriehst ...« Und als Miffert aus dem Dorf herausgeführt wurde, und der Oberkailer Gendarm im Gefolge des Wittlicher Obergendarmen sich freien Weg durch die Frauen bahnen wollte, indem er wichtigtuerisch und naßforsch: »›Platz für die Obrigkeit‹« gebot, da erntete er bloß Spott und Hohn: »›O dau Lappes, ... gieh nor on laoß der dein Rotznaos wischen.«

Fremde Beobachter und Beamte hatte für die Eifelschmitter ihrerseits wenig Verständnis, und selbst der Reisende, der tagaus, tagein mit den Verhältnissen auf den Dörfern konfrontiert wurde, verkannte deren Existenzkämpfe vollständig. Als er einmal Zeuge einer Streiterei wurde, legte er die Sache gründlich falsch aus und »wand sich vor Lachen – war dieses arme Volk urdrollig.«

Alles in allem fristeten die Frauen von Eifelschmitt ein leeres und kärgliches Dasein. Und selbst wenn man einmal jene lehrstückhaften Überzeichnungen und sozialromantischen Mythen abzieht, die den Lauf der Rahmengeschichte steuern, so mag die Romanfigur Lucia Miffert ihre Stimme doch für viele ihrer Eifeler Geschlechtsgenossinnen jener Epoche erhoben haben, als sie die vernichtende Bilanz über ihr Leben mit den Worten zog:

»›Duh sitzen ech eweil zo Eifelschmitt in däm dreckige Loch – ke Gäld – ken Penning – mer waoß oft net, wat mer äßen soll, – ... im Winter friert mer sech zo Schannen – im Sommer haot mer net emaol en anstännig Kleid, om uf de Kirmes zo giehn! Hei dat Fähnche, ... dat dragen ech schuns e su lang mir verheiraod sein – zwaa Jaohr! On im Dienst zo Manderscheid haon ech et aach als drei Jaohr gehatt. Mer moß sech schämen for de Leit!‹«

Restraum-Strukturen vor dem Ersten Weltkrieg

Nicht nur das schamhafte Verbergen der Armutszeugnisse, die von der abgetragenen Kleidung bis hin zur Hypothekenlast auf Haus und Hof reichten, und die damit verbundene Scheu, behördliche Hilfe zu erbitten, sondern auch andere Rückzugsstrategien führten zu der Herausbildung einer Grundhaltung, die Gerhard Stiehns einmal treffend »Restraum-Mentalität« genannt hat, und deren Nachwirkungen in der Region bis in die Gegenwart hinein spürbar sind. Zu ihrer Überwindung setzt die Raumplanung heute auf eine »Stärkung des Regionalbewußtseins«, dem »eine Belebung und Erweiterung eines regionenspezifischen Kulturangebots in den ländlichen

Räumen, eines eigenständigen Kulturlebens, das den Traditionen der regionalen Bevölkerung entspricht« dienen soll.[424] Doch die Ausarbeitung eines Weges, der dahin führt, erzeugt eine gewisse Ratlosigkeit, denn wie sollte »die gefühlsmäßige Bindung der Bürger an ihre kleineren Dörfer und Städte gefestigt werden,«[425] wenn seit Beginn der Industrialisierung die eigene Heimat wegen ihrer eklatanten Rückständigkeit zunächst als preußisches Armenhaus abgestempelt wurde, und ihre Ertragskraft seit dem Zweiten Weltkrieg dauerhaft von staatlichen Fördermaßnahmen abhängt? Die Eifel ist nicht nur eine schwer zu entwickelnde, sondern eben auch eine stigmatisierte Region.

Hält man sich einmal die Lage der Eifel an der Schwelle zum Ersten Weltkrieg vor Augen, dann war sie bereits damals durch einen ganzen Kranz von Elementen gekennzeichnet, der in sich eine Restraumstruktur ergab. Es handelte sich um eine mit Energieträgern und modernen Verkehrsmitteln unterversorgte Region, deren traditionelle Gewerbe nicht mehr zur Verfügung standen und deren Landwirtschaft zu wenig Erträge bei zu hohen Betriebskosten erbrachte. Wichtige Marktorte hatten ihre alte Stellung verloren. Neue Einnahmequellen wie das Molkereiwesen, der Fremdenverkehr, die Nutzung der Mineralquellen, setzten zu einem Zeitpunkt ein, als die Massenemigration längst Tatsachen geschaffen hatte. Die Bildungsinvestition des Staates führte nicht zu einem Zuwachs des regionalwirtschaftlichen Ertrages, wie es sich die Regionalplaner heute von der Qualifizierung von Handwerkern und Facharbeitern versprechen, sondern zur Abwanderung, da das krasse Lohngefälle, der städtische Lebensstil und die Aufstiegschancen einen Sog auf die Arbeitskräfte ausübten.[426] Die symbolischen Repräsentationen der alten Mächte wurden durch das Bildungswesen und staatliche Verordnungen zurückgedrängt oder aufgehoben. Relikte des religiösen Lebens und der dörflichen Sozialstruktur blieben zwar erhalten, verloren aber ihre bindende Kraft. Dennoch lebten nach der Berufs- und Gewerbezählung von 1895 Zweidrittel der Erwerbsbevölkerung der Eifelkreise Schleiden, Daun, Prüm und Bitburg von der Landwirtschaft und der Viehzucht.[427] Nach wie vor handelte es sich also um eine überwiegend bäuerliche Bevölkerung, die jedoch zu arm war, um sich an städtische Vorbilder des Lebensstiles anzupassen. Die Stadt Köln war bereits im Jahre 1824 durch eine holländische Firma mit einer Gasbeleuchtung ausgerüstet

Abb. 27: Der Fortschritt machte sich auch auf dem Land bemerkbar – allerdings viel später als in den großen Städten. Die ersten Autos durchfuhren um die Jahrhundertwende die Eifel.

worden, aber die Eifelbewohner lebten um die Jahrhundertwende buchstäblich noch im Dunkeln.[428]

Das Stadt-Land-Gefälle war deshalb so groß, weil sich darin eine Ungleichzeitigkeit der Entwicklung widerspiegelte, denn während die Metropolen um die Jahrhundertwende in ihrem Bevölkerungswachstum an die Millionengrenze stießen, Opern, Schauspiele und Ausstellungen Triumphe feierten und die Innenausstattung der besseren Häuser Bequemlichkeiten enthielt, die man auf dem Land noch nicht einmal vom Hörensagen kannte, war in der Eifel nur ein geringer Grad an Mechanisierung von Haus und Hof zu verzeichnen. Lehrer und Pastor gaben die Richtlinien des Fortschrittsdenkens vor. Woraus also sollte jenes zu schaffende Kulturleben schöpfen, wenn die wirklich spezifischen Traditionen, die in der Region heimisch gewesen waren, – das eigene Brauchtum im Jahreslauf, das Verhältnis zur Arbeit und zum Geld, die tiefreligiöse Alltagspraxis, die Volkserzählung mit ihren Sonderformen –, durch das ganze 19. Jahrhundert hindurch bekämpft wurden und letztlich nicht nur das Kapital, sondern auch der Mut fehlte, um Innovationen ins Land zu holen? Dieser Widerspruch ist der Eifel zum kulturellen Verhängnis geworden.

SCHLUSSBEMERKUNG

DIE EIFEL HEUTE

Mit dieser wenig ermutigenden Bilanz könnte die Geschichte der Eifel im Zeitalter der Industrialisierung enden. An der Schwelle zum Ersten Weltkrieg gab es genügend Gründe, sorgenvoll in die Zukunft zu blicken. Doch wer die Verhältnisse einfach auf die nächsten hundert Jahre hochrechnet und zu dem Schluß kommt, die Eifel müsse heute eine einzige Ödlandschaft sein, der irrt.

Vor neunzig Jahren wurde auf dem Hof der Lehrerinnen-Wohnung zu Mürlenbach an der Kyll eine neue, ganz moderne Abortanlage errichtet. Eigentlich wäre diesem Vorgang keine größere Bedeutung beizumessen, ließe sich nicht daraus ersehen, daß auch die Eifeler bereits damals ein wenig am Fortschritt partizipierten. Hier und da hielt die neue Zeit auch auf dem Lande Einzug. Die Eifeler sind, soviel läßt sich sagen, einer Kultur der Armut entronnen. Man mag asphaltierte Straßen und Wege, einen öffentlichen Personennahverkehr, die Elektrifizierung der Haushalte, den Ankauf eines Röntgenapparates für das städtische Krankenhaus oder ein Lichtspieltheater für nichts Besonderes halten, aber den Orten, die nach dem Ersten Weltkrieg in aller Bescheidenheit an solchen Errungenschaften teilhatten, mögen sie das Gefühl vermittelt haben, aus dem Schatten der großen Städte ein wenig herausgetreten zu sein. Auf dem Land ist die Durchmischung von Altem und Neuem bis heute augenfälliger als in den Metropolen, so daß tatsächlich von einer inneren Ungleichzeitigkeit der Lebensstile gesprochen werden kann.

Manch ein Bauer hat noch in den fünfziger Jahren mit dem Ochsengespann gepflügt, die Bäuerin stapfte neben den Tieren durch den Acker, während der Mann hinter dem ganz einfachen Pflug herging. Das sind Bilder einer kargen Bauernwirtschaft, wie man sie in unserer

Zeit nur noch in den Armutszonen Süd- und Südosteuropas vermutet hätte. Es kann aber durchaus sein, daß sich der Nachbar dieser Bauernfamilie damals einen Traktor und andere Landmaschinen leisten konnte, mit denen er die Feldarbeit erledigte. In der Zwischenzeit haben die Bauern längst ihre Betriebe mit moderner Technik ausgerüstet, niemand geht mehr mit den Ochsen aufs Feld. Nur noch wenig erinnert an frühere Verhältnisse, und wenn, dann hat es eher musealen Charakter. Da findet man einen liebevoll hergerichteten Dorfwaschplatz, eine Quelleinfassung, ein Feuerwehrhaus. Die Nerother Musfallskrämer haben zwar den Hausierhandel längst aufgegeben, aber das Mausefallenmuseum im Ort hält die Geschichte des Gewerbes im Bewußtsein der Nerother wach. Und selbst das wenige verbliebene Glanvieh hüten die Zuchtvereine wie eine Rarität, da es zu den aussterbenden Nutzviehrassen zählt. Prachtexemplare dieser ehedem weit verbreiteten Gespannochsen befinden sich im Freilichtmuseum Kommern, wo man sie als Agrarrelikt aus längst vergangenen Tagen bestaunen kann. Wer also mit wachen Augen übers Land geht, der erkennt noch die Spuren einstiger Lebensweisen.

Doch vieles hat sich verändert. Die Hundekarrenhändler sind verschwunden, der Butterhandel ist versiegt. Besucht man die Wochenmärkte der Eifel, bemerkt man rasch, daß einheimische Produkte im Warenangebot weitgehend fehlen. Der Bauer nebenan liefert seine Ware in die Stadt, dafür beziehen die Eifeler ihr Lammfleisch aus Neuseeland und ihr Obst aus Südafrika oder zumindest von den großen Genossenschaften aus dem Rheintal. Der kleine Erzeuger ist gegen die großen Anbieter machtlos. Am härtesten hat es nach dem Krieg die Betriebe mit kleineren Milchviehbeständen getroffen. Die einheimische Milchwirtschaft wird inzwischen von ein paar Großbetrieben beherrscht; die kleinere Hofstelle mit wenigen Kühen hat dagegen keine Überlebenschancen, weil die Abnehmer solche Orte erst gar nicht anfahren. Es gibt einen begrenzten alternativen Landbau in der Eifel, der mit attraktiven Produkten wirbt: mit Ziegenkäse, Obst und Schlachtvieh. Einige Bauern haben den Erhalt ihres Betriebes sogar auf diese Weise sichern können, aber ein Erfolgsrezept für die Region ist die Ökolandwirtschaft keineswegs.

Die Zahl der Vollerwerbsbetriebe geht ständig zurück, und Regionalplaner entwerfen seit langem das Schreckbild vom ländlichen Raum ohne Landwirtschaft. Hinzu kommt, daß das alte Dorf seinen

Charakter verändert; der Laden verschwindet, da er der Lieferfirma keinen Mindestumsatz garantieren kann, die kleine Volksschule wird geschlossen, da zuwenig Kinder im Ort leben, die Poststelle macht ihre Pforten ebenso wie der Kindergarten dicht.

Eine Jugend auf dem Dorf sieht heute anders aus als vor hundert Jahren. Tatsächlich kann jedes Kind die seinen Fähigkeiten angemessene Schulausbildung bekommen. Das ist gewiß ein Fortschritt, und es klingt fast zynisch, wenn man den Preis dafür erfragt. Er liegt in der Abwanderung, denn für qualifizierte Arbeitskräfte ist der Stellenmarkt so ungünstig wie nie. Techniker und Ingenieure, Lehrer und Ärzte, Verwaltungsfachleute und Freiberufler zieht es in die Stadt. Vor hundert Jahren trieb das Lohngefälle zwischen Industrie und Landwirtschaft die Menschen aus der Region, jetzt fehlt hier die Arbeit. Niemand weiß so recht, was die Zukunft bringen wird. Wird der ländliche Raum eine Zwischenstufe zwischen bäuerlicher und städtischer Existenz, ein mehr oder minder besiedeltes Naherholungsgebiet für die Ballungszentren in der Umgebung? Auch über diese Möglichkeit wird bereits nachgedacht. Noch wäre dieser Prozeß aufzuhalten, denn es gibt bisher keine wüst gefallenen Dörfer. Aber die demographische Entwicklung, so hört man von Fachleuten, tendiert seit einigen Jahren in manchen Dörfern vor allem der Westeifel bedenklich nach unten. Da gibt es Orte mit kaum mehr als fünfzig Einwohnern, die zudem überaltert sind – Gemeinden, die eine düstere Perspektive haben.[429]

Doch werden neue Konzepte entwickelt, um den kulturellen Zerfall aufzuhalten. Ein guter Ansatz ist der *Laden 2000*, ein in den dünnbesiedelten Landschaften Skandinaviens entwickeltes Geschäftskonzept. Von den Grundnahrungsmitteln bis zum Photokopierer und Faxgerät soll der Laden eine ganze Palette an Dienstleistungen für die Dorfbevölkerung bereithalten und als Anlaufstelle dienen – er würde das Leben auf dem Dorfe etwa für Freiberufler wieder interessanter gestalten. Heimarbeitsplätze und elektronische Informationsverarbeitung helfen den ländlichen Gebieten, den Anschluß an moderne Gewerbe wiederzufinden, da die meisten Versuche wohlmeinender Planer, neue Standorte für Wirtschaftsansiedlungen auszuweisen, fehlgeschlagen sind. Das mit der Industrialisierung verlorengegangene Gewerbe ist nicht mehr ins Gebirge zurückgekehrt. Sogar die Eifelbahn, die immer auch ein Symbol der Bewegung, der Zirkulation war, ist nunmehr in Gefahr. Weil die meisten Pendler heute mit dem Auto zu ihren weit

Abb. 28: In der Eifel gibt es viele Sehenswürdigkeiten – wie hier die Abtei Maria Laach, deren Stiftungsurkunde auf das Jahr 1093 datiert.

verstreut zwischen Saarbrücken und Köln liegenden Arbeitsplätzen fahren, will der Betreiber die Bahn durch die Eifel schließen, die noch an den über hundert Jahre alten Bahnhöfen hält. Der Kommentar des Bahnwärters von Blankenheim-Wald, der von der Schließung der Bahnlinie direkt betroffen wäre: »Und dat soll dann Fortschritt sein?«

Ein bißchen mehr Tourismus täte der Region gut. Jedoch ist es in der Eifel – heute wie vor hundert Jahren – häufig kalt und regnerisch. Im Zeitalter der Fernreisen ist es nicht leicht, verwöhnte Touristen davon zu überzeugen, die rauhe Eifel den warmen Mittelmeerstränden vorzuziehen. Was hilft der Hinweis auf die einzigartige Vulkanlandschaft, auf die wilde Schönheit des Hochmoores, auf die lichten Höhen und tiefen Kerbtäler, wenn man selbst im Hochsommer nicht ausschließen kann, daß sie an manchen Tagen hinter einer dichten Nebeldecke verschwinden? Wer aber einen Blick dafür hat, der sieht im Wiesengrund und am Wegesrand vielleicht noch einen Frauenschuh, eine Küchenschelle, einen Waldstorchschnabel oder eine Hummelragwurz. Das Land ist reich an botanischen Raritäten.

Die Eifel hat in unserem Jahrhundert nicht nur wirtschaftliche, sondern auch andere Krisen durchgemacht. Sie waren Folge der beiden

Weltkriege, die im westlichen Grenzland besonders tiefe Spuren hinterlassen haben. Die Region erlebte eine Neuauflage ihrer alten Rolle als Auf- und Durchmarschgebiet, am härtesten wurde die Bevölkerung von der Ardennenoffensive des Winters 1944 und von den drei Schlachten im Hürtgenwald zwischen Düren und Monschau, die rund 70 000 deutschen und amerikanischen Soldaten das Leben kosteten, getroffen. Als der Krieg vorbei war und die evakuierten Bewohner zurückkehrten, war das Ausmaß der Zerstörung niederschmetternd. Die Gegend war übersät mit Toten, die Dörfer ruiniert, und der alte Rotbuchenbestand des Hürtgenwaldes war völlig niedergebrannt. Sich in diesem Gelände zu bewegen, sollte wegen zurückgebliebener Phosphorgranaten für viele Jahre gefahrvoll bleiben. Der zähe Überlebenswille der Menschen ist zu bewundern, die in dieser verwüsteten Landschaft wieder anfingen, ihre Felder zu bebauen. Heute erinnern etliche hundert Exponate eines kleinen Museums an die einstige Hölle im Hürtgenwald.[430] Der Frieden ist in die Landschaft zurückgekehrt.

In einer mündlich überlieferten Prophezeiung vom Beginn des Jahrhunderts heißt es, es käme noch eine Zeit, dann hätten die Menschen »weiter nichts wie die großen Augen, für zu weinen und die ledich Maschinen für zu rubeln«. So weit ist es allerdings nicht gekommen. Man ist immer wieder erstaunt, mitanzusehen, welche Energien die Menschen der Eifel aufbringen, um ihre Kultur zu gestalten. Oft sind die Vereine die Träger der lokalen Feste, die im Sommer in großer Zahl stattfinden. Da trifft sich der Fußballverein mit dem Musikverein, da lädt man auswärtige Spielmannszüge ein, und die halbe Nacht hindurch wird getanzt und gelacht. Im August gibt es das Burgfest auf der Bertradaburg in Mürlenbach oder die berühmte Säubrennerkirmes in Wittlich. Beide Veranstaltungen können zwar nicht auf eine »uralte Tradition« zurückblicken, wie das gemeinhin erwartet wird, aber sie sind der Ausdruck eines neuen Selbstbewußtseins, und sie zeigen vor allem der Jugend, daß dieser Landstrich durchaus Reizvolles zu bieten hat.

NACHWORT

LÄNDLICHE ENTWICKLUNG IM SPANNUNGSFELD DER MODERNE

Die Volkskunde hat sich dem Forschungsgegenstand »Region« aus Scham vor ihrer eigenen Fachgeschichte, in der so viel von Stammeszugehörigkeit und Schollenbindung schwadroniert worden war, sowie aus berechtigter Furcht vor einem neuerlichen Bekenntnis zur »Heimat« lange verweigert. Die Ethnologie dagegen hat sich der Region zugewandt und sich ihr aus Einsicht in das weltweit gleichförmige Schicksal unterentwickelter ländlicher Räume in Theorie und Praxis verschrieben. Gegen Überschwemmung, Überweidung, Überbevölkerung, um nur einige Ursachen des Hungers in der Welt zu nennen, hat sie freilich kaum Rezepte. Auch bei uns in Europa traf es häufig genug die unschuldige Landbevölkerung, wenn ein Krieg, eine Seuche oder eine Hungersnot ausgebrochen war. Die notleidenden Bauern und kleinen Leute erscheinen landauf, landab immer wieder als eigentliche Verlierer in den Wechselfällen der Geschichte, als Opfer der marodierenden Soldateska, von Requisitionen, von konfessionellen Auseinandersetzungen. Die Soziologie schließlich hat erkannt, daß Modernisierung in komplexen Gesellschaften nicht als linearer Prozeß aufzufassen ist, sondern Nebeneffekte und Widersprüche erzeugt, die ein Eigenleben führen.

Das platte Land hat die Schattenseiten der Effizienzsteigerung, der Preisgabe überlieferter Verhaltensmaßstäbe sowie der Domestizierung der Natur vielfach zu spüren bekommen.[431] Mit der Warnung vor Grenzen des Wachstums und den Folgen der Verstädterung hat uns vor Jahrzehnten der Club of Rome bekannt gemacht und damit eine allgemeine Ratlosigkeit hervorgerufen. Landfluchtgebiete gibt es in allen europäischen Ländern – ihre Rekultivierung steht zumeist noch aus. Und nicht zuletzt wird der europäische Einigungsprozeß derzeit maßgeblich durch die Bauern behindert, die sich durch die Brüsseler EG-Administration und deren Quoten an den Rand des Ruins gedrängt fühlen.

Kein Wissenschaftler kann mehreren Herren dienen und alle zivilisationskritischen Gedanken der vergangenen Jahrzehnte sowie die unübersehbare Fülle an Entwicklungsstudien über Stadt und Land erfassen, die über uns hereingebrochen ist. Der ländliche Raum mit oder ohne Landwirtschaft wird eben von vielen Seiten als ein Stiefkind der Moderne angesehen. Eine zukunftsorientierte Volkskunde sollte daher ihre Abneigung gegen das Geflecht von Kultur und Umwelt überwinden, das maßgeblichen Einfluß auf den Status des Ländlichen im Zeitalter der Industrialisierung hat. Wer hinter diesen beiden Polen allerdings eine Neuauflage des Land-und-Leute-Modells wiederzufinden glaubt, der irrt. Niemand will mehr uralte Stammesbindungen an die Scholle nachweisen, sondern die Frage klären, wie die Industrialisierung sich auf die ländliche Gesellschaft und ihre Umwelt ausgewirkt hat – auf die Wirtschaft und deren natürliche Grundlagen, auf die Überlieferungen und deren Sinnhaftigkeit, auf die soziale Organisation und deren inneren Zusammenhalt.

Die Volkskunde hat hier allzulange weggeschaut. Ihr Interesse am ländlichen Leben galt nach 1945 den Dörfern und Gemeinden; in der Nachkriegszeit zunächst den neuen Siedlungen, die durch Flüchtlinge entstanden waren[432], in den siebziger Jahren dann dem innerdörflichen Konfliktmanagement, heute den Geschlechterbeziehungen – beliebt sind dabei vor allem Lebensbilder von Außenseiterinnen in Geschichte und Gegenwart. Die Disziplin nimmt zunehmend eine individualistische Perspektive ein, die neuerdings vor allem seitens der kulturhistorischen Museen stark kritisiert wird.[433] Das Dorf – und dies dürfte einer der wichtigsten Gründe für seine wissenschaftliche Konjunktur gewesen sein – ist eine klar abgrenzbare, in seinen historischen, räumlichen und sozialen Ausdehnungen für jedermann überschaubare Einheit. Zweifelsfälle lassen sich zumeist durch Grundbucheintragungen und Kirchenbücher lösen.

Für die Region gilt das nicht. Sprachliche Grenzen werden von konfessionellen Trennlinien durchkreuzt, die politische Geschichte bildet Territorien aus, die mit der Landschaftsprägung nicht unbedingt korrespondieren müssen, und die Handelsnetze überspannen bisweilen einen viel größeren Raum, als er für den einzelnen noch erfahrbar wäre. Diese verwirrende Vielfalt natürlicher, verwaltungsmäßiger, wirtschaftlicher oder sprachlicher Linien, die nicht nur die Binnengliederung bestimmen, sondern auch die eine von der anderen Region abgrenzen, hat die Volkskunde in der Vergangenheit vor Langzeitstudien zurückschrecken lassen.[434] Allein die Erforschung alpiner Kulturen war bereits damals weiter vorangeschritten als die anderer Regionen, weil dort die Schäden am sozialen Gefüge, mitbedingt durch den Tourismus, sehr bald sichtbar wurden. Die sterbende Welt der Bergbauern wurde als Teil eines globalen Modernisierungsprozesses gedeutet. Doch auch die Volkskunde des Alpenraums neigte dazu, alpines Leben zu idealisieren und die inneren Spannungen sowie die Konflikte der Bergbauern mit dem Staat zu übersehen. Arnold Niederer beklagte dieses Vorgehen trotz der richtungweisenden Arbeit von Richard Weiss und monierte, daß »mancher Forscher ... den nachhinkenden Zivilisationsprozeß einem nicht näher begründeten (den Alpenbewohnern gewissermaßen angeborenen) Konservativismus und einer ›natürlichen‹ Liebe zum Althergebrachten« zuordne. Weiss hatte hingegen einen ökonomischen Zwangskonservativismus ausmachen können.[435] Auch Mittelgebirgsregionen fehlt es gemeinhin an Produktivitätsmitteln, es sind dort ähnliche Effekte zu erwarten. Und schon deshalb lohnte es sich, sie dem Alpenraum als gleichrangiges Forschungsfeld gegenüberzustellen.

Doch das sagt sich leichter, als es getan ist, denn gerade im Hinblick auf Zentraleuropa sind häufiger Zweifel über eine ausreichende Materialbasis geäußert worden; die Schwierigkeiten schienen so zahlreich zu sein, daß es sich kaum anbot, eine Regionalstudie ins Auge zu fassen. Der Blick auf die Region wurde obendrein durch ein anderes Forschungsfeld – den Alltag – verdrängt, das in den 1980er Jahren viele ältere Ansätze in den Schatten stellte. Mentalitätsgeschichte und Biographieforschung, die die oftmals leidvollen Erfahrungen des einzelnen als Folge großer gesellschaftlicher Veränderungen ins Zentrum rückten, banden über ein Jahrzehnt hinweg die Energien. Zum wichtigsten Schauplatz der Volkskunde in den 1980er Jahren wurde das kulturwissenschaftliche Museum, und mithin allzu häufig die Frage, wie man Alltagserfahrungen, Geschlecht und Schicksal wirkungsvoll in Szene setzen kann.[436]

Die raumbezogene, ältere Regionalforschung mit ihren Vorkriegswurzeln lag hingegen am Boden. Sie gründete sich auf die Arbeiten von Hermann Aubin, Theodor Frings und Josef Müller.[437] Trotz eines mächtigen Korpus an Studien aus den fünfziger und sechziger Jahren, wie etwa Matthias Zenders *Räume und Schichten mittelalterlicher Heiligenverehrung* waren ihre aus sozialgeschichtlicher Sicht nicht verwertbaren Themen in Mißkredit geraten. So kam es, daß eines der umfangreichsten Projekte der Fachgeschichte, der Atlas der deutschen Volkskunde (ADV), mit seinem Fundus aus insgesamt fünf Lieferungen von rund 250 Fragebogenantworten aus den Jahren 1931-1935 wegen Mangels an Fördermitteln seit den siebziger Jahren teilweise unausgewertet liegen blieb. Hier setzte die Kritik vor allem an der Sonderstellung der befragten Lehrer und Pfarrer als Schlüsselinformanten an und konzentrierte sich zudem auf das Problem, daß durch statische Kartenbilder einzelner Elemente der Volkskultur eben gerade keine Sozialgeschichte der Bevölkerung zu schreiben sei, welche den Ursachen für Not und Armut auf die Spur käme. Daß das Material mit modernen Computeranalysen auch nur begrenzt auswertbar ist, hat Georg Kehren in seiner kürzlich erschienenen Untersuchung bestätigt.

Doch auch das Interesse an kulturellen Räumen hatte sich gewandelt. Die geographischen Arbeiten Walter Christallers wurden zunehmend in der Volkskunde rezipiert. Seine Theorie der Zentralen Orte, die in der Geographie längst ein etabliertes Instrumentarium zur Erforschung der inneren Dynamik von Siedlungsmustern bereitstellte, ließ erkennen, daß es Formen der Abhängigkeit zwischen Orten gibt, die man nur im Kontext des Regionalen verstehen kann. Die Forderung wurde erhoben, das Konzept auch für volkskundliche Fragestellungen fruchtbar zu machen:

> »Volkskundler jeglicher Coleur haben immer wieder darauf hingewiesen, daß es ihnen nicht auf Objektivationen ankommt, sondern auf Aussagen über das Leben von Menschen, die sich aus solchen Objektivationen gewinnen lassen. Wenn aber Rock und Kamisol sich derartig befragen lassen, dann muß das zweifellos auch für einen solchen bedeutenden Gegenstand wie ein Siedlungssystem gelten. Da es von Menschen entwickelt worden ist, muß es auch die gesellschaftliche Situation widerspiegeln, in der diese Menschen leben.«[438]

Aber nicht nur die Theorie der Zentralen Orte veränderte den volkskundlichen Zugang zum Land. Die Novationsforschung, wie sie vor allem von der Münsteraner Schule betrieben wurde, widmete sich der detaillierten Betrachtung von Langzeitprozessen und erarbeitete ein neues Verständnis der Konjunkturphasen und Epochengliederung ländlicher Räume;[439] die Folklorismus- ebenso wie die Tourismusforschung hatte den Blick geschärft für die Vermarktung und den Ausverkauf des Landlebens und die daraus resultierenden Identitätskrisen. Schließlich engagierten sich auch Volkskundler in der ›Europäischen Kampagne für den Ländlichen Raum‹. Im Zuge des europäischen Einigungsprozesses trat die Chancenungleichheit zwischen prosperierenden Zentren einerseits und den zunehmend verödenden Landregionen kraß hervor. Barrikadenkämpfe und Gewaltakte begleiteten das politische und ökonomische Ringen um kulturelles Selbstverständnis. Die in der Öffentlichkeit heftig geführte Regionalismusdebatte verband erstmals »die Sorge um die Bewahrung überkommener und als bedroht empfundener Eigenart« und die »Abneigung gegen einen ›Fortschritt‹ zu immer größerer, vom Staat mit allen Mitteln geförderter oder erzwungener Zentralisierung und Homogenisierung« zu einer »breiten internationalen Protestfront«, welche »durch die Formel vom Kampf gegen den ›Kolonialismus‹ auch die Verbindung zur Dritten Welt demonstrieren« wollte.[440]

Was in der Öffentlichkeit heftig diskutiert wurde, tangierte auch die klassischen Arbeitsfelder der Volkskunde. Junge Leute fingen an, sich für Traditionen zu interessieren und altes Kulturgut zu bewahren – sei es aus dem Bereich des Bauens und Wohnens, der Mundart oder des Brauches. Dabei stießen sie auf vieles, was zum sogenannten klassischen Kanon volkskundlicher Betrachtung zählte, von dem sich die Volkskunde gerade eben erst aus guten Gründen und mit programmatischen Erklärungen entfernt hatte. Davon wußte man draußen im Lande ohnehin wenig, dort beherrschten andere, einschneidendere Erfahrungen das Tagesgeschehen. Landschaftliche Besonderheiten wurden zunehmend nivelliert, das Dialektsprechen in der Schule zurückgedrängt, und die Gebietsreform, gegen die sich viele Gemeinden vehement aber erfolglos zur Wehr setzten, tat ihr übriges. Die von Liedermachern, Naturschützern und vielen anderen engagierten Gruppen vorgetragene Forderung nach Kulturpluralismus statt Einheitskultur traf vice versa wiederum mitten ins Selbstverständnis der Volkskunde.

Das war die Zeit, als der Heimatbegriff aus der Schußlinie der Kritik geriet und nicht zuletzt durch den sehr populär gewordenen Hunsrückfilm *Heimat* von Edgar Reitz einen neuen Unterton erhielt: den der regionalen Identität. Heimat stellte allmählich wieder einen positiven Wert dar und verlor den unangenehmen Beigeschmack von völkisch-germanischem Urgrund. Das machte der Volkskunde freilich Schwierigkeiten, denn sie hatte sich gerade erst durch mühselige Debatten von ihrer alten Begrifflichkeit entfernt.[441]

Daher beobachtete sie aus einiger Distanz das bunte Treiben neuer sozialer Bewegungen, die sich einer revitalistischen Pflege der Mundart und des Liedes verschrieben hatten, Widerstand gegen den Bau technischer Einrichtungen leisteten, Landschaften beschützten sowie sich in politisch-friedensbewegten Aktionen gegen die Vereinnahmung regionaler oder auch ethnischer Besonderheiten durch Staat und Industrie richteten.

Keine kulturwissenschaftliche Disziplin kann sich jedoch dauerhaft den dominierenden gesellschaftlichen Strömungen entziehen. All diese Anregungen legten schließlich doch den Grundstein für einen neuen analytischen Zugang zu regionalen Problemen, und die französische Alltagsgeschichtsforschung lehrte die Volkskunde zudem, die kleine Geschichte mit der großen zu verbinden, ohne sich einer allzu beengten Sicht auf das bäuerliche Leben schuldig zu machen. Die Bilanz aus diesen Beobachtungen könnte lauten, daß eine volkskundliche Regionalstudie heute sozialhistorisch ausgerichtet sein wird und sich neben der Erforschung der materiellen Kultur, der Ökonomie und der sozialen Probleme, insbesondere auch den Bewußtseinslagen der Menschen zuwendet – dies natürlich umso entschiedener, wo eine Zeit untersucht wird, in der die Gesellschaft in den Strudel der Moderne geriet. Der Verlust von Heimat und Identität ist ein bedeutsamer Effekt von Modernisierung. Es darf dabei allerdings nicht das Bild einer gewissermaßen »organischen« Volkskultur entstehen, wovor Wolfgang Brückner bereits auf dem Volkskundekongreß des Jahres 1967 gewarnt hatte.[442]

Die Beschäftigung mit den Problemen der ländlichen Gesellschaft muß verständlich und wirklichkeitsnah bleiben und sollte nicht den Fehler der funktionalistischen Ethnologie begehen, die zunehmend in das Dilemma geraten war, Fremdheit einerseits durch idyllisierende Darstellungen zu verzerren und dies andererseits mit »einer rigiden Algebraisierung der als funktionale Totalitäten aufgefaßten Sozialstrukturen«[443] zu kompensieren.

Rückständigkeit als Stigma – ihre Ursachen, ihre Überwindung

Für die Volkskunde der Rheinlande stellt die Eifel seit langer Zeit ein attraktives Forschungsfeld dar. Die verschlossene Landschaft im Schatten politischer und ökonomischer Zentren galt als Relikt- oder Horstgebiet überkommener Traditionen. Altertümliche Formen des Volksglaubens, mundartliche Besonderheiten sowie ein lebendiges Erzählgut haben dort überlebt. Daß unzugängliche Mittelgebirge häufig rückständig sind, hatte bereits Wilhelm Heinrich Riehl zur Kenntnis genommen, als er in seinem Schlüsselwerk ›Land und Leute‹ von Traditionen mit einem negativen Unterton sprach und sie als unterbliebenen Wandel beschrieb: »Die Kunstgeschichte zog zu allen Zeiten, wie die Geschichte des Handels und der Industrialisierung, den Flüssen und Ebenen nach, sie steigt nicht gern in das Innere der Gebirge.«[444] Und als Hermann Aubin im Jahre 1925 bezüglich der erstarrten politisch-administrativen Zustände der Territorialzeit auf den landeskundlichen Erfahrungssatz verwies, daß die Geschichte stets die Gebirge umgeht, berief er sich auf die Existenz von dynastischen Strukturen in den linksrheinischen Landen, die bereits im 13. Jahrhundert festgeschrieben wurden.[445] Das Städtewesen stagnierte ebenso wie die Infrastruktur, und die Eifel avancierte zum landes- und volkskundlichen sowie sprachgeschichtlichen Schulbeispiel für eine spezifische Ansammlung versteinerter Überreste der alten Agrargesellschaft. Die Geschichte der Region ließ sich über das 18. Jahrhundert hinaus bis zum Ersten Weltkrieg bequem als Paradefall des Hinterwäldlertums fortschreiben. Die Ursache wurde in der Landschaft selbst gesucht: »Endlich aber hat das Gebirge mit seinen abgelegenen Dörfern in verkehrsarmer Landschaft altes Volksgut wesentlich besser erhalten als das benachbarte Flachland, obwohl Gebirge und Ebene von der Kulturraumforschung dem gleichen Kölner Raum zugerechnet werden.«[446]

Zudem seien die Bewohner der Eifel fremdenscheu und allem Neuen gegenüber abweisend eingestellt. In der Tat hatten die Arbeiten Hektor Ammanns deutlich gemacht, daß es bereits im Mittelalter und in der frühen Neuzeit an einer Ost-West-Verbindung fehlte, da der Straßen- und Wegebau an den tiefen Kerbtälern der zur Mosel hin entwässernden Flüsse scheiterte, was die Erklärungen stichhaltig und plausibel erscheinen ließ.

Doch seit den Tagen der Kulturraumforschung haben sich die Fragen an die Region im Lichte von Modernitäts- und Entwicklungstheorien verändert. Nicht zuletzt hat die Mentalitätsgeschichte die Sicht der betroffenen Bevölkerungsschichten in das Zentrum ihres Interesses gerückt, indem sie den Blick für kollektive Befindlichkeiten und unbewußte Reaktionsschemata schärfte. In der Betonung auf das Kriterium der Kulturfixierung und damit auf das Gefälle zu modernisierten Nachbararealen unterscheidet sich hingegen die ältere Reliktforschung wenig vom aufklärerischen Bemühen zahlreicher Expertisen und Enquêten des 19. Jahrhunderts und ist weit entfernt von einer in jüngster Zeit immer wieder geforderten »Sozialgeschichte des Raumes«.[447] Wie in einem kulturmorphologischen Zerrspiegel erscheinen die Reste vergangener Epochen, die in einer auf Modernität ausgerichteten Gesellschaft negativ konnotiert sind. Globale Entwicklungen im Sinne Wallersteins, die vor allem durch die ökonomischen Wechselwirkungen zwischen verschiedenen, auch weit voneinander entfernt liegenden Standorten hervorgerufen wurden, blieben dabei ebenso außer Betracht wie die Suche nach den Gründen des Widerstandes gegen alles Neue.[448]

Untersuchungen von Stadt-Land-Beziehungen und von Novationsphasen der Sachkultur in Mitteleuropa hoben außerregionale Ursachen des Wandels hervor. Diese machten die jeweilige konjunkturelle Lage als Schlüsselgröße bestimmter ländlicher Wachstumszyklen und Wohlstandsphasen seit dem Mittelalter aus und nahmen eine darauf bezogene Epochengliederung vor.[449] Doch nicht immer geben objektbezogene Daten, regionenübergreifende Kartenbilder sowie quantitativ gestützte Verlaufskurven genügend Aufschluß über die Antriebskräfte und die innere Dynamik kultureller Wandlungsprozesse. Das Fastenfeuer gilt beispielsweise als einer jener überkommenen Bräuche, an denen die Eifelbauern beharrlich festhielten, obwohl sich in den Randgebieten bereits ein neuer Brauch, das Martinsfeuer, allmählich durchzusetzen begann. Untersucht man die Träger des alten und des neuen Brauches, so wird deutlich, daß das Martinsfeuer stärker von Vereinen betrieben wurde, in denen sich in anderen Regionen vor allem junge Menschen organisierten. Mit dem obligatorischen Fortzug der Jugend seit der Jahrhundertmitte schwand auch das Innovationspotential aus den ländlichen Bezirken der Eifel. Das Martinsfeuer fand bereits deshalb keinen Eingang mehr in die Region, weil die jungen Leute als Brauchträger fehlten; der Fortzug der Aktiven hat bereits eine eigene Tradition.[450] Die Alterspyramide, die nicht mehr das zeitspezifische Lebensalterprofil widerspiegelte, sondern ein davon abweichendes Residenzprofil, wirkte entscheidend auf das kulturelle Verhalten ein. Andere Maßstäbe blieben zurück, als sie in einer stark durchmischten Gesellschaft entstanden wären. Nicht eine diffuse, organische Neigung zum Althergebrachten, nicht ein angeborenes Mißtrauen gegen Neuerung, nicht die abgeschiedene Lage allein, sondern Lohngefälle und Hungerkrisen, Ressourcenmangel sowie die Folgen des selektiven Prozesses der Auswanderung prägten Feste und Feiern. Die Industrialisierung »steigt« also sehr wohl ins Gebirge, aber richtet dort allerdings etwas anderes an als auf der Ebene und in der Stadt.

Was die Quellenlage betrifft, so hat Rudolf Schenda vor zwei Jahrzehnten mit Recht nachdrücklich darauf hingewiesen, daß derjenige, der »sich selbst mit Büchern umgibt, ... allzu leicht den Blick auf das Volk ohne Buch« verliert. Die ländliche Gesellschaft der Eifel war über weite Strecken des 19. Jahrhunderts eine illiterate Gesellschaft, der sowohl das Lesen als auch das Schreiben unbekannt war und die auch aus Mangel an Barmitteln keinen Zugang zu gedruckten Informationen hatte: »Ob bei diesen harten Arbeitsbedingungen auch nur ein Pfennig für Lesestoffe übrigblieb, ist äußerst fraglich.«[451] Eine im bürgerlichen Sinne ungebildete Bevölkerung hinterläßt zwangsläufig wenig schriftliche Primärzeugnisse etwa in Form von Tagebüchern oder von Briefen. Aber selbst wenn nur ein vergleichsweise geringer Fundus an persönlichen Dokumenten vorhanden ist, liegen doch einige indirekte Schriftzeugnisse vor. Als Erinnerungsdokumente im erweiterten Sinne dürfen die Fragebogenantworten aus unterschiedlichen Kampagnen gelten: die früheste Bürgermeisterbefragung aus der Zeit der französischen Besatzung, die Umfragen des Landwirtschaftsexperten Johann Nepomuk von Schwerz 1816 unter Eifeler Landräten, der im Auftrag der preussischen Regierung den Zustand der Landwirtschaft erkundete; des weiteren die Auswandererbriefe aus der Zeit zwischen 1820 und 1914 mit ihren Auskünften über die Motive des Fortzugs und die Existenzbedingungen in der Neuen Welt; schließlich die Erhebungen im Rahmen des Atlas der deutschen

Volkskunde oder die Sagensammlung des Bonner Volkskundlers Matthias Zender, die bis in die zweite Hälfte des 19. Jahrhunderts zurückreichen.

Versucht man, sich den Motiven zu nähern, die das Handeln der ländlichen Bevölkerung im Angesicht der herandrängenden Moderne bestimmten, so findet man allerdings größtenteils Berichte von »aufgeklärten« Experten vor, die im Auftrage einer Institution oder des Staates das Land bereisten und aus ihrer Sicht die inneren Zustände der Region evaluierten. Sachkompetenz, Pragmatismus und Unverständnis prägen gleichermaßen die Bilanzen über die vorherrschenden landwirtschaftlichen Betriebssysteme und den geistig-moralischen Zustand der Landbevölkerung. Stereotype Urteile und Nachreden über die bäuerliche Ignoranz und Fortschrittsfeindlicheit ziehen sich wie ein roter Faden durch das regionale Geschichtskonglomerat des 19. Jahrhunderts hindurch. Diese Augenzeugenberichte gilt es, neu zu interpretieren. Es geht vor allem um die Reflexe der Bevölkerung auf die Grundprinzipien der Modernität in Form neuer Denkweisen und um die Frage, wie überkommene, durch den Katholizismus geprägte Einstellungen sich auf das Verhältnis zum Fortschritt ausgewirkt haben. Von den oben genannten Berichten darf man gerade nicht erwarten, daß sie die Warte der Bauern, der dörflichen Unterschichten und der Gewerbetreibenden einnehmen. Vielmehr verhelfen erst die zahlreichen Einzelmeldungen – wie etwa Schulchroniken und Briefe oder mühevoll durch heimatgeschichtlich interessierte Laien zusammengetragene Familienbiographien, in Akten erfaßte Nachrichten über Ausgewanderte und selbst der naturalistische Roman mit seinen atmosphärisch dichten Milieuschilderungen – dazu, das Spannungsfeld zu rekonstruieren, in dem eine ständisch geprägte Agrargesellschaft durch die Wirren der Französischen Revolution und die nachfolgenden Veränderungen im Gefüge von Politik, Verwaltung, Bevölkerungsentwicklung, Bildungswesen und Wirtschaft ihr Leben zu fristen hatte.

Die kleinen Dinge des Alltags, die dabei zur Sprache kommen – seien es die Honigpreise des Aachener Wochenmarktes auf das Jahr 1876, die einigen Kleinbauern des Monschauer Landes einen bescheidenen Zuwachs ihrer Barmittel erbrachten, seien es die Probleme um die Melioration einzelner Feuchtwiesen in abseitig gelegenen Talsohlen oder die Produktion von Mausefallen, mit der sich die gesamte Bewohnerschaft eines Eifeldorfes in der Mitte des 19. Jahrhunderts über die Armutsgrenze rettete –, mögen dem Historiker bisweilen als banale Phänomene vorkommen, die sich nicht prägend auf die großen neuzeitlichen Strukturveränderungen in den westlichen Gesellschaften auswirkten. Denn der mächtige Strom der Modernisierung riß fast alles mit sich fort, was sich im Laufe der Geschichte an lokalen Besonderheiten und regionalen Kulturspezifika herausgebildet hatte. Die mühevolle Kleinarbeit der Rekonstruktion kultureller Vorgänge in peripheren Räumen läßt sich in der Tat schwerlich durch ein Interesse an den Leiterfahrungen der verstädternden Massen bzw. am Fortschrittsimpetus ihrer Führungselite legitimieren, weil diese das gültige Gesicht einer Epoche prägen. Und doch bietet die Analyse relativ kleinräumiger, sprunghafter und uneinheitlich verlaufender Entwicklungslinien mehr als bloß ein Gegengewicht zu den säkularen Grundbewegungen der Gesellschaft. Mögen diese abseitigen Wege auch in ein Seitental münden, in dem es bestenfalls einen Knüppelpfad des Fortschritts gab und wo bis zum Ersten Weltkrieg das Genossenschaftswesen die höchste Form ökonomischer Vollendung bildete. Mag das Land auch an Bedeutung verloren haben, so markieren der stille Widerstand, die lokalen Machtverhältnisse, die Abwehr gegen die sündhafte Moderne sowie die Symbolwelt, die sich gegen rationale Erkenntnisse durchzusetzen versucht, wichtige Bruchstellen des Zivilisationsprozesses. Sie sind bisweilen im ländlichen Kernbereich der alten Ständegesellschaft direkter auszumachen als in den Schaltzentralen von Politik und Verwaltung. Solche Reaktionen aufzeigen zu können, ist eine der Stärken des kulturwissenschaftlichen Ansatzes. Die kleine Welt der unbedeutenden Formen und die Feinmechanik des Wandels liefern Anhaltspunkte für die Intensität des Druckes, der auf Teilen der Gesellschaft im Zeitalter der Industrialisierung lastete.

Entschieden muß man sich jedoch gegen eine Idealisierung des Landlebens aussprechen. Nachdem unsere Gesellschaft als Folge der Ölkrise und der Diskussion um die Kernenergie verstärkt ökologisch zu denken begann, geriet auch »Modernität« als positiver Wert zunehmend in die Kritik. Die um sich greifende Zerstörung der natürlichen und sozialen Umwelt, wie sie von den Vordenkern der Moderne Georg Simmel, Max Weber und Emile Durkheim als zwangsläufiger Effekt einer künftigen Gesellschaftsentwicklung vorausgesagt wurde, gilt es nun, wie man glaubt, zu bekämpfen. Auf der Suche nach Patentlösungen richtete sich bald ein Schlaglicht auf die vermeintlich zwar entbehrungsreiche, aber saubere, heile und unverbrauchte Welt vergangener Epochen, in deren vergleichsweise kleinräumigen Beziehungen soziales Zusammenleben von zwischenmenschlichen Werten geprägt war und Mensch und Natur im Einklang miteinander lebten. Eine öffentlich ausgerufene Herbstmilch-Romantik setzte durchaus auch Akzente für die Sozialwissenschaften. Sie konnten etwa an Ferdinand Tönnies' Schlüsselwerk *Gemeinschaft und Gesellschaft* (1887) anknüpfen, in dem Modernität, mithin Gesellschaft, als bloße Auflösung des Gemeinschaftssinns verstanden wird.[452] Und heute droht ein unreflektierter Kommunitarismus ähnliches, im Kern antiliberales Gedankengut in die Diskussion um das richtige Zusammenleben einzubringen.

Die Idealisierung des Landlebens geht nicht nur an der Realität vorbei, sondern rührt zugleich immer auch an den politischen und gesellschaftlichen Grundfesten unserer gegenwärtigen Verfaßtheit. Mag die Bewältigung von Gegenwartsängsten auch ein noch so verständliches Motiv sein, sich dem Studium vergangener Welten zu verschreiben, so bringt dies wenig nützliche Erträge. Wie sich nämlich nicht nur agrargeschichtlich und bevölkerungspolitisch, sondern auch energiewirtschaftlich zeigen läßt, ist eine gestörte Mensch-Umwelt-Beziehung im Eifelland bereits seit dem Mittelalter faßbar. Die Wurzeln reichen also bis tief in diejenige Epoche hinein, in der Geschichtsträumer noch eine heile Welt vermuten.

Die Eifel im Modernisierungsprozeß

Kulturelle Erschütterungen und ökonomische Krisen des Industriezeitalters zerstörten das Gleichgewicht der Eifelgesellschaft. In den Trümmern der alten Zeit sucht man zumeist vergebens nach harmonischen Formen des Zusammenlebens, und es ist äußerst fraglich geworden, ob diese jemals wiederzugewinnen sind. Denn »im berechtigten Verlangen ... nach einer ›übersichtlichen Welt‹«, so Bedrîch Loewenstein, liege »auch eine Gefahr für die Zivilisation, deren Maxime die rationale Existenz, die Transparenz der Welt ist. Alle Versuche der Wiederherstellung *scheitern* ... unter normalen Verhältnissen stets am objektiven Trend, in erster Linie an den Gesetzmäßigkeiten der Industriegesellschaft, deren Gleichgewicht unendlich labiler ist als je bei einem vorhergehenden Zivilisationstyp.«[453]

An den Wurzeln der stagnativen Eifelökonomie setzte sich der Stockpilz einer aus der Balance geratenen Mensch-Umwelt-Beziehung fest, was sich vor allem in Form von negativen Energiebilanzen bemerkbar machte und zudem einen minder ertragfähigen aber standortgerechten Landbau an seinen unüberwindbaren Wachstumsgrenzen scheitern ließ. Die Verfügungsgewalt über einheimische Energieträger zum Beheizen der Häuser, zur Zubereitung der Nahrung und zur gewerblichen Nutzung ist eines der wichtigsten Mittel für das Überleben der Menschen in rauhen Klimazonen. Gehen diese Ressourcen aus, kommt es zum kulturellen Kältetod; die Gewerbe sterben, Hunger und Krankheiten brechen aus. Neuere kulturökologische Ansätze weisen allerdings darauf hin, daß »Energie oft fälschlich als ein limitierender Faktor angesehen werde und das Konzept der agrarischen Tragfähigkeit eines Raumes (›carrying capacity‹) ebenfalls in seiner Bedeutung überschätzt« werde. Man solle vielmehr die »adaptiven Strategien der ländlichen Bevölkerung an sich verändernde natürliche und soziale Umwelten« und die »Reaktionen auf Umweltstreß und Katastrophen« in den Vordergrund stellen.[454] Die Einführung neuer Agrartechniken, Feldfrüchte oder Viehrassen ist dennoch riskant und bedeutet stets eine Gratwanderung zwischen dem Mehrbedarf an Nutzfläche, Dünger, Arbeitskraft oder Futtermittel, dem daraus zu erwirtschaftenden Gewinn sowie den Folgen dieser Eingriffe für das Gleichgewicht in der Natur.

Energieverluste in einem ganz anderen Sinne verursachte auch der Wandel der Frauenarbeit, der durch die Saisonwanderung der Männer und durch den Kartoffelanbau eingeleitet wurde. Der Bevölkerungswissenschaftler Arthur E. Imhof hat aufgezeigt, daß sich in traditionellen europäischen Gesellschaften ein Geburtenrhythmus »zum Besten der Säuglinge wie ihrer Mütter« herausgebildet hatte. Mit dem sogenannten »Kartoffel-Rhythmus« veränderte sich die Situation für die Kleinbäuerin grundlegend: »Die Spitzenbelastungen auf dem Feld trachtete man durch eine Reduzierung der übrigen Arbeiten in Stall, Haus und Hof zu kompensieren, was jedoch nicht uneingeschränkt möglich war ... Das Resultat war eine Kollision zwischen dem alten Geburten- und dem neuen Arbeitsrhythmus mit einem Ansteigen der

Mütter- und Säuglingssterblichkeit sowie der Totgeborenen-Rate vor allem im 19. Jahrhundert ... Der Historischen Demographie sind die äußerst schädlichen Auswirkungen schon vor längerer Zeit aufgefallen ... Denn je weiter sich die Spitzenbelastungen auf dem Felde in Richtung Jahresanfang und -ende ausdehnten, um so mehr schrumpfte die frühere Schonzeit für hochschwangere und/oder kaum niedergekommene Frauen.«[455]

Der Kartoffelanbau bot einerseits mehr Nahrungsenergie, zog andererseits jedoch Reproduktionsenergie ab. Indem die Familien erhöhten Alltagsbelastungen ausgesetzt waren, geriet die soziale Balance in Gefahr. Daraus resultieren nicht nur Hungerkrisen und Massenfluchten, sondern auch der Verlust des kulturellen Bodenkontaktes, was nicht gleichzusetzen ist mit einem diffusen Gemeinschaftssinn. Dieses Phänomen tritt weltweit auf und hat überall weitreichende Folgen für diejenigen, denen die Partizipationsmittel abhanden gekommen sind. Die Loslösung aus den ökonomischen und sozialen Kontexten der alten Agrargesellschaft hat auch die Eifelbevölkerung bis zur Jahrhundertmitte vollzogen, was ihre Bereitschaft zur Abwanderung förderte. Es lassen sich außerdem Handlungsblockaden und Verweigerungen aufzeigen, die in direktem Zusammenhang mit einem mangelnden Vertrauen in den Verwaltungsapparat stehen, – etwa die stockende Bereitschaft der Bauern, Genossenschaften zu gründen und diese bei ersten Mißerfolgen umgehend einzustellen. Dadurch, daß der Eifelverein in seiner Gründungsphase die Wiederherstellung der Burgen und Schlösser des Ancien régime mit vorantrieb, welche an der Schwelle zur Moderne als Symbole der Unterdrückung niedergerissen worden waren, verschenkte er emanzipatorisches Potential und vernachlässigte die Aussöhnung der Bevölkerung mit ihrer problembeladenen Region. Allerdings hatten die Spitzenfunktionäre des Vereins bald erkannt, daß eine Heimatutopie, die seit der Romantik »den Dreiklang von Volk, Natur und Individuum, eine organische Symbiose« beschwor, leichter herzustellen ist, wenn die ökonomischen Grundlagen zur Ernährung der Bevölkerung ausreichen. Rolf Peter Sieferle hat darauf hingewiesen, daß dieser Verquickung fortschrittsfeindliche Tendenzen zugrunde liegen: »Sie erlaubt einen Zusammenhang zwischen den Erfahrungen der Naturzerstörung, des Traditionsverlustes, der sozialen Deklassierung und den neuen Verhaltenszumutungen« und bildete den Bezugspunkt, »von dem her sich die Betroffenheit angesichts der industriellen und kapitalistischen Umwälzungen artikulieren konnte.«[456]

Doch das Trugbild eines wiederherstellbaren organischen Ganzen setzte auch positive Bindungsenergien frei. Zu einer völligen Entwurzelung der ländlichen Bevölkerung, die es vorgezogen hätte, wie es in Drittweltländern gegenwärtig häufig der Fall ist, ihren Lebensunterhalt im informellen Sektor urbaner Elendsquartiere zu suchen, kam es nicht. Ihre Strategie könnte man hingegen eher als religiös fundierte, stille Selbstaufgabe beschreiben, eine tendenziell fatalistische, klaglose Grundeinstellung, die einem stetig absinkenden Sockel der Lebensqualität unwidersprochen gegenüberstand.

Es wäre von daher verfehlt, zu starke Parallelen zwischen der Situation der Eifelbevölkerung und den Problemen außereuropäischer Ethnien etwa Lateinamerikas oder Afrikas im Spannungsfeld kolonialer Hegemonie zu ziehen, woraus die Theorie der Marginalität ebenso wie die weniger statische Dependenztheorie, die aus der Stagnationsthese und dem Peripherietheorem besteht, ihre empirische Basis schöpfen. Die Stagnationsthese rückt nach wie vor die traditionellen Produktionsweisen ins Zentrum der sozioökonomischen Struktur, welche im Zusammenspiel mit dem Kapitalismus zwar ihre Form ändern, aber »einen entwicklungshemmenden Kern stagnativer oder feudaler Strukturen« darstellen. Im Peripherietheorem besteht Entwicklung hauptsächlich aus der Arbeitsteilung zwischen Zentrum und Hinterland: »Die Peripherie ist notwendige Ergänzung des Zentrums und bildet sich historisch durch die zentralkapitalistische Intervention aus.«[457] So betrachtet, besteht zwischen der Eifel und dem Industriestandort Rhein-Ruhr eine Dependenzbeziehung, denn ohne Zweifel erbrachte der zwangsläufige Response auf die kapitalistische Wirtschaftsweise kurzfristig mehr Nach- als Vorteile, wie die rückläufige Entwicklung der lokalen Märkte bezeugt.

Man könnte auch den Wegzug in die Städte und den teilweise zurückfließenden Lohn als ungleichen Tausch und damit als Mechanismus der ökonomischen Ausblutung des Landes beschreiben. Doch wird man mit dieser einseitigen Betrachtung der ökonomischen Wechselwirkungen der Lage der Eifelbevölkerung nicht ganz gerecht, da sie im ausgehenden 18. Jahrhundert mit ihrer Territorialstruktur und ständischen Ordnung in einen typisch europäischen Kontext der *terrae christianorum* eingebunden war, in dem eine gewerbliche Differenzierung, Ansätze zur Arbeitsteilung, ein beginnendes Geldwesen, ein zentral gesteuertes Verwaltungsnetz sowie übereinstimmende Familienstrukturen herrschten. Betrachtet man ihren gesamtkulturellen Standort, so weist die Entwicklung in eine andere Richtung als die wenigen innereuropäischen Beispiele echter Kolonisation belegen. Nimmt man beispielsweise einmal die Samekultur von Norrland, seit dem ausgehenden 17. Jahrhundert zu Schweden gehörend, zeigen sich in der *longue durée* tiefe Schäden im kulturellen und ökologischen Gleichgewicht, die in dieser Stärke in der Eifel nie entstanden. Bis in die Gegenwart hinein ist die Sonderstellung der Same in der schwedischen Gesellschaft spürbar: sie erhalten »in der Regel schlechter bezahlte Jobs, werden aufgrund ihrer ethnischen Identität von den schwedischen Kollegen diskriminiert und bei schwacher Konjunktur als erste in die Arbeitslosigkeit entlassen«[458], während von einer kulturellen Randstellung diesen Ausmaßes für die Eifelbevölkerung keine Rede sein kann. Der vergleichsweise mindere ökonomische Standard der Eifel führte zwar auch zu einem Stigma, welches in der Bezeichnung »Preußisch-Sibirien« oder »Rheinisch-Kongo« zum Ausdruck kommt und auf einen beinahe fremdkulturellen Status im eigenen Land verweist, es handelt sich jedoch weder um einen ethnischen Konflikt, noch ging ihm eine Ausbeutung der Ressourcen durch fremde Machthaber voraus, – sieht man einmal von den Requisitionen der französischen Militärverwaltung ab –, noch hatte er Konsequenzen für die Stellung der Eifeler Lohnarbeiter auf dem Arbeitsmarkt. Andere Kriterien der Kolonialisierung können mit Recht auch für die Situation der Eifelbevölkerung geltend gemacht werden, wie etwa die »Desintegration der familialen Ökonomie, der sozialen Verpflichtung und insbesondere der traditionellen Formen von gegenseitiger Hilfe und kollektiver Arbeit, hervorgerufen durch den Zwang zur individuellen Geldakkumulation und durch die Zerstörung traditioneller Institutionen sozialer Kontrolle«.[459]

Niklas Luhmann hat wiederholt auf die ökonomischen Effekte hingewiesen, die durch den ungleich verteilten Zuwachs an neuem Wissen innerhalb einer Gesellschaft entstehen.[460] Der fehlende Zugriff auf Informationen und auf neue Ordnungen des Denkens beeinflußt aber nicht nur die Wirtschaft, sondern hat ebenso weitreichende Folgen für die Wertebildung in den ländlichen Regionen.[461] Der Informationsfluß aus den zumeist städtischen Novationszentren erreichte die weitgehend illiterate Landbevölkerung häufig gar nicht oder sehr spät. Zum einen fehlte es an der Schulbildung, und zum anderen hatten sich handfeste Gegeninteressen und Abwehrstrategien herausgebildet.

Neben den einfachen Landgeistlichen, die im alltäglichen Zusammenleben mit ihrer Gemeinde die Prinzipien der Kirche gegenüber der Moderne vertraten, begann sich in der Reichsgründungsära aus den Reihen des Katholizismus ein neuer »Typ politischer Volkstribunen zu einer Bewegung zu konstituieren, die sich in ihrer Mischung aus rückwärts gewandten und modernen, antiliberalen und elementardemokratischen Elementen am besten als populistisch charakterisieren läßt.«[462] Zu diesen Kreisen zählte auch der Trierer Kaplan Georg Friedrich Dasbach, der sich in seinen Streitschriften als Schriftführer des Trierischen Bauernvereins vehement gegen die Ausbeutung des Landvolkes gerichtet hatte:

»Begleitet wurde dieser Protest von heftigen Emotionen gegen alles, was für diese Entwicklung verantwortlich zu sein schien oder ihr zumindest nicht deutlich genug entgegentrat: gegen das ›freie Spiel der Kräfte‹ des Liberalismus, das sie unter Druck setzte; gegen moderne Wissenschaft und Technik, die ihre Kenntnisse entwertete; gegen Industrieherren, Börsenjobber und Bankiers, die von der Entwicklung profitierten, unter der sie zu leiden hatten; gegen die Juden, die für sie unter den Nutznießern des kapitalistischen Systems eine prominente Rolle spielten; gegen Bürokratie und Aristokratie, die sich offensichtlich mit dem modernen Industriekapitalismus verbündet hatten; gegen die Honoratioren in Verbänden, Parteien und Parlamenten, die sich als unfähig erwiesen hatten, sie vor dem wirtschaftlichen und sozialen Abstieg zu schützen.«

Dasbach machte sich mit seinen Vorwürfen gegen bestimmte Tendenzen der Moderne zum Sprachrohr für eine weitgehend unartikulierte volksfromme Landbevölkerung, diese auf eine intentionale Fortschrittsfeindlichkeit einschwor und deren aus der Spätaufklärung erwachsenem Unbehagen – auch gegen die Maßstäbe der Amtskirche – er Worte verlieh. Das Mißtrauen der Bevölkerung richtete sich nicht primär gegen die Industrialisierung, sondern zunächst gegen den Entzug von sinnhaften Alltagshilfen in Form von Wallfahrten, Prozessionen und frommem Brauchtum. Die Berührungen mit der Moderne hatten in einem religiösen Konflikt ihren Ausgang genommen, indem es seitens des Kirchenstaates darum ging, »die Religion volkspädagogisch nach dem Maßstab vernünftiger Sittlichkeit und schlichter Würde zu reinigen ... Ohne die vertraute Form der Religion war die Funktion, die Sinnvermittlung und Leidensentlastung, gefährdet. In ihrer kulturell grundlegenden Frömmigkeit von den offiziellen Regeln irritiert, hatten sich die einfachen Leute der zugemuteten Haltung nach Möglichkeit entzogen – zum Teil demonstrativ, zumindest jedoch innerlich. Davon war über den religiösen Bereich hinaus die Anerkennung der herrschenden Ordnung insgesamt betroffen.«[463]

Das Einfallstor, durch das die Maximen des Fortschritts hindurchgeschleust wurden, war im 19. Jahrhundert in den linksrheinischen Höhenlagen nicht von Philosophie, Wissenschaft, Kunst oder Politik kontrolliert, sondern befand sich in den Händen zweier lokal wirkender Instanzen, der Landgeistlichkeit und der Lehrerschaft. Der Status, den diese Transmittergruppen in der ländlichen Gesellschaft innehatten, entschied daher über die Aneignung von Modernität; sie nahmen im Adaptationsprozeß eine Schlüsselstellung ein. Es kennzeichnet beide Trägerinstanzen, daß sie gegenüber dem Fortschritt ambivalente Gefühle hegten. Der Pfarrklerus fürchtete bei einer zu großen Menge von Außenkontakten um seinen lokalen Einfluß und festigte seine Stellung durch Repräsentanten, die im Gegensatz zu staatlichen Organen als Personen mit ihrem Amt identisch waren. Die Macht der Landgeistlichen hatte zudem politische Folgen, denn diese »beeinflußten ... auch die Wandlungen des politischen Systems, indem sie die aktive soziale und politische Identifizierung mit den herrschenden Eliten ... verhinderten. Ihre Fähigkeit, dies zu tun, beruhte darauf, daß die Hauptbezugsgruppe der sozialen Identifizierung die religiöse und nicht die politische Gemeinschaft war. In politisch ungünstigen Zeiten und in Situationen des Niedergangs förderten ... auch die Kirchen ... eine deutlich apolitische Haltung, die die Beziehung zwischen dem religiösen und dem weltlich-politischen Bild des Menschen verneinte und die immanente Bösartigkeit der politischen Ordnung betonte. Auf diese Art leitete die religiöse Elite die soziale Energie von der aktiven Teilnahme am politischen Prozeß ab. Diese Haltung führte dazu, daß religiöse Gruppen kaum an offenen Rebellionen teilnahmen, sie nahmen aber auch den Herrschern die aktive Unterstützung.«[464]

Lokale Machtbindung, die tägliche Präsenz am Ort, die seelsorgerische Pflege der Gemeindemitglieder in Kombination mit einem apolitischen weltanschaulichen Programm erzwangen geradezu ein Vertrauensverhältnis zwischen der Landbevölkerung und dem Pfarrklerus. Aus diesem Vertrauensverhältnis erwuchs beispielsweise auch der »Butterverein«. Grad und Ausprägung derartiger Initiativen wurden allerdings über diese Versicherung gegenseitiger Loyalität hinaus dem Kenntnisstand, der Neigung und dem Horizont des jeweiligen Pfarrers überlassen und mit dessen Werturteilen untermischt. Gerade die über Kirchenkreise mehrfach verwirklichte Genossenschaftsidee verflocht unterschwellig moral- mit marktökonomischen Hoffnungen, »d.h. die Gabe und Leistung wird nicht um der Gegengabe willen gegeben ... sondern in der Hoffnung, in unbestimmter Zeit von unbestimmten Personen gleiches zu empfangen«.[465]

Etwas anders gestaltete sich das Verhältnis der bäuerlichen Bevölkerung zur Lehrerschaft. Diese bemühte sich zwar im Auftrage des Staates um die Vermittlung von Kenntnissen und Grundwerten, war aber wegen ihres niedrigen Einkommens in den untersten Straten der dörflichen Sozialstruktur angesiedelt und deshalb bis 1871 auf dem Gebiet der Eifel aus dieser Hungerleiderposition heraus nicht in der Lage, ihre Schülerschaft ganzheitlich wirksam zu beeinflussen. Bildung gehörte überdies nicht zu den traditionellen Mustern der Weltaneignung und wurde während der Franzosenzeit weitestgehend vernachlässigt. Erst die allgemeine Schulpflicht des Jahres 1823 sollte dem Staat die Jugend zuführen. Die Visitationsberichte der Schulinspektoren hatten hingegen deutlich gemacht, daß diese Maßnahme bis zur Reichsgründung fruchtlos blieb, da das Interesse an Schulbildung äußerst gering war und die bäuerliche Arbeit gegenläufigen Tagesrhythmen folgte. Die Lehrer bildeten von daher auf den Dörfern eine Klasse eigener Fremder.

Außerdem sollte man die Gewerbetreibenden als mögliche Innovatoren nicht vergessen. Doch anstatt technisches Wissen ins Land zu holen, zogen vor allem die protestantischen Unternehmer der Nordeifel den Abzug in die Industriereviere einer beharrlichen Suche nach neuen Quellen der Wirtschaftskraft vor. Schließlich war, bis auf die Nerother Mausefallenproduktion und ähnliche Versuche, aus der Bevölkerung nie ein wirksamer Impuls für eine ökonomische Anpassung hervorgegangen, und selbst dabei hatte der Lehrer den entscheidenden Impuls gegeben. Gestörte Kommunikationskanäle, wie sie durch den langanhaltenden Analphabetismus unvermeidlich waren, sowie die Horizonte der Kulturvermittler führten zu einer ganz eigenen Interpretation moderner Werte. Dies soll noch einmal eine Westeifeler Teufelssage aus Falkenauel belegen; sie wurde um 1930 aufgenommen:

»Ein Müller kam gar nicht voran auf seiner Mühle. Da schloß er einen Pakt mit dem Teufel; da machte der die Mühle elektrisch. Dafür sollte er aber dem Müller sein Mädchen kriegen. Wie alles fertig war, sagte der Müller, er hole dann noch den Branntwein. Er brachte aber Weihwasser. Da ist der Teufel fort, aber die Mühle steht still.«[466]

ANMERKUNGEN

1 Viebig, Clara (1900): Das Weiberdorf. Berlin, S. 259.
2 Rürup (1984): S. 204.
3 Pagenstecher (1914): S. 5.
4 Förster (1900).
5 Kamp (1984): S. 15 ff. Hochmoore sind keine besonders hoch gelegenen Moore, sondern entstehen durch hochgewachsene Moorpflanzen, die im Laufe der Zeit zu dicken Torfschichten führen als Vorstufe der Kohlebildung. Flachmoore sind hingegen ehemalige Gewässer, die von den Rändern her verlandet sind.
6 Meyer (1986): S. 269.
7 Ebd.: S. 273.
8 Ebd.: S. 305.
9 Ebd.: S. 309.
10 Cramer (1984): S. 11 f.7.
11 Wefelscheid (1939): S. 12 f.
12 Schwickerath (1954): S. 148.
13 Nehm (1930): S. 45.
14 Czysz (1994): S. 152.
15 Schannat (1854): Bd. 1, Teil 2, S. 72 f.
16 Meyer/Kremer (1986): S. 10.
17 Ebd.: S. 26. Das größte Wacholderschutzgebiet ist der 1966 eingrichtete Dr.-Heinrich-Menke-Park im Kreis Mayen. Im Kreis Daun liegen die Schutzgebiete Bleckhausen und Demerath. Siehe Preuß (1968): S. 150 und S. 157.
18 Zender (1958).
19 Aubin (1925): S. 75.
20 Platzhoff (1922).
21 Siebel (1959): S. 138.
22 Petri (1965).
23 Braubach (1976); Braubach (1990); Braudel/Labrousse (Hg.) (1986); Cipolla/Borchardt 1985, Bd. 3.
24 Dürr (1774): §§ 23,24, S. 190-194.
25 Sombart (1916): Bd. 1, 1. Halbbd., S. 160.

26 Gercken (1786): S. 372.
27 Sombart (1916): Bd. 1, 1. Halbbd., S. 160.
28 Ludwig Müller in Hansen (1935): S. 175.
29 Ebd.: S. 176.
30 Ebd.: S. 562, fol. 21 vom Juli 1795.
31 Ebd.: S. 175 ff
32 Eulogius Schneider, eigentlich Johann Georg Schneider, war Theologe, Dichter und, ab 1798, Professor auf dem neugegründeten Lehrstuhl der schönen Wissenschaften in Bonn.
33 Der Kaiserliche Resident F.J. Bossart an den Reichsvizekanzler Fürst v. Colloredo. STA Wien. Reichskanzlei, Berichte aus Köln. In: Hansen (1933): S. 107.
34 Perthes (1862): S. 174.
35 Braubach (1990): S. 89.
36 Molitor (1980): Kap. 8, S. 158 ff.
37 Die Bezirksverwaltung in Bonn an die Zentralverwaltung in Aachen. Beschwerde über die unaufhörlichen Requisitionen. HStA. Düsseldorf, Maas und Rhein Nr. 1107.
38 Becker (1804).
39 Schneider (1984): S. 49.
40 Ebd.: S. 48 f.
41 Willems (1968): S. 193.
42 Rick (o.J.): S. 1-11.
43 Dipper (1986): S. 82 f.
44 Gross (1992): S. 80, S. 83.
45 Verfügung des Regierungskommissars Rudler vom 26. April 1798 an die Kommissäre des Direktorium bei den vier Zentralverwaltungen. HSTA Darmstadt L 46 Nr. 57.
46 Aus der handschriftlichen Aachener Chronik. 30. März 1798. Stadtarchiv Aachen. Zit. nach Hansen (1938): S. 643.
47 Aachener Chronik vom 29. Mai 1798. Hansen (1938): S. 851.
48 Welt- und Staatsboth Köln, vom 12. Prairiral an VI. (=31. Mai 1798). Hansen (1938): S. 853.
49 Müller in Hansen (1938): S. 853.
50 Aus einer Bopparder Rede zur Feier des Nationalfestes der Eheleute am 29. April 1798. Gedruckt in den Mittelrheinischen Geschichtsblättern 1930, Nr. 10. Prozessionen und Unruhen siehe Hansen (1938): S. 836 und 844.
51 Kyll (1963): S. 113-171.
52 Stammel (1797) und (1798).
53 Marx (1864): S. 565.
55 Gross (1992): S. 87.
55 Lager (1914/15): S. 80 f. Zit. nach Gross (1992): S. 87.
56 Vgl. Schiel (1959); Lichter (1968); Gross (1992): S. 88 und Ronig (1992).
57 Schwedt/Schwedt (1989): S. 155.
58 Kath. Pfarramt (1986).
59 Braubach (1990): S. 343.

60 Das Original des Vertrags befindet sich im Privatarchiv der Familie Prym in Stolberg b. Aachen. Abdruck b. Willems (1968): S. 189-192.
61 Zur Einführung der Assignaten in Frankreich am 17. April 1790 s. Soboul (1986): S. 35.
62 Müller in Hansen (1935): S. 175 ff. Eintragungen vom 9., 18. und 19. August 1794.
63 Soboul (1986): S. 35.
64 Berdrow (1905).
65 Lévy-Leboyer (1986). Bereits am 1. Dezember 1974 beklagten Dürener Papierfabrikanten, daß ihre Arbeiter »ihre nothdürftigen Früchten und Brod gegen Aßignaten nicht gehabt könnten.« Zit. n. Hashagen (1916): S. 446.
66 Helene von Conta in einem Glückwunschschreiben an ihren Bruder Hans Prym zu dessen 50. Arbeitsjubiläum am 14. Oktober 1948: In: Willems (1968): S. 224.
67 Fintzsch (1990): S. 189.
68 Man kann aufgrund von Unterschriftenlisten davon ausgehen, daß um 1800 im Arrondissement Bonn 72% und im Arrondissement Koblenz 63% der Bevölkerung ihren Namen schreiben konnten. Molitor (1980): S. 78 ff.
69 Effertz (1990); Schmidt (1973). Historische Karten s. Wagner (1980).
70 Zu Jean Joseph Tranchot s. Schmidt (1973): S. 52 f.
71 Landeshauptarchiv Koblenz: Bestand 702.
72 Service historique de l'Armée 'Fonds IGN', Correspondance topographique A 22. Zit. n. Effertz (1990): S. 231.
73 Kuphal (Hg.) (1930): Vorwort.
74 Die weltlichen Direktorien der kurtrierischen Landstände an die Mittelkommission in Bonn. 11. September 1797. In: Hansen (1935): S. 1206 f.
75 Luhmann (1974): S. 49.
76 Zender (1960): S. 502-534.
77 Scotti (1832): S. 1287.
78 Zender (1958): S. 34 f.
79 Zender (1960): S. 523.
80 Weber, Max (1956): Wirtschaft und Gesellschaft. 4. Aufl. 1 Halbbd. Tübingen, S. 129.
81 Lorenzer, Alfred (1981): Das Konzil der Buchhalter. Frankfurt a.M., S. 229.
82 Ebd.: S. 208.
83 Wörtlich aus: Becker (1893): S. 343.
84 Ebd.: S. 344.
85 Duby, George (1991): Der Heilige Bernhard und die Kunst der Zisterzienser. Frankfurt a.M., S. 102 f.
86 Schneider (1985): S. 14.
87 Schneider (1984): S. 21.
88 Schug (1956): S. 434.
89 Ebd.: S. 113.
90 Gercken (1786): S. 367.
91 Wirtgen (1864): S. 125.
92 Müller (1901): S. 94.

93 Zit. n. Bereths (1967): S. 32. Original im Bistumsarchiv Trier Nr. B. II, 2,50, Bd. 3.
94 Korff (1986): S. 138.
95 Kalterherberg (1990): S. 45 f.
96 Gercken (1786): S. 370 f.
97 Schwind (1983): S. 87.
98 Im Kölner Stadtmuseum befindet sich ein eindrucksvolles Modell eines Holländerfloßes um 1800. Verordnungen über Schäden, die von solchen großen Rheinflößen verursacht wurden, finden sich bei Scotti (1830).
99 Sombart (1916): Bd. 2., 2. Halbbd. S. 1138.
100 Huhn (1863): S. 240.
101 Ebd.: S. 249.
102 Erst in neuerer Zeit bezeichnet man als Surrogat einen *billigen* Ersatzstoff.
103 Huhn (1863): S. 241 ff.
104 Cipolla/Borchardt (1985): Bd. 4, S. 11 u. S. 134.
105 Aus einem Bericht des bergischen Hofkammerrates Friedrich Heinrich Jacobi für das Jahr 1773/74 geht hervor, daß die Verwendung von Steinkohle im Fabrikationsprozeß der Dürener Eisenschneidindustrie bekannt war. In: Zeitschr. berg. Gesch.verein 18, 1883, S. 1-148S. 142 ff.
106 Engelsing (1983): S. 160.
107 Hashagen (1916): Bd. 2, S. 490.
108 Scotti (1830): S. 1102, Nr. 797.
109 Der Nachweis findet sich bei Neu (1989): S. 46. Neu verweist auf Schwind (1983): S. 102. Schwind verweist auf Wenzel (1962).
110 Dieser Nachweis findet sich bei Schwind. Schwind verweist auf Günther (1965): S. 311.
111 Fischer/Herborn (1987): S. 61. Aus der französischen Zeit s. Calmelet (1812): Déscription géologique, minéralique et statistique. In: Journal des Mines 187, S. 5-42.
112 Willems (1968): S. 233.
113 Ebd.: S. 229 ff.
114 Lepenies (1983): S. 267.
115 Faksimile des Briefes in: Willems (1968): S. 205.
116 Lepenies (1983): S. 267.
117 Graf George-Louis Leclerc de Buffon (1707-1788) war einer der bedeutendsten Naturforscher des 18. Jahrhunderts. Sein Hauptwerk »Histoire naturelle générale et particulière« erschien zwischen 1749 und 1788 in 36 Bänden. Sie sind auch wegen ihrer prächtigen Kupferstichwiedergaben berühmt.
118 Irvine, Arthur E. (1959): Apes, Angels and Victorians. New York, S. 85.
119 Lepenies (1983): S. 267 f. Es wird geschätzt, daß Buffon etwa 400 Arbeiter in seinen Eisenwerken beschäftigte. Dictionnaire de Biographie Française sous la Direction de M. Prevost et Roman D'Amat (1954): Fascicule XXXVII, S. 631.
120 Lepenies (1983): S. 272 f.
121 Schleuning (1984): S. 375.

122 nach Bömmels (1925): S. 97. Ergänzt durch die Angaben von Neu (1989): S. 20, Karte 1.
123 Nach Neu (1989): S. 156.
124 Herkenrath (1968); Driesch (1990).
125 Neu (1989): S. 170 ff.
126 Virmond (1896): S. 36 f.
127 Adelmann (1967): S. 162 ff.
128 Gemessen wurden in Frankfurt a.M. zwischen November und März 68 Tage mit einem Maximum der Lufttemperatur unter 0 Grad Celsius. Dieser Winter war in Westdeutschland der kälteste des 19. Jahrhunderts. Brose, Karl (1962): Die Strenge der Winter im westlichen Deutschland. In: Meteorol. Rundschau 15. Heft 2, S. 54-57.
129 Borne (1963): S. 270.
130 Vgl. Hashagen (1916): S. 409.
131 Bömmels (1925): S. 69.
132 Huhn (1848): S. 55.
133 Zur Rolle des Geschlechtes Virmond in der Eifeler Eisenindustrie vgl. Neu (1989): S. 74.
134 Neu (1989): S. 25.
135 Pochen = Zerkleinern.
136 Virmond (1896): S. 112.
137 Bömmels (1925): S. 82.
138 Polanyi, Karl (1977): The Great Transformation. Wien, S. 102 f.
139 Nickel, Herbert (1991): Schuldknechtschaft in mexikanischen Haciendas. Stuttgart, S. 96.
140 Schwind (1983): S. 106. Die Zahl der jährlichen Fuhren wird von ihm auf rund 60 000 geschätzt.
141 Virmond (1896): S. 112.
142 Hashagen (1916): Bd. 1 und 2.
143 Weber, Max (1968): Die protestantische Ethik II. Kritiken und Antikritiken. Hg. von Johannes Winckelmann. München, S. 169.
144 Aus der Ehe gingen zwölf Kinder hervor, acht Töchter und vier Söhne. Von denen starb Johann Ludolf bereits im Kindesalter und Leonhard ohne männliche Nachkommen. Die Dürener Linie wurde vom ältesten Sohn Eberhard und dem jüngsten Sohn Jeremias Ludolf weitergeführt.
145 Hashagen (1916): S. 435.
146 Ebd.: S. 460.
147 Ebd.: S. 545.
148 Ebd.: S. 548.
149 Cipolla/Borchardt (1985): Bd. 4, S. 11.
150 Hashagen (1916): S. 557 f.
151 Ebd.: S. 568.
152 Ebd.: S. 571.
153 Virmond (1896): S. 109.
154 Scotti (1830): Nr. 511 vom 9. September 1748.

155 Meyer (1957): S. 246. Solche Postkreuze befinden sich heute auf dem Posthof der Hauptpost von Trier und beim Postgebäude von Bitburg.
156 Goethe (1912): S. 6.
157 Léon (1986): S. 186.
158 Forster (1981): S. 64.
159 Die Autobahn von Koblenz nach Trier folgt in ungefähr der Postkutschenstrecke.
160 Denkschrift (1856): S. 3.
161 Gercken (1786): S. 370 f. Gemeint ist die berühmte Hüttenmeisterfamilie von Pidoll in Quintenbach, aus der auch Anselm von Pidoll, bis 1794 Abt des Zisterzienserklosters in Himmerod, stammte.
162 Becker (1799): 327-35.
163 Im Volksmund auch »Brechnüsse« genannt. Botanische Bezeichnung: Strychnos nux vomica.
164 Vergl. die Verfügung des Landrates R. Graf von Beissels zu Schleiden vom 29. Februar 1832 und vom 27. Oktober 1838. Zit. nach Janssen (1929): S. 124 ff.
165 Zum Bleiernen Mann vergleiche Zender (1972): S. 419.
166 Becker (1799): S. 343.
167 Ebd.: S. 333.
168 Zender (1973): S. 154.
169 Scotti (1830): Nr. 502. (Organisation und Gebührenregelung der Sesselträger der Stadt Bonn aus dem Jahre 1747).
170 Vergl. Sölter, Walter (Hg.) (1981): Das römische Germanien aus der Luft. Bergisch Gladbach.
171 Kamp (1984): S. 40 f.
172 Kinkel (o.J.): S. 120.
173 Stork (1818); Haupt (1822).
174 Gross (1956): S. 133.
175 Beschreibungen des Moseltales: Stramberg (1837); Menk (1840); Floris (1843); Hocker (1852).
176 Geib (1843).
177 Koch (1846).
178 Ebd.: S. 20.
179 Gemeint ist das Pulvermaar bei Gillenfeld.
180 Koch (1846): S. 33.
181 Janssen (1929): S. 57.
182 Becker (1799): S. 335.
183 Kamp (1974): S. 43.
184 Janssen (1929): S. 57.
185 Mörchen (1936): S. 19.
186 Kessel (1931): S. 70 ff.
187 Janssen (1929): S. 58.
188 Faas (1986): S. 234.
189 Mörchen (1936): S. 24.

190 Ebd.: S. 27.
191 Meyer (1989).
192 Malerische Beschreibung (1841): S. 12.
193 Kölnische Zeitung vom 14. November 1845, Nr. 318.
194 Hoppstädter (1963): S. 95.
195 Weil für den Bau von Eisenbahnen viel Kapital benötigt wurde, bildeten sich ab den vierziger Jahren Aktiengesellschaften. 1875 hatten die Eisenbahngesellschaften 72% an dem Gesamtkapital aller vor 1870 in Preußen gegründeten Aktiengesellschaften. Der preußische Staat übernahm seit 1843 Zinsgarantien für Eisenbahnkapital und förderte somit den weiteren Ausbau. Rürup (1984): S. 68 f.
196 Dronke (1899): S. 467.
197 Hoppstädter (1963): S. 111.
198 1 preuß. Rute = 3,76 m (x 8 = 30,08 m).
199 Hoppstädter (1963): S. 113.
200 Anleitung zur Ausführung der Beförderung verwundeter und kranker Militärs auf Eisenbahnen vom 1. Juli 1861.
201 Kaven, August von (1988): Literatur des gesamten Eisenbahnwesens. (Hg. von Günter Breuer) München.
202 Eisenbahnkomitee der Städte und Gemeinden des Kreises Bitburg für eine Strecke Prüm-Waxweiler-Neuerburg-Luxemburgische Grenze, vom 10. Mai 1881. Hoppstädter (1963): S. 156.
203 Graafen (1961): S. 60 f.
204 Schivelbusch (1989): S. 71 f.
205 Schmoller (1883).
206 Dronke (1899): S. 442.
207 Zit. nach Heine, Heinrich (1969): Sämtliche Werke in vier Bänden. München, Bd. 1, S. 421 f.
208 Zender (1935b). S. 124 f.
209 Martin (1914).
210 Hecker (1964): S. 144 ff.
211 Katner, Wilhelm (1956): Das Rätsel des Tarentismus. Eine Ätiologie der italienischen Tanzkrankheit. Leipzig
212 Graus (1987).
213 Die Wallfahrten wurden danach zahlreicher, weil der Papst allen einen 40tägigen Ablaß gewährte, die am Dienstag nach Pfingsten dort ihre Andacht verrichteten.
214 Zender (1934): S. 286. Sonderfragebogen II aus dem Jahre 1931.
215 Zender (1934): S. 290.
216 Zedler, Johann Heinrich (1745): Großes vollständiges Universal-Lexicon aller Wissenschaften und Künste. Leipzig und Halle, S. 1011 ff.
217 Conversations-Lexikon (1819): Bd. 10., S. 276.
218 Schannat (1854): S. 304.
219 Tonbandprotokoll Matthias Zender vom 17.5.1992.

220 Viebig, Clara (1914): Der Osterquell/Margaretens Wallfahrt/ Am Totenmaar, Wiesbaden, S. 53.
221 Tonbandprotokoll Zender 1992.
222 Zender (1970): S. 431.
223 Oster (1927): S. 101.
224 Schannat (1854): S. 346.
225 Zit. nach Schiffhauer (1967): S. 351. Original im Bistumsarchiv Trier Abt. 44, Nr. 114, Bl. 88.
226 Viebig, Clara (1914a): Das Miseräbelchen, Wiesbaden, S. 48.
227 Korff (1983): S. 139 f.
228 Putscher, Marielene: Große Kunst im Dienste der Psychiatrie. S. 172. In: Schubert, Udo (1990): Die »Irrenportraits« von Géricault für Dr. Georget (1822/23). Köln, S. 158-209.
229 Aus einem Bericht aus Ulm Anfang des 17. Jahrhunderts. Zit. nach Meisen (1951): S. 171.
230 Droege (1972): S. 130. Verordnung aus dem 16. Jahrhundert.
231 Zender (1935b): S. 146.
232 Zender (1973): S. 157.
233 Grober-Glück (1972).
234 Lehmann-Brauns (1989): S. 173.
235 Zender (1935b): S. 143.
236 Brückner (1988): S. 126.
237 Klenner, Hermann (1988): Rechtsphilosophie. S. 362.
238 Theis (1971). Inspektionsberichte aus dem Eifelraum auch bei Apel/Klöcker (1986).
239 Zit. nach Jenniges (1989): S. 20 f.
240 Herrlitz/Hopf/Titze (1986): S. 51.
241 Zeitungsartikel vom 17. August 1824 über die Zustände im Kreis Bitburg. Zit. nach Schaaf (1971): S. 53. Original im Landeshauptarchiv Koblenz, Bestand 442, Nr. 9357.
242 Janssen (1929): S. 84. Pfarrer Hubert Schmitz (gest. 1836) der die Pockenimpfung vornahm, war Vikar von Niederstadtfeld und Pfarrer von Gillenfeld. Janssen verwechselt ihn mit Pfarrer Johann Hubert Schmitz (gest. 1882), dem Schulinspektor von Dockweiler und Herausgeber der Zeitschrift »Der Schulfreund«. S. Kaufmann (1991): S. 114 f.
243 Fossel (1886): S. 139.
244 Generalgouverneur Gruner in seinen »Allgemeinen Ansichten über die Schulpflege an die Vorsteher des öffentlichen Unterrichtes im Herzogthum Berg vom 15. Juli 1814«. Zit. nach Apel/Klöcker (1986): S. 60.
245 Abgedruckt in Apel/Klöcker (1986): S. 92 ff.
246 Esser (1986): S. 211.
247 Jung (1974).
248 Schug (1956). Hervorhebung im Original.
249 Schmitz (1844): S. 104 f.
250 Apel/Klöcker (1986): S. 76 ff.

251 Reinick, H.A. (1865): Statistik des Regierungsbezirkes Aachen im amtl. Auftrag. hg. Aachen, S. 488.
252 Schulchronik Bleibuir. Zit. n. Hupp-Schneider (1989): S. 132.
253 Statistik des Kreises Adenau 1859-1861. Linnich, S. 7.
254 Labion (1904): S. 117.
255 Luhmann (1990): S. 232.
256 Landeshauptarchiv Koblenz, Bestand 655, 182, Nr. 228.
257 Baur (1965): S. 116 ff.
258 Kinkel (o.J.): S. 132.
259 Schwerz (1836): S. 144.
260 Fischer (1990): S. 134.
261 Wrede (1922): S. 197 f.
262 Schwerz (1836): S. 143.
263 Ebd.: S. 423.
264 Ebd.: S. 148.
265 Abel (1967): S. 318.
266 Schannat (1854): Bd. 3.1., S. 5.
267 Scotti (1830): S. 864.
268 Bahnschulte (1988): S. 56.
269 Kupferstich von 1675. Nach Esser (1985): S. 39.
270 Schwerz (1836): S. 147.
271 Schannat (1854): S. 4 f.
272 Huhn (1848): S. 54 f.
273 Ebd.: S. 59.
274 Schannat (1854): S. 254.
275 Statistik des Kreises Adenau (1851-1861): Linnich, S. 17.
276 Wilsing (1897): S. 22 f.
277 Die Schiffeltechnik ist freilich älter und bereits bei Vergil und Horaz belegt.
278 Rieder (1922): S. 179.
279 Wilsing (1897): S. 27.
280 Rechnung bei Rieder (1922): S. 186.
281 Hirschfelder (1986): S. 10 ff.
282 Zum Hunspflug siehe Cox (1983-1985).
283 Statistik des Kreises Adenau (1851-1861), Linnich, S. 17.
284 Böhm, Wolfgang (1986): Die Stickstoff-Frage in der Landbauwissenschaft im 19. Jahrhundert. In: Zeitschr. Agrargesch. Agrarsoz. 34, Heft 1, S. 31-54.
285 Lengerke (1853). Zit. nach Baur (1928): S. 38.
286 Zur Entwicklung der englischen Landwirtschaft s. etwa Blum (1982).
287 Kalterherberg (1990): S. 18 ff.
288 Janssen (1929): S. 30. Zu den Auswirkungen der Hungerjahre in anderen deutschen Landschaften s. Assion (1976); Köhler (1976).
289 Amtsbürgermeister (1954): S. 146 f.
290 Geschichte der außereuropäischen Kulturpflanzen bei Pérez, Fernándes et. al. (Hg.) (1990): La agricultura viajera. Madrid. Baer, Gerhard et. al. (Hg.) (1992): Die Neue Welt. Basel.

291 Wirsing, Max: Einführung der Kartoffel in Deutschland durch Pilgramsreuther 1648. In: Zeitschr. Agrargesch. Agrarsoz., (1988): Heft 1, S. 23-32.
292 S. u.a Kleinschmidt (1978).
293 Fischer (1990): S. 144.
294 Volkskalender (1826): S. 106 f.
295 Nach Angaben in: Kalterherberg (1990). Umzeichnung v.d.Verf.
296 Kalterherberg (1990): S. 18.
297 Gundlach (1987): S. 52.
298 Ebd.: S. 33 f.
299 Rheinisches Recht und Preußisches Landrecht bei Hansen (1922): S. 281.
300 Fischer (1990): S. 106.
301 Statistik des Kreises Adenau 1859-1861, Linnich, S. 16.
302 Vgl. Mackenroth (1972): S. 35.
303 Fischer (1990): S. 78.
304 Willems (1934): S. 32 u. S. 52.
305 Statistik von Rheinland-Pfalz 1954, Karten S. 21-41.
306 Gundlach (1987).
307 Kalterherberg (1990): S. 35.
308 Schröder (1985): S. 63.
309 Klapp, Ernst (1967): Lehrbuch des Acker- und Pflanzenbaues. 6. Aufl., Berlin. S. 494.
310 Kartoffelkäfer wurden noch in der ersten Hälfte des 20. Jahrhunderts mit Arsenbrühe vernichtet.
311 Korff (1977): S. 107 f.
312 Korff (1985).
313 Fischer (1990): S. 304. Index der jährlich eingetragenen Hypotheken auf dem Hypothekenamt Trier: 1820=100, 1847=450.
314 Dasbach (1887).
315 Korff (1977): S. 104
316 Rürup (1984): S. 24.
317 Mitteilungen des Statistischen Bureaus in Berlin 1849, 2. Jg., S. 21 ff. und 1851, 4. Jg., S. 266 ff.
318 Zit. nach Kaufmann (1991): S. 8.
319 Wilsing (1897): S. 58 f.
320 Luhmann (1988): S. 545.
321 Scheben (1932).
322 Kinkel (o.J.): S. 121.
323 Siehe Lord, Cliffort L. und Elisabeth Lord (Hg.) (1944): Historical Atlas of the United States. New York.
324 Sammlung Joseph Scheben (ab 1929): Briefe rheinischer Auswanderer. Der Sammelaufruf zu den Briefen ist abgedruckt in den Mitteilungen des Instituts für Geschichtliche Landeskunde der Rheinlande an der Universität Bonn 1929, Nr. 3, S. 74. Die Sammlung von rund 400 Briefen und Briefstücken in Abschriften befindet sich im Institut für Geschichtliche Landeskunde an der Universität Bonn. Brf. Nr. 326, Matthias Simon aus Staffel,

ausgewandert nach Westphalia in Michigan, an seine Schwiegereltern, Johann Gies und Frau in Staffel. Datiert vom 21.4.1847.

325 Ebd.: Brf. Nr. 308. Karl Frings, ausgewandert nach St. Cloud, Wisconsin. Datiert vom Februar 1884.

326 Ebd.: Brf. Nr. 324. Johann Schröder aus Dedenborn, Kreis Monschau, an seine Verwandten dort. Ausgewandert nach Milwaukee. Datiert vom Dezember 1846.

327 Ebd.: Brf. Nr. 324.

328 Ebd.: Brf. Nr. 294.

329 Ebd.: Brf. Nr. 324.

330 Ebd.: Brf. Nr. 324.

331 Ebd.: Brf. Nr. 201. Mathias Wickert aus Kaltenborn, ausgewandert nach St. Johann, Calumet in Wisconsin, an Dahm in Kempenich. Datiert vom 8.4.1868.

332 Ebd.: Brf. Nr. 294.

333 Ebd.: Brf. Nr. 308. Karl Frings aus Effelsberg, ausgewandert nach St. Cloud in Wisconsin, an seinen Bruder Joseph Frings in Effelsberg. Datiert vom 27.2.1884.

334 Ebd.: Brf. Nr. 324.

335 Ebd.: Brf. Nr. 326.

336 Assion (1987).

337 Graafen (1961): S. 45.

338 Statistik des Kreises Adenau (1859-1861), Linnich.

339 Landeshauptarchiv Koblenz, Bestand 441, Nr. 23670.

340 Ebd.: Nr. 23662.

341 Ebd.: Nr. 23670.

342 Kinkel (o.J.): S. 121.

343 Hirschfelder (1986). Analysiert wurde das »Wochenblatt für den Kreis Schleiden und Umgegend«, sowie das »Unterhaltungsblatt und Anzeiger für den Kreis Schleiden und Umgegend« Schleiden 1841-1865.

344 Landeshauptarchiv Koblenz, Bestand 441, Nr. 17823, Konzessionen der Auswanderungsagenten im Kreis Adenau.

345 Ebd.: Nr. 17823.

346 Graafen (1961): S. 43.

347 Ebd.: S. 52.

348 Viebig, Clara (1922): Die Schuldige, Lahr, S. 22.

349 Schwedt (1987): S. 400.

350 Kaufmann (1832): S. 291.

351 Vgl. Ferber (1986): S. 110 f.

352 Nach einem Bericht des Königl. Oberkreistierarztes J. Settegast im Jahrbuch des Landwirtschaftlichen Vereins für Rheinpreußen. Zit. nach Kaufmann (1832): S. 287.

353 Schwerz (1836): S. 143 f.

354 Frase (1935): S. 20.

355 Ebd.: S. 23.

356 Niederrhein. Anzeiger, 1. Jg. S. 3.
357 1865 kaufte der Verein sechs Charolais-Stiere auf dem Markt der französischen Stadt Newers ein. 1870 wurde der Bestand durch eine Rinderseuche vernichtet, bis 1892 wurden weitere 35 Stiere in Frankreich eingekauft. Die Rasse setzte sich in der Eifel nicht durch, weil das weiße Haarkleid der Tiere den Bauern mißfiel. Frase (1935): S. 44.
358 Kloepfer (1891): S. 60 f.; Frase (1935): S. 82 f.
359 Krewel (1932): S. 53.
360 Kloepfer (1891): S. 68.
361 Mühleis (1933): S. 17.
362 Ferber (1986): S. 90.
363 Schneider (1926): S. 34.
364 Mayer (1926): S. 44.
365 Ferber (1986): S. 94. Siehe auch Zitzen (1939): S. 76 ff.
366 Martiny (1871): Bd. 1, S. 178 f.
367 Zitzen (1939): S. 119.
368 Martiny (1871): Bd. 2, S. 165 ff.
369 Zit. nach Esser (1984): S. 48.
370 Gemeint ist das sogenannte Stjernwardverfahren aus den Jahren 1850-1855. S. Martiny (1871): Bd. 2, S. 165.
371 Monzel (1986): S. 251 ff.
372 Martiny (1901): S. 9.
373 Die meisten Betriebe dürften vor dem Ersten Weltkrieg nach einer Berechnung von Zitzen zwischen einer und fünf Milchkühen besessen haben. Zitzen (1939): S. 119.
374 Labion (1904): S. 88.
375 Zender (1954): S. 28.
376 Mühleis (1933): S. 29.
377 Ebd.: S. 17.
378 Ebd.: S. 52.
379 Wilsing (1897): S. 35.
380 Kloepfer (1891): S. 26.
381 Kloepfer (1891): S. 14.
382 Heimerle (1915); Krewel (1932): S. 17 ff.
383 Kerkhoff-Hader (1976): S. 267
384 Zit. nach Ginzler (1986): S. 46.
385 Ebd.: S. 71.
386 Zedler (1741): Bd. 30., S. 1020 ff. Stichwort »Ratte« und »Rattenkönig«.
387 Wyck (1826): S. 64 f.
388 Viebig, Clara (1922): Die Schuldige, Lahr, S. 3 f.
389 Ginzler (1986): S. 45 f.
390 Hohn (1899): S. 55.
391 Höher (1982).
392 Ginzler (1986): S. 87.
393 Hohn (1899): S. 58.

394 Ebd.: S. 61.
395 Wilsing (1897): S. 30.
396 Kaufmann (1826).
397 Gemeinnützige und unterhaltende Rheinische Provinzialblätter 2, 1832, S. 277-292. Statuten des Vereins in Nr. 3, 1834, S. 156- 167.
398 Kaufmann (1832).
399 Borght (1888): S. 200.
400 Eifelverein (1989): S. 185 f.
401 Der Tourist (1898): S. 162-164.
402 Korff (1980).
403 Borght (1888): S. 254.
404 Ebd.: Anlage 1.
405 Kollbach (1897): S. 263.
406 Viebig, Clara (1900): Das Weiberdorf, Berlin, S. 15.
407 Graafen (1961): S. 49 f.
408 Ebd.: S. 31.
409 Schmitz (1910): S. 147.
410 Statistik des Kreises Adenau (1859-1861), Linnich, S. 9.
411 Schmitz (1910): S. 147.
412 Labion (1904): S. 101.
413 Jahresbericht der Winterschule Neuerburg 1804/05. Schmitz (1910): S. 60.
414 Ebd.: S. 8 und S. 13.
415 Ebd.: S. 149.
416 Ebd.: S. 154.
417 Zit nach Cramer (1984): S. 14. Tabelle von Graafen (1961): S. 66.
418 Noch 1863 waren unter den Verstorbenen von Dahlem über achtzig Prozent Kinder unter fünf Jahren. Das ist genauso viel wie 1810.
Danach reduzierte sich die Quote. Guthausen (1967): S. 134.
419 Bärsch (1966): S. 452 ff.
420 Guthausen (1967): S. 132 ff.
421 Zur Einwanderung ins Ruhrgebiet zwischen 1820 und 1963 s. Hahn (1965): Karte 4-6.
422 Alle folgenden Zitate stammen aus der Erstausgabe von 1900. Spätere Ausgaben haben häufig den Nachteil, daß die Mundartpassagen ins Hochdeutsche übertragen wurden, um das Werk einem breiteren Leserkreis zugänglich zu machen.
423 Graafen (1961): S. 79.
424 Stiehns (1983): S. 16/1.
425 Losch (1983): S. 15/4.
426 Derenbach (1983): S. 4/6.
427 Schmitz (1910): S. 41.
428 Schmitz (1835): S. 3.
429 Gormsen/Schwedt (1993/94).
430 Trees (1985): Ein neues Museum im Kreis Düren zeigt die »Hölle im Hürtgenwald«. In: Jb. Düren, S. 116-120.

431 Van der Loo, Hans und Willem van Reijen (1992): Modernisierung. Projekt und Paradox. München.
432 Bausinger/Braun/Schwedt (1959).
433 Deneke (1995): S. 8-14.
434 Gerndt (1979): S. 62.
435 Niederer (1982): S. 108.
436 Etwa Bimmer/Burmeister/Kramer (1980); Fielhauer (1980) u. (1982).
437 Aubin/Frings/Müller (1926) u. Aubin (1965).
438 Schwedt (1975): S. 246.
439 Wiegelmann (1976); Lehnemann (1973).
440 Allemann (1980); Blaschke (1980); Bausinger (1977) und (1980).
441 Gerndt (1986).
442 Brückner (1969): S. 43.
443 Kohl (1987): S. 137.
444 Riehl (1854): S. 101.
445 Aubin (1925).
446 Zender (1954): S. 24.
447 Hofer (1984): S. 84.
448 Wallerstein (1974) u. (1980).
449 Bringéus (1968); Wiegelmann (1970) u. (1976); Hartinger (1985); Gerndt (1990).
450 Schwedt (1987): S. 398.
451 Schenda, Rudolf (1970): Volk ohne Buch. Frankfurt a.M., S. 461 u S. 454.
452 Tönnies, Ferdinand (1887): Gemeinschaft und Gesellschaft. Leipzig.
453 Loewenstein, Bedrich (1973): Plädoyer für die Zivilisation. Hamburg, S. 25 f.
454 Kievelitz, Uwe (1988): Kultur, Entwicklung und die Rolle der Ethnologie. Bonn, S. 283 f. Bargatzky, Thomas (1986): Einführung in die Kulturökologie: Umwelt, Kultur und Gesellschaft. Berlin.
455 Imhof (1984): S. 93 und 95.
456 Sieferle, Rolf Peter (1984): Fortschrittsfeinde? Opposition gegen Technik und Industrie von der Romantik bis zur Gegenwart. München, S. 187.
457 Elwert (1984): S. 381.
458 Guting (1992): S. 47.
459 Ebd.: S. 46.
460 Luhmann (1990a): S. 686.
461 Matter (1975).
462 Loth, Wilfried: Katholizismus und Moderne. Überlegungen zu einem dialektischen Verhältnis. S. 92. In: Bajohr, Frank et. al. (Hg.) (1991): Zivilisation und Barbarei. Hamburg, S. 83-97.
463 Blessing, Werner K.: Kirchenfromm – volksfromm – weltfromm. Religiosität im katholischen Bayern. S. 103. In: Loth, Wilfried (Hg.) (1991): Deutscher Katholizismus im Umbruch zur Moderne. Stuttgart, S. 95-123.
464 Eisenstadt (1979): S. 216.

465 Elwert (1984): S. 399.
466 Zender (1935b): S. 174.

LITERATUR

Abkürzungen der Reihenwerke entsprechend der Rheinischen Volkskundlichen Bibliographie:

Ethn. Europ.
Ethnologia Europaea

Gemein. u. unterh. Rhein. Provinzialbl.
Gemeinnützige und unterhaltende Rheinische Provinzialblätter

Heimatkal. Bitburg
Heimatkalender für den Kreis Bitburg

Jb. Düren
Jahrbuch des Kreises Düren

Jb. Gesetzgebung, Verwaltung u. Volkswirtschaft im Deutschen Reich
Jahrbuch für Gesetzgebung, Verwaltung und Volkswirtschaft im Deutschen Reich

Jb. Vk.
Jahrbuch für Volkskunde

Kirchenmusik. Jb.
Kirchenmusikalisches Jahrbuch

Kurtrier. Jb.
Kurtrierisches Jahrbuch

Monatshefte f. evang. Kirchengesch. Rheinl.
Monatshefte für evangelische Kirchengeschichte des Rheinlands

Rhein.-westf. Zeitschr. Vk.
Rheinisch-westfälische Zeitschrift für Volkskunde

Rhein. Jb. Vk.
Rheinisches Jahrbuch für Volkskunde

Rhein. Vj.bl.
Rheinische Vierteljahresblätter

Vj.bl. Trier. Ges.
Vierteljahresblätter der Trierer Gesellschaft für nützliche Forschungen

Zeitschr. Agrargesch. Agrarsoz.
Zeitschrift für Agrargeschichte und Agrarsoziologie

Zeitschr. Arbeitsgem. Entwicklungsethn.
Zeitschrift der Arbeitsgemeinschaft Entwicklungsethnologie e.V.

Zeitschr. berg. Gesch.verein
Zeitschrift des bergischen Geschichtsvereins

Zeitschr. pol. Bildung
Zeitschrift für politische Bildung (Wien)

Zeitschr. Ver. Vk.
Zeitschrift des Vereins für Volkskunde

Zeitschr. Vk.
Zeitschrift für Volkskunde

Archive

Hauptstaatsarchiv Düsseldorf (HSTAD)
Landeshauptarchiv Koblenz (LHK)
Bistumsarchiv Trier (BA Trier)
Archiv des Eifelvereins Mayen
Rheinisches Bildarchiv, Köln
Kreisbildstelle Schleiden/Kall

Bibliographie

Abel, Wilhelm (1967): Die Geschichte der deutschen Landwirtschaft. 2. Aufl. Stuttgart

Adelmann, Gerhard (1967): Der gewerblich-industrielle Zustand der Rheinprovinz im Jahre 1836. Bonn

Allemann, Fritz René (1980): Regionalismus als Protest. Teil einer internationalen Front? Die Rolle der großstädtischen Intelligenz. In: FAZ v. 24.9 1980

Amtsbürgermeister Kockelmann (1954): Auswanderer im 19. Jahrhundert. In: Heimatkal. Bitburg, S. 131-154

Apel, Hans-Jürgen und Michael Klöcker (1986): Schulwirklichkeit in Rheinpreußen. Analysen und neue Dokumente zur Modernisierung des Bildungswesens in der ersten Hälfte des 19. Jahrhunderts. Köln

Arbeitskreis Eifeler Museen (Hg.) (1986): Dünnbeinig mit krummem Horn. Die Geschichte der Eifeler Kuh oder der lange Weg zum Butterberg. Meckenheim

– (1989): Tafel, Griffel, Rutenstock. 150 Jahre Eifeler Volksschulleben. Meckenheim

Assion, Peter (1976): Hungerjahre und Erntedank 1817. In: Der Odenwald 23, S. 95-105

– (1987): Von Hessen in die Neue Welt. Eine Sozial- und Kulturgeschichte der hessischen Amerikaauswanderung mit Text- und Bilddokumenten. Frankfurt a. M.

Aubin, Hermann (1925): Die geschichtlichen Stellung der Eifel. In: Rheinische Neujahrsblätter, Heft 4, S. 46-88

– (1965): Grundlagen und Perspektiven geschichtlicher Kulturraumforschung und Kulturmorphologie. In Verbindung mit Ludwig Petry hg. von Franz Petri. Bonn

Aubin, Hermann et. al. (1922): Geschichte des Rheinlandes von der ältesten Zeit bis zur Gegenwart. 2. Bd. Bonn

Aubin, Hermann, Theodor Frings und Josef Müller (1926): Kulturströmungen und Kulturprovinzen in den Rheinlanden. Geschichte, Sprache, Volkskunde. Bonn

Aubin, Hermann et. al. (Hg.) (1965): Beiträge zur Wirtschafts- und Stadtgeschichte. Festschrift für Hektor Ammann. Wiesbaden

Aus Geschichte und Landeskunde (1960): Forschungen und Darstellungen. Franz Steinbach zum 65. Geburtstag. Bonn

Bärsch, Georg (1966): Die Städte und Ortschaften der Eifel und deren Umgegend. Osnabrück. [1852]

Bahnschulte, Gerhard (1988): Ein kleines Dorf erlebt den Krieg – Die Kriegsjahre 1939-1945. In: Jb. Düren, S. 55-61

Baur, Viktor (1928): Die Landwirtschaft in der Eifel und ihren Randgebieten. Daun

– (1965): Eifel-Balladen. Düren

Bausinger, Hermann (1973): Verbürgerlichung – Folgen eines Interpretaments. In: Wiegelmann: S. 24-41

– (1977): Zur kulturalen Dimension von Identität. In Zeitschr. Vk. 73, S. 210-215

– (1980): Heimat und Identität. In: Köstlin/Bausinger: S. 9-24

Bausinger, Hermann, Markus Braun und Herbert Schwedt (1959): Neue Siedlungen. Stuttgart

Becker, B. (1804): Actenmäßige Geschichte der Räuberbanden an den beyden Ufern des Rheines. Erster Theil. Enthaltend die Geschichte der Moselbande und der Bande des Schinderhannes. Cöln

Becker, Johann Nikolaus (1799): Beschreibung meiner Reise in den Departementern vom Donnersberge, von Rhein und von der Mosel im 6. Jahr der französischen Republik. Berlin

Becker, Johannes (1893): Geschichte der Pfarreien des Dekanates Blankenheim. Köln

Benning, Elisabeth (1989): Giebel, Gauben, Klassenzimmer. Epochen Eifeler Schulhausarchitektur. In: Arbeitskreis Eifeler Museen: S. 25-47

Benscheid, Anja (1986): Kleinbauern bestimmen das Bild. In: Arbeitskreis Eifeler Museen: S. 41-65

Berdrow, Wilhelm (1905): Buch berühmter Kaufleute. Leipzig

Bereths, Gustav (1967): Die Bearbeiter der ersten Auflage des Trierer Diözesangesangbuches aus dem Jahre 1846. In: Festschrift für Alois Thomas: S. 31-37

Bimmer, Andreas C., Helmut Burmeister und Dieter Kramer (Hg.) (1980): Museumsarbeit. Gießen

Birkenhauer, Joseph (1960): Die Eifel in ihrer Individualität und Gliederung. Köln

– (1984) Das Rheinisch-Westfälische Industriegebiet. Regionen- Genese-Funktionen. Paderborn

Blaschke, Jochen (1980): Handbuch der westeuropäischen Regionalbewegungen. Frankfurt a. M.

Blum, Jerome (1982): Die bäuerliche Welt. Geschichte und Kultur in sieben Jahrhunderten. München

Bömmels, Nicolaus (1925): Die Eifeler Eisenindustrie im 19. Jahrhundert. Aachen

Borgh, R. van der (1888): Der Einfluß des Zwischenhandels auf die Preise auf Grund der Preisentwicklung im aachener Kleinhandel. Leipzig

Borne, H. von dem (1963): Der Winter 1962/63 in Rheinland- Pfalz im Vergleich zu strengen Wintern der letzten 100 bis 200 Jahre. In: Weinberg und Keller 10, S. 265-273

Braubach, Max (1976): Vom Westfälischen Frieden bis zum Wiener Kongreß (1648-1815). In: Petri/Droege: S. 219-365

– (1990) Von der Französischen Revolution bis zum Wiener Kongreß. 9. Aufl. München

Braudel, Fernand und Ernest Labrousse (Hg.) (1986): Wirtschaft und Gesellschaft in Frankreich im Zeitalter der Industrialisierung. 1789-1880. 2 Bde. Frankfurt a. M.

Bringéus, Nils-Arvid (1968): Das Studium von Innovationen. In: Zeitschr. Vk. 64, S. 161-185

Brückner, Wolfgang (1969): Kontinuitätsproblem und Kulturbegriff in der Volkskunde. In: Bausinger/Brückner: S. 31-46

– (1988): Stereotype Anschauungen über Alltag und Volksleben in der Aufklärungsliteratur. Neue Wahrnehmungsparadigmen, ethnozentrische Vorurteile und merkantile Argumentationsmuster. In: Gerndt: S. 121-131

Brückner, Wolfgang und Bernward Deneke (Hg.) (1976): Volkskunde im Museum. Würzburg

Bundesforschungsanstalt für Landeskunde und Raumordnung (Hg.) (1983): Ziele und Wege zur Entwicklung dünn besiedelter ländlicher Regionen. Ein Diskussionspapier. Bonn
– (1987): Regionalbewußtsein und Regionalentwicklung. Informationen zur Raumentwicklung, Heft 7/8, Bonn

Cipolla, Carlo M. und K. Borchardt (1985): Europäische Wirtschaftsgeschichte. Bd. 3 und 4. Stuttgart
Compton, Edward T. (1985): Das Skizzenbuch einer Eifelwanderung im Jahre 1868. hg. vom Wallraf-Richartz-Museum, Köln
Conversations-Lexikon (1819): oder Allgemeine Hand- Enzyklopädie für die gebildeten Stände. 10. Bd. Leipzig
Cox, Heinrich Leonhard (1983-85): Die präindustriellen Pflüge und Haken der preußischen Rheinprovinz. In: Rhein. Vj.bl. 47, S. 180-235 und 49, S. 211-218
Cox, Heinrich Leonhard und Günter Wiegelmann (1984): Volkskundliche Kulturraumforschung heute. Münster
Cramer, H. (1984): Materialien zur regionalen Wirtschaftsentwicklung in Mittelgebirgslagen der Bundesrepublik Deutschland. Eifel-Hunsrück. Bonn
Czerannowski, Barbara (1988): Eifel-Bilder. Die Eifel in graphischen Darstellungen 1600-1870. Bonn
Czysz, Wolfgang (1994): Eine bayuwarische Wassermühle im Paartal bei Dasing. In: Antike Welt. Zeitschrift für Archäologie und Kunstgeschichte 25, S. 152-154

Dasbach, Georg Friedrich (1887): Der Wucher im trierischen Lande. Trier
Delkeskamp, Friedrich Wilhelm (1825): Panorama des Rheins und seiner nächsten Umgebung von Mainz bis Cöln. Frankfurt a. M.
Denkschrift (1856): über die von Coblenz durch die Eifel nach Trier zu erbauende Eisenbahn. Mayen
Derenbach, Rolf (1983): Qualifikation und Innovation als regional angepaßte Entwicklungsstrategien. In: Bundesforschungsanstalt für Landeskunde und Raumordnung, S. 4- 1 – 4-6
Dipper, Christof (1986): Volksreligiosität und Obrigkeit im 18. Jahrhundert. In: Schieder: S. 73-96
Dotzauer, Winfried (1977): Freimaurergesellschaften am Rhein. Aufgeklärte Sozietäten auf dem linken Rheinufer vom Ausgang des Ancien Régime bis zum Ende der Napoleonischen Herrschaft. Wiesbaden
Driesch, Karlheinz von den (1990): Handbuch der Ofen-, Kamin- und Takenplatten im Rheinland. Köln
Droege, Georg (1970): Zur Lage der rheinischen Landwirtschaft in der ersten Hälfte des 19. Jahrhunderts. In: Droege et. al.: S. 143-156
– (1972): Die kulturräumliche Stellung des Mosellandes in rechts- und verfassungsgeschichtlicher Sicht. In: Ennen/Wiegelmann: S. 123-132
Droege, Georg et. al. (1970): Landschaft und Geschichte. Festschrift für Franz Petri. Bonn

Dronke, Adolf (1899): Die Eifel. Aus den nachgelassenen Papieren des Verfassers herausgegeben durch Dr. K. Cüppers. Köln
Dürr, Franciscus Antonius (1774): Disquisitio canonica de capitulis clausis ecclesiarum tam cathedralium, quam collegiatarum in germania. [Mogunt 1763] In: Schmidt: S. 122- 223

Effertz, Peter (1990): Die Kartenaufnahme der Rheinlande durch Tranchot im Spannungsfeld zwischen wissenschaftlichen und politischen Interessen. In: Rhein. Vj.bl. 54, S. 211-239
Eifelverein (Hg.) (1989): Die Eifel 1888-1988. Zum 100jährigen Jubiläum des Eifelvereins. 2. Aufl. Düren
Eisenstadt, Shmuel Noah (1979): Tradition, Wandel und Modernität. Frankfurt a. M.
Elwert, Georg (1984): Die Verflechtung von Produktionen: Nachgedanken zur Wirtschaftsanthropologie. In: König et. al.: S. 379-402
Engelsing, Rolf (1983): Sozial- und Wirtschaftsgeschichte Deutschlands. 3. Aufl. Göttingen
Ennen, Edith (1960): Grundzüge der Entwicklung einer rheinischen Residenzstadt im 17. und 18. Jahrhundert. Dargestellt am Beispiel Bonns. In: Aus Geschichte und Landeskunde: S. 441-483
– (1972): Stadt und Wallfahrt in Frankreich, Belgien, den Niederlanden und Deutschland. In: Ennen/Wiegelmann: S. 1057- 1075
Ennen, Edith und Günter Wiegelmann (Hg.) (1972): Festschrift Matthias Zender. 2 Bde. Bonn
Esser, Martin (1984): Die Geschichte der Milchverwertung und Milchverarbeitung. In: Jb. Düren, S. 42-55
– (1986): Fortschritt durch Information. Institutionen im Dienste der Bauern. In: Arbeitskreis Eifeler Museen: S. 210-233

Faas, Franz Josef (1986): Eifelbutter nach Berlin. Der Anschluß des Marktes durch die Bahn. In: Arbeitskreis Eifeler Museen: S. 234-247
Faber, Karl-Georg (1960): Verwaltungs- und Justizbeamte auf dem linken Rheinufer während der französischen Herrschaft. Eine personengeschichtliche Studie. In: Aus Geschichte und Landeskunde: S. 350-388
Ferber, Franz Joseph (1986): Zu schwach um aufzustehen. Die Rinderhaltung. In: Arbeitskreis Eifeler Museen: S. 85-114
Festschrift für Alois Thomas (1967): Archäologische, kirchen- und kunsthistorische Beiträge. Trier
Fielhauer, Helmut Paul (1980): Das Heimatmuseum anzünden? Schwierigkeiten im Umgang mit einer Bildungsinstitution. In: Aufrisse. Zeitschr. pol. Bildung 1/3, S. 13-22. Wien
– (1982): Arbeiterkultur und Museen in Österreich. Der Versuch eines Lageberichts. In: Fielhauer/Bockhorn: S. 295-309
Fielhauer, Helmut Paul und Olaf Bockhorn (Hg.) (1982): Die andere Kultur. Volkskunde, Sozialwissenschaften und Arbeiterkultur. Wien
Fintzsch, Norbert (1990): Zur 'Ökonomie des Strafens': Gefängniswesen und

Gefängnisreform im Roërdépartement nach 1794. In: Rhein. Vj.bl. 54, S. 188-210
Fischer, Gert (1990): Wirtschaftliche Strukturen am Vorabend der Industrialisierung. Der Regierungsbezirk Trier 1820-1850. Köln
Fischer, Gert und Wolfgang Herborn (Hg.) (1987): Rheinische Landwirtschaft um 1820. Die Schwerzsche Agrarenquête im Regierungsbezirk Aachen. Köln
Floris, Ernst (1843): Sagen und Lieder vom Rhein und von der Mosel. Koblenz
Förster, Remaclus (1900): Zur Eifel-Frage. Nebst gebirgskundlichen Aufstellungen. In: Natur und Offenbarung: Bd. 46, S. 209-218
Forster, Georg (1981): Ansichten vom Niederrhein. Eine Auswahl. Stuttgart
Fossel, Victor (1886): Volksmedicin und medicinischer Aberglaube in Steiermark. 2. Aufl. Graz
Frase, W.(1935): Entwicklung und Zucht des Glan-Donnersberger Rindes im Reg.-Bez. Trier und ihre Blutlinien. Trier
Frings, Theodor (1922): Rheinische Sprachgeschichte. In: Aubin et. al.: Bd. 2., S. 251-298

Geib, K. (1843): Handbuch für Reisende durch das Moselland von Trier nach Coblenz. Mit Ausflügen nach Metz, nach der Eifel, in die Gegenden der Saar und Nahe, und in das Luxemburgische. Sammt einem Anhange romantischer Sagen und Geschichten, geselliger Lieder und einer Nachbildung der Mosella des Ausonius. Trier
Gercken, Philipp Wilhelm (1786): Reise durch Schwaben, Baiern, die angränzende Schweiz, Franken, die Rheinischen Provinzen und an der Mosel etc. in den Jahren 1779 bis 1785. III. Theil. Stendal
Gerndt, Helge (1979): Tagungsrückblick: Zur Problematik und zu den Problemen regionaler Kulturanalyse. In: Gerndt/Schroubek, S. 61-65
– (1979a): Abschied von Riehl – in allen Ehren. In: Jb. Vk., N.S. 2, S. 77-88
– (1988): Stereotypvorstellungen im Alltagsleben. Beiträge zum Themenkreis Fremdbilder- Selbstbilder- Identität. München
– (1990): Studienskript Volkskunde. München
Gerndt, Helge (Hg.) (1987): Volkskunde und Nationalsozialismus. Referate und Diskussionen einer Tagung. München
Gerndt, Helge und Georg R. Schroubek (Hg.) (1979): Regionale Kulturanalyse. Protokollmanuskript einer wissenschaftlichen Arbeitstagung der Deutschen Gesellschaft für Volkskunde vom 8.-11. Oktober in München. München
Geschichtlicher Handatlas (1950): der deutschen Länder am Rhein. Köln
Ginzler, Hildegard (1986): Die »Musfallskrämer« aus der Eifel. Mainz
Goethe, Johann Wolfgang von (1912): Kampagne in Frankreich. Sämtliche Werke, Bd. 28, Stuttgart
Gormsen, Erdmann und Herbert Schwedt (1993/94): Dörfer ohne Zukunft? Probleme kleiner Gemeinden in Rheinland-Pfalz. Mainz
Graafen, Richard (1961): Die Aus- und Abwanderung aus der Eifel in den Jahren 1815 bis 1955. Eine Untersuchung der Bevölkerungsentwicklung eines deutschen Mittelgebirges im Zeitalter der Industrialisierung. Bad Godesberg

Graus, Frantizek (1987): Pest – Geißler – Judenmorde. Das 14. Jahrhundert als Krisenzeit. Göttingen

Grober-Glück, Gerda (1972): Lokalnamen in deutschsprachigen Bezeichnungen von Sagengestalten. Verbreitung und Deutung. In: Ennen/Wiegelmann: S. 144-168

Gross, Guido (1956): Trierer Geistesleben unter dem Einfluß der Aufklärung und Romantik (1750-1850). Trier

– (1992): Prozessionen und Wallfahrten nach Trier im Widerstreit geistiger Strömungen und ökonomischer Interessen. In: Zwischen Andacht und Andenken, S. 79-88

Günther, Wilhelm (1965): Zur Geschichte der Eisenindustrie in der Nordeifel. In: Rhein. Vj.bl. 30, S. 309-333

Gundlach, Christoph von (1987): Die Einführung neuer Grundnahrungsmittel. Dargestellt am Beispiel der Kartoffel. In: Zeitschr. Agrargesch. Agrarsoz. 35, Heft 1, S. 44-56

– (1989): Nahrungsmittelversorgung und Geburtenregulation, aufgezeigt am Beispiel der Kartoffel. In: Zeitschr. Agrargesch. Agrarsoz. 37, Heft 1, S. 28-36

Guthausen, Karl et. al. (1967): Meine Heimat Dahlem/Eifel. Dahlem

Guting, Katharina (1992): »Kolonialismus« in Europa? In: Zeitschr. Arbeitsgem. Entwicklungsethn. e.V. Heft 1, S. 43-47

Hahn, Hugbert W. (1965): Die Wandlungen der Raumfunktion des zwischenstädtischen Gebietes zwischen Ruhr und Wupper. Bad Godesberg

Hansen, Joseph (1922): Von der Französischen Revolution zum preußischen Landrecht.In: Aubin et. al., Bd. 1, S. 239-435

– (1931-38): Quellen zur Geschichte des Rheinlandes im Zeitalter der Französischen Revolution 1780-1801. 4 Bde. Bonn

Hartinger, Walter (1985): Epochen der deutschen Volkskultur. In: Ethn. Europ. XV, S. 53-92

Hashagen, Justus (1916): Geschichte der Familie Hoesch. Köln

Haupt, Theodor von (1822): Panorama von Trier und seinen Umgebungen. Trier

Hecker, Justus Friedrich Carl (1964): Die großen Volkskrankheiten des Mittelalters. Historisch-pathologische Untersuchungen. Hg. von August Hirsch. Hildesheim. [1865]

Heimerle, August (1915): Die Landesmelioration der Rheinprovinz. Ein Überblick über die rheinische Wasserwirtschaft mit technischen, gesetzlichen und wirtschaftlichen Erlassen. Berlin

Held, Jutta (Hg.) (1983): Kultur zwischen Bürgertum und Volk. Berlin

Herkenrath, Dorothea (1968): Die rheinischen Kamin- und Ofenplatten. In: Zippelius: S. 25-30

Herrlitz, Hans-Georg, Wulf Hopf und Hartmut Titze (1986): Deutsche Schulgeschichte von 1800 bis zur Gegenwart. 2. Aufl. Königstein

Hirschfelder, Gunther (1986): Die Auswanderung aus dem Kreis Schleiden, untersucht anhand der Zeitung »Wochenblatt/Unterhaltungsblatt für den Kreis Schleiden und Umgegend« der Jahre 1841-1865. Masch. Ms. Bonn

Hocker, Nikolaus (1852): Des Mosellandes Geschichten, Sagen und Legenden aus dem Munde deutscher Dichter. Trier
Hofer, Tamás (1984): Historische Zentrum-Peripherie-Modelle und ihre Bedeutung für die Volkskunde. In: Cox/Wiegelmann: S. 77-84
Höher, Peter (1982): Heimat und Fremde. Wanderhändler des oberen Sauerlandes. Münster
Hohn, Wilhelm (1899): Hausindustrie und Heimarbeit in den Regierungsbezirken Koblenz und Trier. Leipzig
Hoppstädter, Kurt (1963): Die Entstehung des Eisenbahnnetzes im Moseltal und in der Eifel. Nach den Akten des Staatsarchivs Koblenz bearbeitet. Koblenz
Huhn, Eugen H. Th. (1848): Der Regierungsbezirk Aachen der preußischen Rheinprovinz. Neustadt an der Orla
– (1863): Handbuch der Volkswirthschaftslehre und Volkswirthschaftspolitik. 2 Bde. Leipzig
Hupp-Schneider, Rita (1989): Lehrpläne, Zeugnisse, Ferienzeiten. Der Jahresrhythmus im Schuljahr. In: Arbeitskreis Eifeler Museen, S. 123-150

Imhof, Arthur E. (1984): Die Ermittlung regionaler Verhaltensweisen als Aufgabe der Geschichte kollektiver Mentalitäten. In: Cox/Wiegelmann: S. 85-112

Jenniges, Hubert (1989): Mönche, Frühmesser, Wanderlehrer. Die Entwicklung des Eifeler Schulwesens bis 1825. In: Arbeitskreis Eifeler Museen: S. 11-24
Jung, Hermann (1974): Schau nicht nachts in fremde Fenster. Regeln des Anstandes aus einem 150 Jahre alten »Bauernknigge«. In. Jb. Düren, S. 146-148

Kalterherberg (1990): von 1814 bis 1944 in Gemeindechroniken, Gemeinderatsprotokollen und sonstigen Niederschriften. Ein heimatgeschichtliches Lesebuch mit Anmerkungen und Erläuterungen von Kurt Mertens. Monschau.
Kamp, Carl (1984): Das Hohe Venn. Gesicht einer Landschaft. 4. Aufl. Düren
Kath. Pfarramt (1986): 850 Jahre Pfarrei Reifferscheid. 4. Aufl. Reifferscheid
Kaufmann, Gerhard (Hg.) (1975): Stadt-Land-Beziehungen. Verhandlungen des 19. Deutschen Volkskundekongresses in Hamburg vom 1.-7. Oktober 1973. Göttingen
Kaufmann, K.L. (1991): Aus Geschichte und Kultur der Eifel. Aachen [1926]
Kaufmann, Peter (1826): Skizzen zu einer ökonomisch- kameralistischen Verbesserung der Eifel. o. O.
– (1832) Rede, gehalten zu Schleiden, am 10. September 1832, bei Gelegenheit der Gründung des »Vereins für gemeinnützige Bemühungen zur Beförderung der Landwirthschaft, des Gewerbefleißes und der Intelligenz in den Eifelgegenden«. In: Gemeinn. unterh. Rhein. Provinzialbl., Bd. 2, S. 278-292
– (1835) Das dringendste Bedürfnis der Rheinprovinz, oder Beantwortung der Frage: wie können mittelst unbedeutender Opfer von Seiten der Regierung dem Preußischen Rheinlande mehre (sic!) Millionen gewonnen und erhalten werden. Bonn

Kayser, Kurt und Theodor Kraus (1961): Köln und die Rheinlande. Festschrift zum 33. Deutschen Geographentag. Wiesbaden.
Kehren, Georg (1994): Möglichkeiten und Grenzen der computativen Auswertung von Daten des Atlas der Deutschen Volkskunde (ADV). Bonn
Kerkhoff-Hader, Bärbel (1976): Lebens- und Arbeitsformen der Töpfer in der Südwesteifel. Ein Beitrag zur Steinzeugforschung im Rheinland. Bonn
Kessel, Peter (1931): Die Geographie der Eisenbahnen und Landstraßen im Wirtschaftsgebiet der Eifel unter Berücksichtigung der geschichtlichen Entwicklung. Euskirchen
Kinkel, Gottfried (o.J.): Die Ahr. Geschichte, Landschaft und Volksleben. Wittlich
Kleinschmidt, Wolfgang (1978): Die Einführung der Kartoffel in der Pfalz und die Verbreitung von Kartoffelspeisen in der Westpfalz und in den angrenzenden Gebieten der ehemaligen Rheinprovinz. In: Rhein.-westf. Zeitschr. Vk 24. S. 208-230
Kloepfer, Ernst Adolf Georg (1891): Einfluß der staatlichen und privaten (Vereins-) Maßnahmen auf die Hebung der Rindviehzucht des Eifelgebietes. Kassel
Kohl, Karl-Heinz (1987): Abwehr und Verlangen. Zur Geschichte der Ethnologie. Frankfurt a. M.
Koch, J.F.A. (1846): Reise von Bonn nach Bertrich. Bonn
Köhler, Brigitte (1976): Hungerjahre im 19. Jahrhundert. In: Groß-Zimmern, Klein-Zimmern, S. 87-93
Köllmann, Wolfgang und Peter Marschalck (Hg.) (1972): Bevölkerungsgeschichte. Köln
Köstlin, Konrad und Hermann Bausinger (Hg.) (1980): Heimat und Identität. Probleme regionaler Kultur. München
Krämer, Christel und Karl-Heinz Spiess (1986): Ländliche Rechtsquellen aus dem kurtrierischen Amt Cochem. Stuttgart
Kollbach, Karl (1897): Rheinisches Wanderbuch. Bilder aus dem Natur- und Volksleben der Rheinlande, insbesondere der Rheinprovinz. Bonn
Korff, Gottfried (1977): Wohnalltag in der Eifel. In: Rhein. Jb. Vk. 22, 1. Halbbd. S. 103-124
– (1980): Folklorismus und Regionalismus. Eine Skizze zum Problem der kulturellen Kompensation ökonomischer Rückständigkeit. In: Köstlin et. al.: S. 39-49
– (1983): Zwischen Sinnlichkeit und Kirchlichkeit. Notizen zum Wandel populärer Frömmigkeit im 18. und 19. Jahrhundert. In: Held (Hg.): Kultur zwischen Bürgertum und Volk. Berlin, S. 136-148
– (1985): »Frauenhände und Pferdezähne dürfen nicht stillstehen.« Die Arbeit der Kleinbäuerin in der Eifel des 19. Jahrhunderts. In: Niethammer et. al.: S. 45-48
– (1986): Kulturkampf und Volksfrömmigkeit. In: Schieder: S. 137-151
Krewel, Josef (1932): Kulturmaßnahmen für die Eifel, ihre einheitliche Zusammenfassung. (Ein Beitrag zum Eifelproblem). Bonn

Kuphal, E. (1930): Wald-, Kultur- und Siedlungskarte der Rheinprovinz 1801-1820. Köln

Küttler, Wolfgang, Jörn Rüsen und Ernst Schulin (Hg.) (1993): Geschichtsdiskurs. Bd. 1: Grundlagen und Methoden der Historiographiegeschichte. Frankfurt a. M.

Kyll, Nikolaus (1963): Die Hagelfeier im alten Erzbistum Trier und seinen Randgebieten. In: Rhein. Jb. Vk. 13./14., S. 113- 171

Labion, Georg (1904): Darstellungen der wirtschaftlichen Verhältnisse eines Eifeldorfes unter besonderer Berücksichtigung seiner landwirtschaftlichen Zustände. Gießen

Lager, Johann Christian (1915): Mitteilungen aus einem trierischen Tagebuche aus der Zeit der französischen Revolution. In: Trierische Chronik 11: S. 75-84, 114-125, 129- 141, 179-187

Landesmuseum Trier (Hg.) (1986): Wald und Holz im Wandel der Zeit. Katalog einer Sonderausstellung. Trier

Lehmann-Brauns, Elke (1989): Himmel, Hölle, Pest und Wölfe. Basaltlava-Kreuze in der Eifel. 2. Aufl. Köln

– (1994): Die alten Dorfkirchen der Eifel. Köln

Lehnemann, Wingolf (1973): Konjunktur und Prestigegüter im 18. Jahrhundert am Niederrhein. In: Rhein.-westf. Zeitschr. Vk. 20, S. 11-24

Lengerke, Alexander von (1853): Landwirtschaftliche Skizzen von Rheinpreußen. Bd. V. Berlin

Léon, Pierre (1986): Die Eroberung des nationalen Raumes. In: Braudel/Labrousse: Bd. 1, S. 177-206

– (1986a): Die Entfaltung des nationalen Marktes. In: ibid: S. 207-228

Lepenies, Wolf (1976): Das Ende der Naturgeschichte. München

– (1983): Historisierung der Natur und Entmoralisierung der Wissenschaften seit dem 18. Jahrhundert. In: Markl: S. 263-288

Lévy-Leboyer, Maurice (1986): Die institutionelle Entwicklung des Geld- und Kreditwesens. In: Braudel/Labrousse: Bd. 1, S. 262-298

Lewis, Oscar (1961): The Children of Sánchez: Autobiography of a Mexican Family. New York

– (1966): »The Culture of Poverty«. In: Scientific American 215 (4), S. 16-24

Leyen, A. von der (1883): Die Durchführung des Staatsbahnsystems im Preußen. In: Jb. f. Gesetzgebung, Verwaltung. u. Volkswirtschaft im Deutschen Reich, N. F. 7, S. 89-139

Lichter, E. (1968): Die Rückkehr des Hl. Rock aus Augsburg im Jahre 1810. In: Kurtrier. Jb. 8, S. 241-255

Losch, Siegfried (1983): Siedlungsentwicklung und Siedlungsbild. In: Bundesforschungsanstalt für Landeskunde und Raumordnung, S. 15-1-15-4

Luhmann, Niklas (1974): Grundrechte als Institution. 2. Aufl. Berlin

– (1988): Soziale Systeme. Grundriß einer allgemeinen Theorie. Frankfurt a. M.

– (1990): Funktion der Religion. 2. Aufl. Frankfurt a. M.

– (1990a): Die Wissenschaft der Gesellschaft. Frankfurt a. M.

Mackenroth, Gerhard (1972): Grundzüge einer historisch- soziologischen Bevölkerungstheorie. In: Köllmann/Marschalck: S. 27-44
Malerische Beschreibung (1841): der Eisenbahn zwischen Köln und Aachen und der von ihr durchschnittenen Gegend, deren Sagen und geschichtliche Erinnerungen, nebst einem Führer durch Aachen und Köln und einer Spezialkarte des Schienenweges. Köln
Markl, Hubert (Hg.) (1983): Natur und Geschichte. München
Martin, Alfred (1914/15): Geschichte der Tanzkrankheiten in Deutschland. In: Zeitschr. Ver. Vk. 24, S. 113-134 und 225-239
Martiny, Benno (1871): Die Milch, ihr Wesen und ihre Verwertung. Bd. 1, Danzig
– (1891): Aberglaube im Molkereiwesen. Ein Beitrag zum Verständnis des Aberglaubens und zur Geschichte des Molkereiwesens. Bremen
– (1901): Die Butterversorgung Berlins durch die Eisenbahn im ersten Halbjahr 1899. Berlin
Marx, J. (1864): Geschichte des Erzstiftes Trier d.i. der Stadt Trier und des Trier. Landes, als Churfürstenthum und als Erzdiöcese von den ältesten Zeiten bis zum Jahre 1816. Bd. 5. Trier
Mathy, Helmut (1969): Jeanbon St. André. Der Präfekt Napoleons in Mainz und Förderer des Gutenberggedankens. Mainz
Matter, Max (1975): Wertsysteme und Innovationsverhalten. In: Kaufmann: S. 47-64
Mayer, Julius (1926): Die Kalkfrage in Landwirtschaft und Milchwirtschaft mit besonderer Berücksichtigung der Allgäuer Rundkäserei. Kempten im Allgäu
Meisen, Karl (1951): Springprozessionen und Schutzheilige gegen den Veitstanz und ähnliche Krankheiten im Rheinlande und seinen Nachbargebieten. In: Rhein. Jb. Vk. 2, S. 164-178
Menk, Friedrich (1840): Des Moseltals Sagen, Legenden und Geschichten. Koblenz
Meyer, Georg Jacob (1957): Wegkreuze und Bildstöcke im Trierer Land. In: Rhein. Jb. Vk. 8, S. 227-263
– (1959): Eine besondere Wegkreuzform des Trierer Landes. In: Heimatkal. Bitburg, S. 54-57
Meyer, Lutz-Henning (1989): 150 Jahre Eisenbahnbau im Rheinland. Köln
Meyer, Wilhelm (1986): Geologie der Eifel. Stuttgart
Meyer, Wilhelm und Bruno P. Kremer (1986): Das Vulkangebiet der Hocheifel. Köln
Mitteilungen (1849-51): des Statistischen Bureaus in Berlin. 2. und 4. Jg.
Molitor, Hansgeorg (1980): Vom Untertan zum Administré. Studien zur französischen Herrschaft und zum Verhalten der Bevölkerung im Rhein-Mosel-Raum, von den Revolutionskriegen bis zum Ende der Napoleonischen Zeit. Wiesbaden
Monzel, Rudolf (1986): Buttervereine und Dampfmolkereien. Der Absatz wird organisiert. In: Arbeitskreis Eifeler Museen: S. 248-275
Mörchen, Rolf (1936): Die Entwicklung des rheinischen Steinstraßenbaus unter besonderer Berücksichtigung der letzten hundert Jahre. Emsdetten

Mühleis, Richard (1933): Die Erzeugungs- und Absatzverhältnisse der Milchwirtschaft in den linksrheinischen Höhengebieten der Rheinprovinz. Bochum
Müller, Hermann (1901): Zur Geschichte des deutschen Kirchengesanges im katholischen Gottesdienste. In: Kirchenmusik. Jb. 15, S. 94-99
Müller, Ludwig (1935): Trierisches Tagebuch von 1792-1802. [1811, Ms im Landeshauptarchiv Koblenz, Abt. 701, Nr. 571] In: Hansen, Bd. 3: 175-562 (passim, auszugsweise)
Müller, Michael Franz Joseph (1827): Kurzgefaßte Geschichte der Abtei St. Clemens Willibrord zu Echternach aus gedruckten und ungedruckten Quellen ausgehoben und dargestellt. In: Trierischer Taschenkalender für das Jahr 1827

Nehm, Wilhelm (1930): Die östliche Hocheifel. Ein Beitrag zur Landeskunde der Rheinlande. Bonn
Neu, Heinrich (1954): Heimatchronik des Kreises Schleiden. Köln
Neu, Peter (1989): Eisenindustrie in der Eifel. Köln
Niederer, Arnold (1982): Volkskundliche und völkerkundliche Forschung im Alpenraum. In: Nixdorff/Hauschild: S. 107-118
Niethammer, Lutz et. al. (Hg.) (1985): »Die Menschen machen ihre Geschichte nicht aus freien Stücken, aber sie machen sie selbst.« Einladung zu einer Geschichte des Volkes in NRW. 2. Aufl. Bonn

Oster, Peter (1927): Geschichte der Pfarreien der Dekanate Prüm-Waxweiler. Trier

Pagenstecher, Kurt (1914): Vorwort zu vier Erzählungen von Clara Viebig. (=Wiesbadener Volksbücher Nr. 13) Wiesbaden
Palm, Valentin (1966): Die »überhäuften« katholischen Feiertage im Kreise Prüm 1853 im Urteil eines führenden preußischen Beamten. In: Rhein.-westf. Zeitschr. Vk. 133, S. 192-203
Perthes, Clemens Theodor (1862): Politische Zustände und Personen in Deutschland zur Zeit der französischen Herrschaft. Gotha
Petri, Franz (1965): Zur Stellung der Eifel und ihrer Nachbarräume im europäischen Nord-Süd-Verkehr bis zur Wende von Mittelalter und Neuzeit. In: Aubin, Hermann et. al.: S. 270-285
Petri, Franz und Georg Droege (Hg.) (1976): Rheinische Geschichte in drei Bänden. Düsseldorf
– (1978): Rheinische Geschichte. Bild- und Dokumentenband. Düsseldorf
Pippke, Walter und Ida Pallhuber (1984): Die Eifel. Entdeckungsreise durch Landschaft, Geschichte, Kultur und Kunst – von Aachen bis zur Mosel. Köln
Platzhoff, Walter (1922): Vom Interregnum bis zur Französischen Revolution (1250-1789). In: Aubin et. al.: Bd. 1., S. 169-228
Ponsart, Jean-Nicolas (1982): Das Ahrtal. Rheinpreußen. Nach der Natur gezeichnet und lithographiert von N. Ponsart, Malmedy. Neu hrg. von Helmut Poppelreuter und Manfred van Rey. Bad Neuenahr [1838, 1839]

Preuß, Günter (1968): Landschaftsplan Vulkaneifel. Kaiserslautern

Rheinthal (1822): Das Rheinthal von der Mündung der Nahe bis zur Mündung der Mosel. Gezeichnet von Elisabeth von Adlerflycht. Lithographiert von Keller. Stuttgart [Exemplare in der Graphischen Sammlung des Kölnischen Stadtmuseums, Bild im Rheinischen Bildarchiv Köln]

Rick, P. Paulinus S.D.S. (o.J.): Kloster Steinfeld. 10. Aufl. Kall-Steinfeld

Rieder, Johannes (1922): Die Schiffelkultur in der Eifel und ihr Rückgang unter dem Einfluß neuzeitlicher Entwicklung. Ein Beitrag zur Wirtschaftsgeschichte der Eifel. In: Jb. f. Gesetzgebung, Verwaltung und Volkswirtschaft im Deutschen Reich 46, Heft 1/2, S. 163-209

Riehl, Wilhelm Heinrich (1854): Naturgeschichte des Volkes als Grundlage einer deutschen Socialpolitik. Bd.I: Land und Leute.

Ronig, Franz (1992): Der Heilige Rock im Dom zu Trier. Eine Zusammenfassung seiner Geschichte, seiner Bedeutung und seiner Wallfahrt. In: Zwischen Andacht und Andenken, S. 117-136

Rudolph, Wolfgang und Peter Tschohl (1988): Systematische Anthropologie. München

Rürup, Reinhard (1984): Deutschland im 19. Jahrhundert 1815- 1871. Göttingen

Schaaf, Erwin (1971): Das Ringen um die Schulpflicht in der Eifel zwischen 1770 und 1870. In: Heimatkal. Bitburg, S. 48-55

Schannat, Johann Friedrich (1854): Eiflia Illustrata oder geographische und historische Beschreibung der Eifel. Aus dem lateinischen Manuskripte übersetzt und mit Anmerkungen und Zusätzen bereichert von Georg Bärsch. Aachen

Scheben, Joseph (1932): Eifeler Amerikaauswanderung im 19. Jahrhundert. In: Rhein. Vj.bl. 2. Heft IV, S. 258-277

Schieder, Wolfgang (Hg.) (1986): Volksreligiosität in der modernen Sozialgeschichte. Göttingen

Schieder, Wolfgang und Alfred Kube (1987): Säkularisation und Mediatisierung. Die Veräußerung der Nationalgüter im Rhein- Mosel-Departement 1803-1813. Boppard a. Rhein

Schiel, Hubert (1959): Zur Heilig-Rock-Wallfahrt im Jahre 1810. In: Vj.bl. Trier. Ges. 5, S. 17-23

Schiffhauer, Joachim (1967): Das Wallfahrtswesen im Bistum Trier unter Bischof Josef von Hommer (1824-1836). In: Festschrift Alois Thomas, S. 345-358

Schivelbusch, Wolfgang (1989): Geschichte der Eisenbahnreise. Zur Industrialisierung von Raum und Zeit im 19. Jahrhundert. Frankfurt a. M.

Schleuning, Peter (1984): Geschichte der Musik in Deutschland. Das 18. Jahrhundert: Der Bürger erhebt sich. Reinbek

Schmidt, Anton (1774): Thesaurus iuris ecceliastici potissimum germanici sive dissertationes selectae in ius ecclesiasticum. Bd. 3., Heidelberg, Bamberg und Würzburg

Schmidt, Rudolf (1973): Die Kartenaufnahme der Rheinlande durch Tranchot und v. Müffling 1801-1828. Köln-Bonn

Schmitz, Agnes (1915): Über die Lage der weiblichen Handlungsgehilfen und die Entwicklung ihrer Organisation. Krefeld

Schmitz, J.W. (1835): Geschichtliche Darstellung des Unternehmens der Straßenbeleuchtung und des darauf bezughabenden Rechtsstreites. Köln

Schmitz, Johann Hubert (1844): Allseitiges Gemälde der Eifel und ihrer nächsten Umgebungen. Eine Schrift, zunächst für die einheimische Bevölkerung, dann aber auch für den Fremden, welcher den Landstrich näher zu kennen wünscht. Prüm

Schmitz, Ludwig (1910): Die landwirtschaftlichen Verhältnisse der Eifel, besonders in den Kreisen Schleiden, Daun, Prüm und Bitburg. Berlin

Schmitz-Keil, Elfriede (1973): Bevölkerungsgeographische Untersuchung von Kleinstädten der Eifel. Ein Versuch zur Trend-Typisierung. Bonn

Schmoller, Gustav (1883): Die Zunahme der Handlungsreisenden und Hausirer in Deutschland 1870 und 1882. In: Jb. f. Gesetzgebung, Verwaltung und Volkswirtschaft im Deutschen Reich, N. F. 7, S. 297-299

Schneider, Ambrosius (1984): Himmerod, Geschichte und Sendung. 3. Aufl. Himmerod

– (1984a): Himmerod 1134-1984. Geschichtlicher Rückblick zum 850. Gründungsjahr der Abtei Himmerod. Himmerod

– (1985): Vom Gestern zum Heute. Himmerod und seine Barockkirche (1751-1960). Festschrift zum 25. Weihetag ihres Wiederaufbaus. Himmerod

– (1986): Die Cistercienser. Geschichte-Geist-Kunst. 3. Aufl. Köln

Schneider, Karl (1926): Die Anlage von Dauerweiden und ihr Betrieb nach neueren Erfahrungen. 3. Aufl. Breslau

Schröder, Ida (1985): Us aahler un nöyer Zitt. Eifeler Kalendergeschichten für besinnliche und heitere Stunden. Nettersheim

Schubert, Udo (1990): Die »Irrenportraits« von Géricault für Dr. Georget. Köln

Schug, Peter (1956): Geschichte der zum ehemaligen kölnischen Eifeldekanat gehörenden Pfarreien der Dekanate Adenau, Daun, Gerolstein, Hillesheim und Kelberg. Trier

Schwedt, Herbert (1968): Kulturstile kleiner Gemeinden. Tübingen

– (1975): Zentralität und Kulturvermittlung, Versuch einer Kritik der Theorie der Zentralen Orte. In: Kaufmann: S. 245-254

– (1987): Regionalbewußtsein in Reliktgebieten. Geschichtliche und aktuelle Determinanten am Beispiel der Westeifel. In: Bundesforschungsanstalt für Landeskunde und Raumordnung: S. 395-402

Schwedt, Herbert und Elke Schwedt (1989): Bräuche zwischen Saar und Sieg. Zum Wandel der Festkultur in Rheinland-Pfalz und im Saarland. Mainz

– (1989a): Jahresfeuer, Kirchweih und Schützenfest. Geschichtlicher Atlas der Rheinlande: Beiheft XI/3. Köln

Schwerz, Johann Nepomuk von (1836): Beschreibung der Landwirtschaft in Westfalen und Rheinpreußen. 2 Bde. Stuttgart

Schwickerath, Mathias (1954): Landschaft und Pflanzenkleid des Kreises Schleiden. In: Neu: S. 144-160

Schwind, Werner (1983): Der Wald der Vulkaneifel in Geschichte und Gegenwart. Göttingen

– (1984): Der Eifelwald im Wandel der Jahrhunderte. Düren

Scotti, Johann Josef (1830): Sammlung der Gesetze und Verordnungen, welche in dem vormaligen Churfürstenthum Cöln über Gegenstände der Landeshoheit, Verfassung und Verwaltung und Rechtspflege ergangen sind vom Jahre 1463 bis zum Eintritt der Königl. Preußischen Regierungen im Jahre 1816. Düsseldorf

– (1832): Sammlung der Gesetze und Verordnungen, welche in dem vormaligen Churfürstenthum Trier ergangen sind. Düsseldorf

Senninger, Leo (1940): Über Ursprung und Wesen der Echternacher Springprozession. In: Willibrordus: S. 284-305

Siebel, Wilhelm (1959): Die Bedeutung der Eifeler Protestanten für die rheinische Wirtschaft und Kultur. In: Monatshefte für evang. Kirchengesch. Rheinl. 8, S. 137-154

Siegel, Elisabeth (1930): Das Wesen der Revolutionspädagogik. Eine historisch-systematische Untersuchung an der französischen Revolution. Langensalza

Sielmann, Burchhard (1986): Für Weizen nicht geeignet. Geographie und Landwirtschaft. In: Arbeitskreis Eifeler Museen: S. 9-40

Soboul, Albert (1986): Der revolutionäre Schock (1789-1797). In: Braudel/Labrousse: Bd. 1, S. 19-54

Sombart, Werner (1916): Der moderne Kapitalismus. Historisch- systematische Darstellung des gesamteuropäischen Wirtschaftslebens von seinen Anfängen bis zur Gegenwart. 2 Aufl. München

Sperber, Jonathan (1986): Der Kampf um die Feiertage in Rheinland-Westfalen 1770-1870. In: Schieder: S. 123-136

Stammel, Johann Jacob (1797): Trierische Kronik für den Bürger und Landmann. Trier

– (1798): Rede, gehalten bei der Einsetzung der neuen Munizipalität des Kantons und der Stadt Trier. Trier

Statistisches Landesamt Rheinland-Pfalz (1954): Statistik von Rheinland-Pfalz. Die Bevölkerung der Gemeinden in Rheinland- Pfalz 1815-1950. Aachen

Stiehns, Gerhard (1983): Regionale Entwicklung und Regionalbewußtsein. In: Bundesforschungsanstalt für Landeskunde und Raumordnung, S. 16-1 – 16-4

Stork, Adam (1818): Darstellungen aus dem preußischen Rhein- und Mosellande. II. Bd. Essen

Stramberg, Christian von (1837): Das Moseltal zwischen Zell und Konz. Koblenz

Strick, W. (1924): Die Industrialisierung der Eifel im 19. Jahrhundert. Bonn

Teuteberg, Hans J. und Günter Wiegelmann (1986): Unsere tägliche Kost. Münster

Theis, Hans (1971): Ohne Tadel, aber kenntnisarm. Der Zustand des Schulwesens im Neuerburger Raum nach einem Inspektionsbericht aus dem Jahre 1822. In: Heimatkal. Bitburg, S. 56-62

Toporowsky, Norbert (1982): Zentrale Orte und zentralörtliche Beziehungen in der Nordeifel und ihrem Bördenvorland vom Ende des 18. Jahrhunderts bis zur Gegenwart. Köln

Trierische Chronik 11 (1914/15): hrg. von Gottfried Kentenich und Johann Christian Lager. Trier

Virmond, Eugen (1896): Geschichte der Eifeler Eisenindustrie. Schleiden
Volkskalender (1826): für das Königl.-Preuß. Rheinland- Westfalen auf das Gemeinjahr 1826, 7.Jg. Münster und Hamm
Volkskultur und Geschichte (1970): Festschrift für Josef Dünninger zum 65. Geburtstag. Berlin
Volksüberlieferung (1972): Festschrift für Kurt Ranke zur Vollendung des 60. Lebensjahres. Göttingen

Wagner, Herbert (1980): Die Eifel auf Landkarten des 15. und 16. Jahrhunderts. In: Jb. Daun, S. 197-205
Wallerstein, Immanuel (1974): The modern world-system. Capitalistic agriculture and the origins of the European world-economy in the sixteenth century. New York
– (1980): The modern world-system II. Mercantilism and the consolidation of the European world-economy 1600-1750. New York
Wampach, Camille (1953): Sankt Willibrord. Sein Leben und Lebenswerk. Luxemburg
Wefelscheid, Alfred (1939): Der Luzernebau in der Landwirtschaft des Bitburger Landes. Bonn
Wenzel, I. (1962): Ödlandentstehung und Wiederaufforstung in der Zentraleifel. Bonn
Wiegelmann, Günter (1958): Natürliche Gunst und Ungunst im Wandel rheinischer Agrarlandschaften. Köln
– (1970): Innovationszentren in der ländlichen Sachkultur Mitteleuropas. In: Volkskultur und Geschichte: S. 120-136
– (1976): Novationsphasen der ländlichen Sachkultur Nordwestdeutschlands seit 1500. In. Zeitschr. Vk. 72, S. 177- 200
Wiegelmann, Günter (Hg.) (1973): Kultureller Wandel im 19. Jahrhundert. Verhandlungen des 18. Deutschen Volkskunde- Kongresses in Trier vom 13. bis 18. September 1971. Göttingen
– (1979): Gemeinde im Wandel. Volkskundliche Gemeindestudien in Europa. Beiträge des 21. Deutschen Volkskunde-Kongresses in Braunschweig. Münster
Willems, Franz (1934): Die geographischen und wirtschaftlichen Grundlagen der Volksdichte und Volksdichteverschiebungen im Regierungsbezirk Aachen von 1825 bis 1925. Aachen
– (1968): Pryms. Geschichte und Genealogie. Wiesbaden
Willibrordus (1940): Echternacher Festschrift zur XII. Jahrhundertfeier des Todes des heiligen Willibrord. Hrg. von Nik. Goetzinger. Luxemburg
Wilsing, Wilhelm (1897): Die landwirtschaftlichen Verhältnisse des Eifelgebietes mit Berücksichtigung ihrer Vergangenheit und Gegenwart nebst Hinweis auf die Zukunft unter besonderer Beachtung der hauptsächlich dort auftretenden Grauwackeböden. Bonn

Wirtgen, Philipp (1864): Das Nette- und das Brohltal und Laach. Natur, Geschichte, Sage. Bonn
– (1866): Das Ahrtal. Bonn
Wrede, Adam (1922): Rheinische Volkskunde. 2. Aufl. Leipzig
Wyck, H.J. van der (1826): Übersicht der Rheinischen und Eifeler erloschenen Vulkane und der Erhebungs-Gebilde, welche damit in geognostischer Verbindung stehen nebst Bemerkungen über den technischen Gebrauch ihrer Produkte. Bonn

Zapf, Wolfgang (Hg.) (1991): Die Modernisierung moderner Gesellschaften. Verhandlungen des 25. Deutschen Soziologentages in Frankfurt am Main 1990. Frankfurt a.M.
Zender, Matthias (1934): Wallfahrten bei Fallsucht und Krämpfen. In: Rhein. Vj.bl. 4, S. 285-290
– (1935): Schutzheilige der Haustiere im Rheinland. In: Rhein. Vj.bl. 5, S. 70-85
– (1935a): Volkssagen der Westeifel. Bonn
– (1935b): Volksmärchen und Schwänke aus der Westeifel. Bonn
– (1954): Die volkskundliche Struktur des Kreises Schleiden. In. Rhein.-westf. Zeitschr. Vk. 1, S. 19-31
– (1958): Das Brauchtum als Zeugnis für Wesensart und innere Gliederung des Mosellandes. In: Zeitschr. Vk. 54, S. 12-43
– (1959): Räume und Schichten mittelalterlicher Heiligenverehrung in ihrer Bedeutung für die Volkskunde. Die Heiligen des mittleren Maaslandes und der Rheinlande in Kultgeschichte und Kultverbreitung. Düsseldorf.
– (1959a): Quellenwerke zur volkskundlichen Kulturraumforschung. In: Zeitschr. Vk 55, S. 104-114.
– (1960): Gestalt und Wandel der Nachbarschaft im Rheinland. In: Aus Geschichte und Landeskunde, Bonn, S. 502-534
– (1970): Gestalt und Wandel von Heiligenverehrung und Wallfahrt an Main und Rhein. In: Volkskultur und Geschichte, S. 425-239
– (1972: Kobold, Totengeist und Wilder Jäger. In: Volksüberlieferung, S. 415-427
– (1973): Volkserzählung als Quelle für Lebensverhältnisse vergangener Zeiten. In: Rhein. Jb. Vk. 21, S. 114-169
Zimmermann, Wilhelm (1963): Der Aufbau des Lehrerbildungs- und Volksschulwesens unter der preussischen Verwaltung 1814-1840. Ein Beitrag zur Geschichte des rheinischen Schulwesens. Köln
Zippelius, Adelhart (Hg.) (1968): Volkskunst im Rheinland. Düsseldorf
Zitzen, E. G. (1939): Die Grundlagen der rheinischen Landwirtschaft. Köln
Zwischen Andacht und Andenken (1992): Kleinodien religiöser Kunst und Wallfahrtsandenken aus Trierer Sammlungen. Trier

DANKSAGUNG

Diese Studie wäre ohne Rat und Hilfe anderer nicht zustande gekommen. An vorderster Stelle habe ich Elke und Herbert Schwedt (Mainz) für ihre fürsorgliche und geduldige Betreuung in der Habilitationszeit zu danken. Sie haben mir jede erdenkliche Hilfe zuteil werden lassen. Die offene Institutsatmosphäre hat mir die Arbeit sehr erleichtert.

Dem Völkerkundler und Altamerikanisten Peter Tschohl (Köln), der über viele Jahre hinweg beharrlich an der Idee einer Eifelstudie festgehalten, mich in allen Phasen zum Weitermachen gedrängt und elementare Korrekturen an der Arbeit vorgenommen hat, gilt mein ganz besonderer Dank. Seit beinahe zwei Jahrzehnten begleitet er mich als Freund, Wissenschaftler und Ratgeber. Sein offener kulturwissenschaftlicher Horizont hat mich tief geprägt. Ihm sei deshalb dieses Buch zum 60. Geburtstag gewidmet.

Ich danke Helge Gerndt (München), der mir so viel Mut gemacht hat, Gottfried Korff (Tübingen), dessen eigene Eifelstudien von größter Bedeutung für mich waren, Matthias Zender (Bonn), dem 1993 verstorbenen Mentor der Rheinischen Volkskunde, dessen Wohlwollen mich stets begleitete, sowie seiner Tochter Adelheid Reis-Zender (Siegburg), die mit mir zusammen die Eifel oft erkundet hat. Ohne ihrer aller Fachkompetenz und Erfahrung und ohne ihre zwischenmenschliche Unterstützung hätte ich den Mut für eine solch komplexe Studie nicht aufgebracht.

Wichtige Gespräche über agrargeschichtliche Fragen habe ich mit meinem Vater Gustav Künsting geführt, der 1992 verstarb. In fernen Kindertagen habe ich manchesmal mit ihm die Eifel bereist, und vielleicht damals bereits den Grundstein für meine Untersuchungen gelegt. Die Probleme des ländlichen Raums im Modernisierungsprozeß waren ihm ein Leben lang sowohl ein politisches als auch ein wissenschaftliches Anliegen. Meine Familie, meine Mutter Elisabeth Künsting sowie meine Brüder Wilhelm und Walter Künsting, haben meinen Werdegang stets mit Interesse und Wohlwollen unterstützt. Der Weg in die Forschung mit all ihren Fallstricken ist mir deshalb leichtgefallen. Meine Freunde Andreas Hartmann (Bamberg) und Katrin Kazubko (München) haben mich immer wieder aufgemuntert und mit Zuversicht erfüllt. Reiner Stach (Frankfurt) gab den entscheidenden Anstoß für die Wiederaufnahme der Untersuchung nach längerer Unterbrechung.

Ein wichtiger Gesprächspartner war Heiner Treinen (Bochum). Seine soziologische Sicht auf Modernisierung und Marginalisierung hat einiges an Fehleinschätzungen zurechtgerückt und vor allem das Schlußkapitel beeinflußt. Die Frühphase meiner Recherchen haben vor allem meine Bonner Studenten begleitet und in vielen Seminaren über die wirtschaftliche, technische und soziale Entwicklung der Eifel mit Daten angereichert. Ich möchte ihnen hier pauschal dafür danken, besonders aber Joseph Mangold (Lindlar) und Peter Oberem (Bonn) hervorheben, die mir oft Details aus der Geschichte der Eifel berichtet haben.

Während eines Stipendienaufenthaltes am Maison des Sciences de L'Homme in Paris 1988 habe ich mich intensiv mit französischer Regionalgeschichtsforschung beschäftigen können. Antworten auf meine Fragen gab mir Isaac Chiva, dem ich hiermit danken möchte. Den Mitarbeitern rheinischer Archive, dem Landeshauptarchiv in Koblenz, dem Rheinischen Bildarchiv in Köln sowie dem Archiv des Eifelvereins auf der Genovevaburg in Mayen habe ich für ihre stets freundliche Auskunftsbereitschaft zu danken.

Die Arbeit wurde vom Fachbereich 13 der Johannes Gutenberg-Universität Mainz im Sommer 1994 als Habilitationsschrift angenommen. Ich danke allen Mitarbeitern des Deutschen Instituts, Abt. Volkskunde, für ihre kollegiale Unterstützung, besonders aber Hildegard Frieß-Reimann, die mir den Weg dazu geebnet hat. Die Deutsche Forschungsgemeinschaft hat mir durch ein Habilitandenstipendium die Möglichkeit gegeben, die Arbeit unbelastet vom Lehrbetrieb abzufassen. Mein Dank gilt hier vor allem Dr. Manfred Briegel. Dem Lektor des Campus-Verlags, Adalbert Hepp, sowie der Redakteurin dieses Bandes, Anne Hamilton, die sich so intensiv und zugewandt mit der Eifelstudie befaßt haben, möchte ich hiermit ganz besonders herzlich danken.

Meinem Mann Anselm danke ich sehr, für seine liebevolle und konstruktive Kritik, seine fachlichen Anregungen, historiographischen Korrekturen und seine äußerst wertvolle Hilfe beim Überarbeiten des Manuskripts, für seine ansteckende Begeisterung sowie seine selbstverständliche Bereitschaft, die Eifel mit mir zusammen wochenlang zu erkunden. Ich habe an seinen Beobachtungen die meinen überprüfen können.

Augsburg, im Mai 1995 Sabine Doering-Manteuffel

ABBILDUNGSNACHWEIS

Abb. 1, 8, 17, 18, 22, 25, 26, 27 aus: Landesbildstelle Rheinland-Pfalz, Eifelverein (Hg.), Die Eifel. Bilder aus 100 Jahren, Koblenz o.J.
Abb. 2, 6, 7, 15, 16, 20, aus: Arbeitskreis Eifeler Museen (Hg.), Dünnbeinig und mit krummem Horn. Die Geschichte der Eifeler Kuh oder der lange Weg zum Butterberg, Meckenheim 1986.
Abb. 3 aus: Rolf Dettmann, Matthias Weber, Das Kylltal in der Eifel, Köln 1986
Abb. 4 mit freundl. Erlaubnis der Kreisbildstelle Euskirchen
Abb. 5, 14, 19 mit freundl. Erlaubnis des Landeshauptarchivs Koblenz
Abb. 9 aus: Kalender »Takenplatten 1994« der Volks- und Raiffeisenbanken Daun
Abb. 10 aus: P. Neu, Eisenindustrie in der Eifel, Köln 1989
Abb. 11, 13 mit freundl. Genehmigung des Rheinischen Bildarchivs, Köln
Abb. 12 aus: Kaufmann, K.L., Aus Geschichte und Kultur der Eifel, Aachen 1991
Abb. 21 aus: Hans Hinrich Sambraus, Gefährdete Nutztierrassen. Ihre Zuchtgeschichte, Nutzung und Bewahrung, Stuttgart 1994
Abb. 23 aus: Hildgard Ginzler, Die »Musfallskrämer« aus der Eifel, Mainz 1986
Abb. 24, 28 aus: Erich Justra, Die Eifel im Farbbild, Köln 1984

Wir Danken den Verlagen und Institutionen für die freundliche Genehmigung zum Abdruck der Illustrationen.

REGISTER